U0486916

华夏文明之源

敦 煌 文 化

QIANNIAN ZAOJI ERCHENG DE DINGJIAN SHENHUA

千年凿击而成的顶尖神话

莫高窟

王惠民 / 著

甘肃教育出版社

图书在版编目（CIP）数据

千年凿击而成的顶尖神话：莫高窟 / 王惠民著. -- 兰州：甘肃教育出版社，2014.12(2019.5重印)
（华夏文明之源·历史文化丛书）
ISBN 978-7-5423-3426-8

Ⅰ. ①千… Ⅱ. ①王… Ⅲ. ①敦煌石窟—研究 Ⅳ. ①K879.214

中国版本图书馆CIP数据核字(2015)第004834号

千年凿击而成的顶尖神话：莫高窟

王惠民　著

责任编辑　杨振岗　刘正东
美术编辑　马吉庆

出　版	甘肃教育出版社
社　址	兰州市读者大道568号　730030
网　址	www.gseph.cn　　E-mail　gseph@duzhe.cn
电　话	0931-8773145（编辑部）　0931-8435009（发行部）
传　真	0931-8773056
淘宝官方旗舰店	http://shop111038270.taobao.com

发　行	甘肃教育出版社	印　刷	河北画中画印刷科技有限公司
开　本	787毫米×1092毫米 1/16	印　张 19　插页2　字　数 246千
版　次	2014年4月第1版
印　次	2019年5月第3次印刷
印　数	8 001～18 000
书　号	ISBN 978-7-5423-3426-8　　定价　66.00元

图书若有破损、缺页可随时与印厂联系：010-63706888
本书所有内容经作者同意授权，并许可使用
未经同意，不得以任何形式复制转载

华夏文明之源

《华夏文明之源·历史文化丛书》
编委会

主　　任：连　辑
副 主 任：张建昌
委　　员（以姓氏笔画为序）：
　　　　　马永强　王正茂　王光辉
　　　　　刘铁巍　张先堂　张克非
　　　　　张　兵　李树军　杨秀清
　　　　　赵　鹏　彭长城　雷恩海
策　　划：马永强　王正茂

总　序

华夏文明是世界上最古老的文明之一。甘肃作为华夏文明和中华民族的重要发祥地，不仅是中华民族重要的文化资源宝库，而且参与谱写了华夏文明辉煌灿烂的篇章，为华夏文明的形成和发展做出了重要贡献。甘肃长廊作为古代西北丝绸之路的枢纽地，历史上一直是农耕文明与草原文明交汇的锋面和前沿地带，是民族大迁徙、大融合的历史舞台，不仅如此，这里还是世界古代四大文明的交汇、融合之地。正如季羡林先生所言："世界上历史悠久、地域广阔、自成体系、影响深远的文化体系只有四个：中国、印度、希腊、伊斯兰，再没有第五个；而这四个文化体系汇流的地方只有一个，就是中国的敦煌和新疆地区，再没有第二个。"因此，甘肃不仅是中外文化交流的重要通道、华夏的"民族走廊"（费孝通）和中华民族重要的文化资源宝库，而且是我国重要的生态安全屏障、国防安全的重要战略通道。

自古就有"羲里""娲乡"之称的甘肃，是相传中的人文始祖伏羲、女娲的诞生地。距今8000年的大地湾文化，拥有6项中国考古之最：中国最早的旱作农业标本、中国最早的彩陶、中国文字最早的雏形、中国最早的宫殿式建筑、中国最早的"混凝土"地面、中国最早的绘画，被称为"黄土高原上的文化奇迹"。兴盛于距今4000—5000年之间的马家窑彩陶文化，以其出土数量最多、造型最为独特、色彩绚丽、纹饰精美，代表了中国彩陶艺术的最高成就，达到了世界彩陶艺术的巅峰。马家窑文化林家遗址出土的青铜刀，被誉为"中华第一刀"，将我国使用青铜器的时间提早到距今5000年。从马家窑文化到齐家文化，甘肃成为中国最早从事冶金生产的重要地区之一。不仅如此，大地湾文化遗址和马家窑文化遗址的考古还证明了甘肃是中国旱作农业的重要起源地，是中亚、西亚农业文明的交流和扩散区。"西北多民族共同融合和发展的历史可以追溯到甘肃的史前时期"，甘肃齐家文化、辛店文化、寺洼文化、四坝文化、沙井文化等，是"氐族、西戎等西部族群的文化遗存，农耕文化和游牧文化在此交融互动，形成了多族群文化汇聚融合的格局，为华夏文明不断注入新鲜血液"（田澍、雍际春）。周、秦王朝的先祖在甘肃创业兴邦，最终得以问鼎中原。周先祖以农耕发迹于庆阳，创制了以农耕文化和礼乐文化为特征的周文化；秦人崛起于陇南山地，将中原农耕文化与西戎、北狄等族群文化交融，形成了农牧并举、华戎交汇为特征的早期秦文化。对此，历史学家李学勤认为，前者"奠定了中华民族的礼仪与道德传统"，后者"铸就了中国两千多年的封建政治、经济和文化格局"，两者都为华夏文明的发展产生了决定性的影响。

自汉代张骞通西域以来，横贯甘肃的"丝绸之路"成为中原联系西域和欧、亚、非的重要通道，在很长一个时期承担着华夏文明与域外文明交汇、融合的历史使命。东晋十六国时期，地处甘肃中西部的河西走廊地区曾先后有五个独立的地方政权交相更替，凉州（今武威）成为汉文化的三个中心之一，"这一时期形成的五凉文化不仅对甘肃文化产生过深刻影响，而且对南北朝文化的兴盛有着不可磨灭的功绩"（张兵），并成为隋唐制度文化的源头之一。甘肃的历史地位还充分体现在它对华夏文明存续的历史贡献上，历史学家陈寅恪在《隋唐制度渊源略论稿》中慨叹道："西晋永嘉之乱，中原魏晋以降之文化转移保存于凉州一隅，至北魏取凉州，而河西文化遂输入于魏，其后北魏孝文宣武两代所制定之典章制度遂深受其影响，故此（北）魏、（北）齐之源其中亦有河西之一支派，斯则前人所未深措意，而今日不可不详论者也。""秦凉诸州西北一隅之地，其文化上续汉、魏、西晋之学风，下开（北）魏、（北）齐、隋、唐之制度，承前启后，继绝扶衰，五百年间延绵一脉"，"实吾国文化史之一大业"。魏晋南北朝民族大融合时期,中原魏晋以降的文化转移保存于江东和河西（此处的河西指河西走廊，重点在河西，覆盖甘肃全省——引者注），后来的河西文化为北魏、北齐所接纳、吸收，遂成为隋唐文化的重要来源。因此，在华夏文明曾出现断裂的危机之时，河西文化上承秦汉下启隋唐，使华夏文明得以延续，实为中华文化传承的重要链条。隋唐时期，武威、张掖、敦煌成为经济文化高度繁荣的国际化都市，中西方文明交汇达到顶峰。自宋代以降，海上丝绸之路兴起，全国经济重心遂向东、向南转移，西北丝绸之路逐渐走过了它的繁盛期。

"丝绸之路三千里，华夏文明八千年。"这是甘肃历史悠久、文化厚重的生动写照，也是对甘肃历史文化地位和特色的最好诠释。作为华夏文明的重要发祥地，这里的历史文化累积深厚，和政古动物化石群和永靖恐龙足印群堪称世界瑰宝，还有距今8000年的大地湾文化、世界艺术宝库——敦煌莫高窟、被誉为"东方雕塑馆"的天水麦积山石窟、藏传佛教格鲁派六大宗主寺之一的拉卜楞寺、"天下第一雄关"嘉峪关、"道教名山"崆峒山以及西藏归属中央政府直接管理历史见证的武威白塔寺、中国旅游标志——武威出土的铜奔马、中国邮政标志——嘉峪关出土的"驿使"等等。这里的民族民俗文化绚烂多彩,红色文化星罗棋布,是国家12个重点红色旅游省区之一。现代文化闪耀夺目,《读者》杂志被誉为"中国人的心灵读本",舞剧《丝路花雨》《大梦敦煌》成为中华民族舞剧的"双子星座"。中华民族的母亲河——黄河在甘肃境内蜿蜒900多公里,孕育了以农耕和民俗文化为核心的黄河文化。甘肃的历史遗产、经典文化、民族民俗文化、旅游观光文化等四类文化资源丰度排名全国第五位,堪称中华民族文化瑰宝。总之,在甘肃这片古老神奇的土地上,孕育形成的始祖文化、黄河文化、丝绸之路文化、敦煌文化、民族文化和红色文化等,以其文化上的混融性、多元性、包容性、渗透性,承载着华夏文明的博大精髓,融汇着古今中外多种文化元素的丰富内涵,成为中华民族宝贵的文化传承和精神财富。

甘肃历史的辉煌和文化积淀之深厚是毋庸置疑的,但同时也要看到,甘肃仍然是一个地处内陆的西部欠发达省份。如何肩负丝绸之路经济带建设的国家战略、担当好向西开放前沿的国家使命?如何充分利用国家批复的甘肃省建设华夏文明传承创新区这一文化发展战略平台,推动甘肃文化的大发展大繁荣和经济社会的转型发展,成为甘肃面临的新的挑战和机遇。目前,甘肃已经将建设丝绸之路经济带"黄金段"与建设华夏文明传承创新区统筹布局,作为探索经济欠发达但文化资源富集地区的发展新路。如何通过华夏文明传承创新区的建设使华夏的优秀文化传统在现代语境中得以激活,成为融入现代化进程的"活的文化",华夏文明的传承保护与创新,实际上是我国在走向现代化过程中如何对待传统文化的问题。华夏文明传承创新区的建设能够缓冲迅猛的社会转型对于传统文化的冲击，使传统文化在保护区内完成传承、发展和对现代化的适应，最终让传统文化成为中国现代化进程中的"活的文化"。因此，华夏文明传承创新区的建设原则应该是文化与生活、传统与现代的深度融合，是传承与创新、保护与利用的有机统一。要激发各族群众的文化主体性和文化创造热情，抓住激活文化精神内涵这个关键，真正把传承与创新、保护与发展体现在整个华夏文明的挖掘、整理、传承、展示和发展的全过程，实现文化、生态、经济、社会、政治等统筹兼顾、协调发展。华夏文化是由我国各族人民创造的"一体多元"的文化，形式是多样的，文化发展的谱系是多样的，文化的表现形式也是多样的，因此，要在理论上深入研究华夏文化与现代文化、与各民族文化之间的关系以及华夏文化现代化的自身逻辑，让各族文化在符合自身逻辑的基础上实现现代化。要高度重视生态环境保护和文化生态保护的问题，在华夏文明传承创新区中设立文化生态保护区，实现文化传承保护的生态化，避免文化发展的"异化"和过度开发。坚决反对文化保护上的两种极端倾向：为了保护而保护的"文化保护主义"和一味追求经济利益、忽视文化价值实现的"文化经济主义"。在文化的传承创新中要清醒地认识到，华夏传统文化具有不同层次、形式各样的价值，建立华夏文明传承创新区不是在中华民族现代化的洪流中开辟一个"文化孤岛"，而是通过传承创新的方式争取文化发展的有利条件，使华夏文化能够在自身特性的基础上，按照自身的文化发展逻辑实现现代化。要以社会主义核心价值体系来总摄、整合和发展华夏文化的内涵及其价值观念，使华夏的优秀文化传统在现代语境中得到激活，尤其是文化精神内涵得到激活。这是对华夏文明传承创新的理性、科学的文化认知与文化发展观，这是历史意识、未来眼光和对现实方位准确把握的充分彰显。我们相信，立足传承文明、创新发展的新起点，随着建设丝绸之路经济带国家战略的推进，甘肃一定会成为丝绸之路经济带的"黄金段"，再次肩负起中国向西开放前沿的国家使命，为中华文明的传承、创新与传播谱写新的壮美篇章。

正是在这样的历史背景下，读者出版传媒股份有限公司策划出版了这套《华夏文明之源·历史文化丛书》。"丛书"以全新的文化视角和全球化的文化视野，深入把握甘肃与华夏文明史密切相关的历史脉络，充分挖掘甘肃历史进程中与华夏文明史有密切关联的亮点、节点，以此探寻文化发展的脉络、民族交融的驳杂色彩、宗教文化流布的轨迹、历史演进的关联，多视角呈现甘肃作为华夏文明之源的文化独特性和杂糅性，生动展示绚丽甘肃作为华夏文明之源的深厚历史文化积淀和异彩纷呈的文化图景，形象地书写甘肃在华夏文明史上的历史地位和突出贡献，将一个多元、开放、包容、神奇的甘肃呈现给世人。

按照甘肃历史文化的特质和演进规律以及与华夏文明史之间的关联，"丛书"规划了"陇文化的历史面孔、民族与宗教、河西故事、敦煌文化、丝绸之路、石窟艺术、考古发现、非物质文化遗产、河陇人物、陇右风情、自然物语、红色文化、现代文明"等13个板块，以展示和传播甘肃丰富多彩、积淀深厚的优秀文化。"丛书"将以陇右创世神话与古史传说开篇，让读者追寻先周文化和秦早期文明的遗迹，纵览史不绝书的五凉文化，云游神秘的河陇西夏文化，在历史的记忆中描绘华夏文明之源的全景。随"凿空"西域第一人张骞，开启"丝绸之路"文明，踏入梦想的边疆，流连于丝路上的佛光塔影、古道西风，感受奔驰的马蹄声，与行进在丝绸古道上的商旅、使团、贬谪的官员、移民擦肩而过。走进"敦煌文化"的历史画卷，随着飞天花雨下的佛陀微笑在沙漠绿洲起舞，在佛光照耀下的三危山，一起进行千佛洞的千年营建，一同解开藏经洞封闭的千年之谜。打捞"河西故事"的碎片，明月边关的诗歌情怀让人沉醉，遥望远去的塞上烽烟，点染公主和亲中那历史深处的一抹胭脂红，更觉岁月沧桑。在"考古发现"系列里，竹简的惊世表情、黑水国遗址、长城烽燧和地下画廊，历史的密码让心灵震撼；寻迹石上，在碑刻摩崖、彩陶艺术、青铜艺术面前流连忘返。走进莫高窟、马蹄寺石窟、天梯山石窟、麦积山石窟、炳灵寺石窟、北石窟寺、南石窟寺，沿着中国的"石窟艺术"长廊，发现和感知石窟艺术的独特魅力。从天境——祁连山走入"自然物语"系列，感受大地的呼吸——沙的世界、丹霞地貌、七一冰川，阅读湿地生态笔记，倾听水的故事。要品味"陇右风情"和"非物质文化遗产"的神奇，必须一路乘坐羊皮筏子，观看黄河水车与河道桥梁，品尝牛肉面的兰州味道，然后再去神秘的西部古城探幽，欣赏古朴的陇右民居和绮丽的服饰艺术；另一路则要去仔细聆听来自民间的秘密，探寻多彩风情的民俗、流光溢彩的民间美术、妙手巧工的传统技艺、箫管曲长的传统音乐、霓裳羽衣的传统舞蹈。最后的乐章属于现代，在"红色文化"里，回望南梁政权、哈达铺与榜罗镇、三军会师、西路军血战河西的历史，再一次感受解放区妇女封芝琴（刘巧儿原型）争取婚姻自由的传奇；"现代文明"系列记录了共和国长子——中国石化工业的成长记忆、中国人的航天梦、中国重离子之光、镍都传奇以及从书院学堂到现代教育，还有中国舞剧的"双子星座"。总之，"丛书"沿着华夏文明的历史长河，探究华夏文明演变的轨迹，力图实现细节透视和历史全貌展示的完美结合。

读者出版传媒股份有限公司以积累多年的文化和出版资源为基础，集省内外文化精英之力量，立足学术背景，采用叙述体的写作风格和讲故事的书写方式，力求使"丛书"做到历史真实、叙述生动、图文并茂，融学术性、故事性、趣味性、可读性为一体，真正成为一套书写"华夏文明之源"暨甘肃历史文化的精品人文读本。同时，为保证图书内容的准确性和严谨性，编委会邀请了甘肃省丝绸之路与华夏文明传承发展协同创新中心、兰州大学以及敦煌研究院等多家单位的专家和学者参与审稿，以确保图书的学术质量。

《华夏文明之源·历史文化丛书》编委会
2014年8月

目录
Contents

001　前言

001　**花取西天　果结中土：**
　　　佛教与佛教艺术的产生与东传

003　诸恶莫作　诸善奉行：佛教的产生与东传

008　赖经闻佛　借像标真：佛像的产生与东传

013　莫欺沙州是小处　若论佛法出彼所：
　　　敦煌古代寺院

018　宝阁下云崖　灵龛万户开：敦煌石窟知多少

021　**凿仙窟以居禅：敦煌石窟形制**

023　静默山间　独善其身：禅观与禅窟

030　念慧常无失　具足妙色相：
　　　绕塔观像与中心柱窟

035　宣唱法理　开导众心：讲经说法与殿堂窟

041　一窟之中　宛然三界：其他几种窟形

- 051 **接飞檐而凿岭　架云阁而开岩：**
  供养人、工匠与工程
- 053 　　休庇一郡　光照六亲：石窟中的供养人
- 058 　　奋锤聋壑　揭石聒山：辛勤的工匠
- 065 　　千金贸工　百堵兴役：石窟建造工程
- 070 　　谈虚写容　拂空传像：画稿与榜题底稿

- 077 **乐僔、法良发其宗：敦煌石窟的首创**
- 079 　　立寺延学　忘身为道：
  　　竺法护、竺法乘与敦煌早期佛教
- 082 　　架空镌岩　大造龛像：《莫高窟记》
- 087 　　道俗交得　多有塔寺：北凉佛教与北凉石塔
- 091 　　宏开虚洞　安设尊仪：早期三窟的营建与内容

- 097 **建平、东阳弘其迹：北朝敦煌石窟的营建**
- 099 　　招提栉比　宝塔骈罗：
  　　北魏佛教与敦煌北魏石窟
- 103 　　佛法兴隆　魔事微灭：
  　　东阳王元荣与敦煌西魏石窟
- 108 　　僧徒云集　不远敦煌之城：
  　　北周对敦煌的统治与敦煌北周石窟
- 115 　　庄严素质　图写尊容：
  　　北魏、西魏、北周洞窟的主要内容

123　**合州黎庶　造作相仍：隋代敦煌石窟的营建**

125　超越三途　登临七净：隋代敦煌佛教

132　含生之类　普登正觉：隋代敦煌石窟的营建

141　风格精密　动若神契：
　　　隋代敦煌壁画题材与风格

149　**丹青妙绘：唐前期敦煌石窟的营建**

151　庄严素质　图写尊容：
　　　初唐早期敦煌石窟的营建

158　自秦创兴　于周转盛：
　　　高宗、武周时期敦煌石窟的营建

167　苍生安乐　即是佛身：
　　　盛唐时期敦煌石窟的营建

173　一音演法　四众随缘：
　　　唐前期敦煌佛教造像题材

183　**报恩君亲：蕃占时期敦煌石窟的营建**

185　投诚梵宇　渴仰慈门：
　　　敦煌陷蕃与蕃占时期敦煌佛教

193　佛晃神光　呈祥表瑞：
　　　蕃占时期敦煌石窟的营建

202　九横莫侵　三灾莫染：
　　　蕃占时期敦煌佛教造像题材

215　**森罗万象：归义军时期敦煌石窟的营建**

217　云楼架回　势侵云汉：
　　　张氏归义军时期敦煌石窟的营建

226　福同萌芽　罪弃涓流：
　　　曹氏归义军时期敦煌石窟的营建

244　赖此胜缘　咸登觉道：
　　　归义军时期敦煌佛教造像题材

259　**日照流沙别一天：**
　　　回鹘、西夏、元时期敦煌石窟的营建

261　依佛昔时大愿力　济度今朝供养心：
　　　沙州回鹘时期敦煌石窟的营建

266　面奉慈尊　足下受记：
　　　西夏时期敦煌石窟的营建

274　为今生之福果　作后世之津梁：
　　　蒙元时期敦煌石窟的营建

前　言

　　河西走廊的南面是东西走向的祁连山，再往南就是青藏高原；北面是沙漠、戈壁、荒山为主的蒙古高原，也就是荒漠地带，河西走廊就是夹在雪山和荒漠之间的狭长地段。绵延1000公里的河西走廊在祁连山雪水的灌溉下形成一连串绿洲和草原，是"风吹草低见牛羊"的富饶地区。河西走廊作为中西文化交流的重要通道，既是地理意义上的走廊，更是一条历史的走廊。在海上丝绸之路开通之前，中原地区与西域乃至欧洲的交流都要经过这条走廊。

　　敦煌位于河西走廊的西端，海拔1100米，周围是山脉，三危山和鸣沙山是敦煌的两座望山。丰富的地下水资源使这块沙漠中的绿洲自然条件十分优越，经济发达。由敦煌向西则是流沙之地，自然条件恶劣，据《法显传》记载，公元400年法显西行时，"敦煌太守李嵩供给，度沙河。沙河中多有恶鬼、热风，遇则皆死，无一全者。上无飞鸟，下无走兽。遍望极目，欲求度处，则莫知所拟，唯以死人枯骨为标识耳。"所以进出流沙的行人需要在敦煌停顿休息，补充给养，甚至就在此地进行商贸活动。

敦煌由于地理位置的特殊和经济的发达，逐渐成为古代中原与西域交往的重要路口，是河西走廊的最重要的桥头堡。敦煌地接西域，成了历代中央政府特别关注的一州，隋代裴矩《西域图记序》记载的丝绸之路是"发自敦煌，至于西海，凡为三道，各有襟带……总凑敦煌，是其咽喉之地"。宋代以后，随着海上丝绸之路的开通，这条陆路通道逐渐废弃。明代设嘉峪关，将敦煌居民迁移到嘉峪关以东，敦煌经过汉唐宋元间一千年的繁荣昌盛，终于萧寂下来。

佛教传入中国与丝绸之路有着千丝万缕的联系，丝绸之路的开通为佛教传入中国提供了条件。佛教东传，首及西域，而后传到河西、中原，逐渐发展成为深刻影响中国思想文化和日常生活的宗教。敦煌位于丝绸之路的要冲，是佛教东传的重要一站，《魏书·释老志》记载十六国时期敦煌佛教就很发达："敦煌地接西域，道俗交得，其旧式村坞相属，多有塔寺。"

秦代的长城只修筑到临洮（甘肃岷县），西汉则沿着河西走廊一直续修至敦煌以西，《汉书·西域传》记："自敦煌西至盐泽（罗布泊），往往起亭。"由于气候干旱，敦煌至今还保存有无数汉代长城、烽火台遗迹。长城脚下设阳关、玉门关，是商旅、军队进出西域、中原的门户。

阳关位于今敦煌市区西南 70 公里处的南湖乡墩墩山之南，古以"山南为阳"，故称阳关。关城今已不存，唯山顶遗留一座汉代烽燧，残高 5 米，底宽 8 米。

玉门关位于今敦煌市区西北 90 公里处的小方盘城（一说在相距 10 公里的马圈湾），残高 10 米，长宽各 25 米，南北各开一门。至于关名的来历，近代人猜测玉门关是古代美玉由此输入中原而得名，这是一个生动的想象，流传甚广，然恐非史实，因为设关之目的是为了管理西域、中原之间的政治、经济、文化的交流，而不是因美玉而设。从《易经》"西北之卦……为玉为金"之语看，张掖西北之关为金关，敦煌西北之关为玉门关，当近事实。

莫高窟自公元366年开始建窟至元代1000年间，逐渐成为敦煌的佛教圣地，不时有一两千人来此做功德，如北周瓜州刺史于义任职期间开凿的428窟有供养人1100多身，敦煌研究院藏D0671号（发表号为322号）《辛亥年腊八燃灯分配窟龛名数》记载公元951年在莫高窟"遍窟燃灯"，469窟有一方题记显示953年在莫高窟举办过2000人的法会。S.5448《敦煌录》为五代时期三界寺道真抄藏本，形成时间也在五代后梁或后唐时期，记载了敦煌的名山古迹，其中记载莫高窟是："州南有莫高窟，去州二十五里，中过石碛带、山坡，至彼斗下谷中。其东即三危山，西即鸣砂（沙）山，中有自南流水，名之宕泉，古寺僧舍绝多，亦有洪钟。其谷南北两头有天王堂及神祠，壁画吐蕃赞普部从。其山西壁南北二里，并是镌凿高大沙窟，塑画佛像，每窟动计费税百万。前设楼阁数层，有大像堂殿，其像长一百六十尺。其小龛无数，悉有虚槛通连巡礼游览之景。"中唐（蕃占时期）文献P.2991《报恩吉祥之窟记》描写莫高窟是："三危雪迹，众望所钦。岩高百尺，河阔千寻。岫吐异色，鸟弄奇音。见善思及，易地布金。"晚唐敦煌组诗《敦煌廿咏》之三是《莫高窟咏》："雪岭干青汉，云楼架碧空。重开千佛刹，旁出四天宫。瑞鸟含珠影，灵花吐蕙丛。洗心游胜境，从此去尘蒙。"S.3905《天复元年（901）金光明寺造窟檐上梁文》描绘莫高窟迷人景色："宕谷先贤名迹，萨诃所记因缘，因兹万圣出现，千佛各坐金莲。石洞长流圣水，花林宝鸟声喧，圣迹早晚说尽，纸墨不可能言。"

于中也可领略当时的壮丽景观。

敦煌学包括敦煌史地、敦煌文献（汉简、藏经洞发现文献）、敦煌石窟。古代敦煌地区分布着莫高窟、榆林窟、东千佛洞、西千佛洞、五个庙石窟、一个庙石窟等石窟，其中莫高窟石窟最多，资料最丰富。敦煌地区有石窟800多个，塑像2000多身，壁画5万平方米，藏经洞出土的文献有6万件，绚丽丰富的敦煌石窟、敦煌文献为我们了解佛教与佛教社会提供了形象资料。

花取西天 果结中土：佛教与佛教艺术的产生与东传

佛教对人生的探讨有时是非常具有哲理性的，《增一阿含经》《法句经》《大般涅槃经》等佛经都有这样一句名言："诸恶莫作，诸善奉行。自净其意，是诸佛教。"这实际上是一种人类的道德标准，一种人生观，而非佛教专有思想，佛教的各种思想和现实社会存在着千丝万缕的联系。

佛教信仰包括译经、注经、讲经、诵经、写经、刻经、造像（雕塑、绘画）等，写经供养在古代最为流行，《隋书·经籍志》记载："开皇元年（581），高祖普诏天下，任听出家，仍令计口出钱，营造经像。而京师及并州、相州、洛州等诸大都邑之处,并官写《一切经》,置于寺内;而又别写,藏于秘阁。天下之人,从风而靡,竞相景慕,民间佛经多于六经数十百倍。"但一部经典通常只能流传数十年,佛教石窟与佛教造像则保存时间很长,是我们了解佛教信仰与思想的重要资料。

诸恶莫作　诸善奉行：
佛教的产生与东传

佛教的创立者是释迦牟尼（前565—前486），意为释迦族的圣人（也有意译为"能仁"，释迦意为"能"、牟尼意为"仁"）。这当然是后人的称呼，犹如中国称孔子为孔圣人。

释迦牟尼作为俗人的时候叫悉达多，当时释迦族统治着释迦国（今尼泊尔境内），首都是迦毗罗卫城，释迦牟尼之父净饭王统治时期是释迦国的鼎盛时期，首都之外还有9座大城，其中天臂城善觉长者有8个女儿，大女儿和小女儿都嫁给净饭王，大女儿即释迦牟尼的母亲摩耶夫人。摩耶夫人梦感一白象遂怀孕，这就是著名的"乘象入胎"故事。（图1）摩耶夫人怀胎十月，于四月初八（一说二月初八）在一处花园里生

| 图1　乘象入胎　犍陀罗出土　英国博物馆藏

图 2　乘象入胎　莫高窟第 329 窟

下了释迦，传说当时还有九条龙从空中口吐温水，为他洗浴，是为"九龙灌顶"，这一天成为佛教的一个重要节日即佛诞节，寺院要举行隆重的浴佛节。

可惜摩耶夫人在产后七天去世，摩耶死后，释迦就由摩耶夫人的妹妹（释迦的姨妈）也就是善觉长者的小女儿瞿昙弥抚养，后来瞿昙弥随释迦出家，成为第一个出家的比丘尼。

释迦年轻时受到良好的教育，后来佛教徒将释迦神化，说他力大无比，能举掷大象，箭穿七鼓等等。（隋）阇那崛多译《佛本行集经》卷十四记载，释迦牟尼成人后娶有耶输陀罗、摩奴陀罗、瞿多弥（瞿夷、瞿毗耶）三妃子。耶输陀罗生有一子罗睺罗（罗云），所以耶输陀罗在佛经中比较有名。

由于失去母爱，纸醉金迷般的宫廷生活仍无法使释迦牟尼得到快乐，他的忧虑在29岁那年发生质变。在这一年，他出游四门，在路边见到孕妇、老人、病人、死人，这与宫廷内的生活形成巨大反差，令他十分困惑，而随从告诉他任何人都会经历这样的痛苦，只是宫中没有让他看到而已，这给释迦牟尼很大刺激。更大的刺激还在于这一年耶输陀罗已经怀孕，释迦牟尼无法摆脱母亲难产而死的阴影，于是决定离家修行，（图2）思考是否可以有办法解脱这些苦难。用现代人眼光看，在妻子即将分娩、年迈的国王需要他继承王位之时出家，多少有些缺乏家庭与社会的责任感。

释迦的父亲净饭王去世后，释迦的堂兄弟摩呵男成为迦毗罗卫国国王，居萨罗国毗流离王兴兵灭了迦毗罗卫国，摩呵男沉死水底，国民多被砍断手足，甚至屠城时因人数多而进行集体大屠杀，集中起来，"使暴象蹈杀"、"流血成河，烧迦毗罗越城。"

释迦牟尼经历了长达六年的修行，主要访问了苦行仙人、事火仙人、禅定仙人，都不满意，决定自己苦修，也不能找到人生苦难的原因，释迦的长达六年的探索过程也证明他是普通的修行者，而非圣人。（图3）

释迦来到一个叫佛陀伽

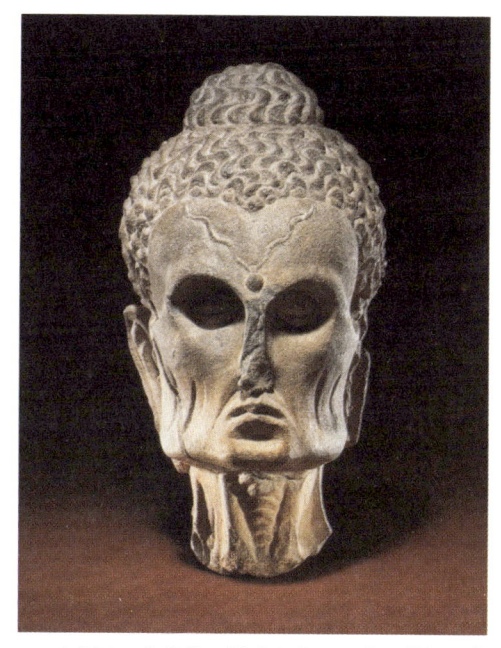

| 图3 苦修像 犍陀罗出土 英国博物馆藏

耶的地方，坐在一棵毕波罗树下觉悟成佛，于是此种树被佛教徒称作菩提树，菩提就是觉悟的意思，时年35岁，佛陀伽耶至今仍是著名的佛教遗迹。后来的佛教文献还记载释迦成佛前，众魔恐惧，以美女、武力等种种法术试图不让释迦成佛，释迦最终战胜众魔，实现他诞生时所说的"天上天下，唯我独尊"，这就是著名的降魔成道。释迦牟尼此后行化45年，度人无数。

释迦牟尼成佛后第一次说法是在一个叫鹿野苑的地方（今日印度的萨尔那特），佛教称这次说法为"鹿野苑初转法轮"，听法者只有他的随从五人，这五个人成为最早的比丘。一般认为释迦讲的内容是"四谛"，就是苦、集、灭、道，即人生的苦难、苦因、脱离苦难到彼岸及其方法，这是佛教的基本教义。从生死此岸度达到无生无灭涅槃彼岸的方法与途径是"六度"，即布施、持戒、忍辱、精进、禅定、智慧等六项佛教基本思想。

释迦制定了许多清规戒律。佛教僧人有两个显著特征是：一、不能结婚。二、剃发修行。但释迦是带发的，在佛教造像中，所有的佛都是有头发的，而且是卷发，佛经称螺髻。比丘、比丘尼的戒律很多，（姚秦）佛陀耶舍、竺佛念译《四分律》中，比丘戒250条、比丘尼戒348条。僧尼们基本自律原则是"八正道"，即正见、正思维、正语、正业、正命、正方便、正念、正定。

佛教创立之际，印度本土各种学派林立，佛教称有"九十六种外道"，释迦牟尼所创佛教则最为盛行，它本身又在不断发展，学派无数，而佛教的基本理论则是试图用因果报应思想来解释、解脱人生的生、老、病、死诸苦恼。因果报应的基本理论是六道轮回，谓人因善恶不同而投胎到地狱、畜生、饿鬼、人、阿修罗、天等六种世界，人的前生或许就是畜生或者天神，这是众生平等思想的基础，众生平等思想对存在严格的种姓制度的印度古代社会是一个很大冲击。（东晋）慧觉等译《贤愚经》卷六提到舍卫城有一送粪工名叫尼提，也跟释迦出家，成为佛弟子。

佛教传入中国的时间存在着多种说法，一般来说是在公元前后传入中国的，真正推动佛教在中国传播的相关资料主要集中在东汉永平年间（58—75），大的事件有二：其一，《后汉书·楚王英传》云楚王刘英（卒于永平十四年，公元71年）"诵黄老之微言，尚浮屠之仁祠，洁斋三月，与神为誓"。浮屠即佛，说明一世纪中叶佛教已经为士大夫所接受。其二，（隋）费长房《历代三宝记》等文献记汉明帝永平七年（64）遣郎中蔡愔、博士弟子秦景等西域求法，永平十年回，带来印度僧迦叶腾摩、竺法兰等僧人及一批佛经，迦叶腾摩所译写的《四十二章经》被认为是第一部完整汉译佛经。又传说佛经是由一匹白马驮来的，所以将洛阳郊外建立寺院称白马寺，迦叶腾摩、竺法兰就生活并老死在此寺，《历代三宝记》卷四记载："写得佛经《四十二章》并获画像，载以白马，还达洛阳，因起伽蓝，名白马寺。"白马寺被认为是我国汉地最早的佛教寺院，杨衒之《洛阳伽蓝记》卷四云："白马寺，汉明帝所立也，佛教入中国之始。"

赖经闻佛　借像标真：
佛像的产生与东传

佛教因为推崇偶像崇拜，因而有"像教"之称，（初唐）法琳《破邪论》卷上云："自后汉明帝永平三年（60）梦见金人已来，像教东流，灵瑞非一。"

佛像一经造作，"如视佛身"，也是一种信仰的方便之门，（东晋）佛陀跋陀罗（359—429）译《观佛三昧海经》卷九云："佛告阿难：'佛灭度后现前无佛，当观佛像。'观佛像者，若比丘、比丘尼、优婆塞、优婆夷、天龙八部、一切众生欲观像者，先入佛塔，以好香泥及诸瓦土，涂地令净，随其力能，烧香散花，供养佛像，说已过恶，礼佛忏悔。"玄奘译《药师经》云："若有净信善男子、善女人等，欲供养彼世尊药师琉璃光如来者，应先造立彼佛形象，敷清净座而安处之，散种种花，烧种种香，以种种幢幡庄严其处。"北周灭佛，诏曰："真佛无像，遥敬表诚，具见经旨。而世空崇塔庙，丽饰精蓝，取以求福。愚人信顺，倾竭珍财，虚引靡费。凡是经像，皆从毁灭。"出生于敦煌的高僧净影寺慧远（523—592）与周武帝辩论时说："耳目生灵，赖经闻佛，借像标真。"

虽然佛经记载释迦在世时候就有佛像的制作，但学术界一般认为要到公元后才出现佛像。并且佛教艺术发展之初，一般是不能表示佛的形象的，要表示佛在鹿野苑说法，就雕刻出众弟子围绕一个空座位，座位下刻出两只卧鹿和一只轮子。贵霜王朝时期（45—250），佛教艺术得到发展，制作了大量的佛像，出现了犍陀罗艺术和马图拉艺术两大佛教艺术流派，这两种风格都传到我国，对中国佛教艺术影响很大。

犍陀罗（此为慧超《往五天竺国传》的称呼，杨衒之《洛阳伽蓝记》卷五作"乾陀罗"，《法显传》作"犍陀卫"等，慧苑《一切经音义》卷二二解释为："乾陀是香，罗谓陀罗，此云遍也。言遍此国内，多生香气之花，故名香遍国。"）乃一古国，位置在今天的巴基斯坦、阿富汗，具体以今天巴基斯坦北部白沙瓦（意为"边境之城"）为中心（主要是喀布尔河流域），西北到阿富汗的哈达，东南到塔克西拉以北的印度河流域，北到土瓦特河流域，东西宽200多公里。公元前327年，马其顿人亚历山大东征入侵西印度，带来了希腊文化，在贵霜王朝统治时期，犍陀罗一带的佛教艺术得到空前发展，出现了佛的形象，体态健硕，鼻子修长，头发呈波浪纹卷曲，衣饰厚

| 图4　佛头像　犍陀罗出土　罗得岛州设计学院美术馆藏

重，具有浓郁希腊艺术特征，这种带有希腊艺术风格的佛教造像被现代学者称之为"犍陀罗艺术"。（图4、图5）中国早期佛教艺术带有较多的犍陀罗风格。

2世纪以后，在今马图拉（《大唐西域记》作"秣菟罗"，《法显传》作"摩头罗"，求那跋陀罗译《杂阿含经》作"摩偷罗"，实叉难陀译《大方广佛华严经》作"摩度罗"，意思是"孔雀"。李通玄《新华严经论》卷三〇云："摩度罗城者，此云孔雀城。"）地区流行的佛教造像则形体健硕夸张，衣饰简洁透明，带有较多的本土传统艺术风

| 图5 弥勒菩萨立像 犍陀罗出土 旧金山亚洲艺术馆藏

格，是为"马图拉艺术"。（图6）

永平求法，蔡愔等人带来了一些佛像，《魏书·释老志》记载："愔又得佛经《四十二章》及释迦立像，明帝令画工图佛像，置清凉台及显节陵上"；"洛中构白马寺，盛饰佛图，画迹甚妙，为四方式。"此为佛像流传中国之始，佛教林林总总的神灵为中古艺术提供了丰富的题材和广阔的想象空间。随着中印佛教艺术交流的加强，西域取经的汉僧和西域来华胡僧都或多或少带来一些佛教造像，一些西域画家也活跃在中国，见于记载的西域画家有释迦佛陀、吉

| 图6 佛立像 马图拉出土 堪萨斯美术馆藏

底俱、摩罗菩提等。于是佛教艺术成为此后中国艺术的重要主题，佛教造像遍及全国，数量庞大。

我国现存最早的佛像约属于 2 世纪初，如重庆三峡博物馆藏丰都县槽坊沟出土的东汉延光四年（125）摇钱树座上的禅定佛像。此后较长时间内中国流行禅定佛像，如美国哈佛大学赛克勒美术馆藏 3 世纪末的禅定金铜佛，日本永青文库藏刘宋元嘉十四年（437）韩谦造禅定佛像等。美国旧金山亚洲艺术馆藏后赵建武四年（338）鎏金铜禅定佛像是现存最早有具体纪年的单体佛像。

十六国（304—439）后期，佛教造像开始增多，题材开始丰富，最著名的佛教造像有 14 座北凉石塔、天梯山石窟、炳灵寺石窟等，出现了菩萨像、七佛、千佛等题材。及至北魏，中国佛教造像进入第一个高峰期，云冈石窟、龙门石窟可为代表。而后的北齐、隋代、武周也是重要的发展时期。莫高窟及其周边石窟保存下来的壁画有 5 万多平方米，塑像 2000 多身，是世界上保存佛教造像最集中的地方，其他佛教造像较多的石窟有克孜尔、云冈、龙门、响堂山、炳灵寺、麦积山、大足、广元、巴中等石窟。

莫欺沙州是小处　若论佛法出彼所：
敦煌古代寺院

《三国志》记载徐州刺史陶谦的下属笮融（下邳相，卒于195年）曾建佛寺，可容3000人，铸造佛像，黄金涂身，又设斋会，方圆八十里的数万民众都来观看就食，规模浩大，这是中国正史上第一次明确记载兴建斋会和社会一般民众信奉佛教的情况，显示佛教已经在中国的土壤里生根。

中国早期的出家人多依师为姓，姓竺者最多，后来一代名僧道安（312—385）规定僧人都随释迦姓释，成为制度，道安还制定了寺院僧尼规范。《高僧传·道安传》记载："初，魏晋沙门依师为姓，故姓各不同，安以为大师之本，莫遵释迦，乃以释命氏。后获《增一阿含》，果称四河入海，无复河名，四姓为沙门，皆称释种，既悬与经符，遂为永式"；"安既德为物宗，学兼三藏，所制僧尼轨范、佛法宪章，条为三例：一曰行香定座（上经上讲之法）；二曰常日六时行道（饮食唱时法）；三曰布萨（差使悔过等法）。天下寺舍，遂则而从之。"莫高窟隋代276窟西壁龛外北侧维摩诘前面有一方《行香说偈文》："戒香、定香、惠香、解脱香、解脱知见香。光明云台遍法界，供养十方无量佛。见闻普熏证寂灭，一切众生亦如是。"所言可能就是道安的行香之法。

西域龟兹等地的僧尼多习小乘，戒律谨严，要三月一易房或寺，防备聚财和纷争，出门要三人以上结伴而行。而敦煌以东的佛教多属大乘，僧尼常住固定的寺院，形成由寺主、僧政等构成的等级森严的僧团组织。整个教团的僧官制度在不同时期有所不同，如敦煌在吐蕃统治时期的僧官是：都教授—副教授—都法律—法律—都判官—判官，归义军时期则是：都僧统—副僧统—都僧政—僧政—法律—判官。张议潮起义后，唐政府就任命洪䛒为河西都僧统，管理整个河西地区的佛教事务，但僧尼的升迁权掌握在地方政权手中。

佛教寺院除宗教功能外，还有许多社会功能。从初唐开始，在皇帝忌日、诞日，两京乃至州县寺观都要举办斋会。《唐会要》卷四九记太宗贞观二年（628）敕令："章敬寺是先朝创造，从今以后，每至先朝忌日，常令设斋行香，仍永为恒式。"《唐六典》卷四记载："凡国忌日，两京观、寺各二散斋。诸道士、女道士及僧尼，皆集斋所，京文武五品以上，及清官七品已上皆集，行香以退。若外州，亦各定一观一寺以散斋。"可见国忌日于佛寺设斋行香，唐初即有，并且普行于天下。

古代寺院的社会活动十分丰富多彩，燃灯与各种斋会的举办，学问僧与文人间的酬答，花卉和茶叶的种植，杂技、说唱等文艺表演等。

敦煌的寺院经历代兴废，寺院数量与寺名有所不同，唐宋时期大的寺院有15~18所，小的兰若、佛堂则无法统计。S.4359诗曰："莫欺沙州是小处，若论佛法出彼所。"大约出自五代初期一位寺院学生之手，体现一种自豪感。大的寺院因为有寺学、经藏等，因此在敦煌文献中记载了寺名及一些宗教活动。

S.2729《辰年三月五日算使论悉诺罗按谟勘牌子历》（《辰年牌子历》）是一份首尾完整的寺院与僧尼籍簿，学者考得此辰年为788年，记录当时敦煌的龙兴寺、大云寺、莲台寺、灵图寺、金光明寺、永安寺、乾元寺、开元寺、报恩寺、灵修寺、普光寺、大乘寺、潘原堡（此名有些怪，似以地点代寺院，有僧有尼，寺名待考）等僧尼寺13所，"都计见上牌子僧尼三百一十人"，但我们不能从中找出与莫高窟有关的寺院（没有崇教寺和三界寺）。

S.5676《公元800年前后沙州诸寺僧尼籍》记载15所寺院及僧尼人数："龙，卅三人。开，廿一人。莲，十人。永，十七人。图，卅七人。云，十五人。康，十九人。窟，十九人。金，廿六人。恩，卅一人。修，五十五人。乘，六十一人。普，五十七人。国，廿九人。圣，七人。"上述略称依次为龙兴寺、开元寺、莲台寺、永安寺、灵图寺、大云寺、永康寺、窟（莫高窟）、金光明寺、报恩寺、灵修寺、大乘寺、普光寺、安国寺、圣光寺。没有稍后的吐蕃文献提到的永寿寺、净土寺、三界寺等。

P.3336为四份《付经历》（《丑年九月卅日赞普新加福田转大般若经分付诸寺维那历》《寅年正月八日付经历》《寅年正月卅日瓜州节度转经付维那历》《二月廿二日监军转经付诸寺维那历》），其中丑年、寅年大约是833、834年。其中提到灵图寺（图）、龙兴寺（龙）、永安寺（永安）、金光明寺（金）、安国寺（国）、永寿寺（寿）、大云寺（云）、永康寺（康）、三界寺（三界）、莲台寺（莲）、报恩寺（恩）、普光寺（普）、大乘寺（乘）共13所寺院，其中没有开元寺、乾元寺、净土寺、灵修寺、圣光寺，而三界寺首见这份《付经历》。

吐蕃统治时期还有乾元寺，乾元是唐代年号（758—760），乾元寺可能在蕃占时期改名为永康寺，晚唐之后又复见其名，而永康寺名则不复见。吐蕃统治晚期可能还新建净土寺（或某寺改名为净土寺），840年初见其名（P.3410《崇恩遗嘱》）。

晚唐时期，敦煌有16所寺院，S.1947《咸通四年（863）敦煌管内寺窟算会》记载："大唐咸通四年岁次癸未，河西释门都僧统，缘敦煌管内一十六所寺及三所禅窟，自司空、吴僧统酉年算会后，至丑年分都司已来，从酉到未十一年。癸未年五月廿三日，抄录官算籍上明照，手下再成毡定数如后……"，新建的寺院应该是奉唐寺（此寺名具有强烈的时代特征，一般认为五代改名法门寺、显德寺）。

五代时期，敦煌仍是16所寺院，P.6005《夏安居帖》提到"应管僧尼寺一十六所"，时在10世纪初。P.2930《都僧政和尚营葬榜》也提到"九品往生舆，仰一十六寺"，时间在10世纪二三十年代。

宋初则有"一十七寺"的记载，P.2879首题《应管壹拾柒寺僧尼籍》，文中提到"河西应管内外都僧统辩正大师钢慧"，而钢慧之名又见于Ch.00207《宋乾德四年（966）归义军节度使曹元忠夫妇修莫高窟北大像功德记》、P.3553《太平兴国三年（978）四月应管内外都僧统钢惠（慧）等牒》中。Ch.00207《修北大像功德记》也提到"大王龛内抄写《大佛名经》文，一十七寺中，每寺各施一部"。则敦煌在宋初有17寺。

P.3218《营葬普光寺汜阇梨转帖》（标题《时年转帖》）是一份完整的通知书，内容是普光寺一比丘尼死亡，通知各寺派人午时于西门集合，提到的寺院有18所：莲台寺、净土寺、龙兴寺、金光明寺、三界寺、显德寺、永安寺、大云寺、灵图寺、乾明寺、开元寺、乾元寺、报恩寺等13所僧寺，大乘寺、普光寺、灵修寺、安国寺、圣光寺等5所尼寺。此文献时代不详，从没有吐蕃占领时期存在的一些寺院名、晚唐五代一般称16寺、显德寺五代后期才出现等情况来看，可能是宋初17所寺院后又新建了一所寺院。至于小的兰若、佛堂就更多了。

隋代敕送敦煌的舍利就安放在莫高窟的崇教寺，此寺在7世纪末年还见记载（P.2005、P.2695《沙州都督府图经》，P.2551《李君莫高窟佛龛碑》），盛唐以后改名，遂湮没无闻，一些资料显示三界寺在莫高窟，则它的前身可能是崇教寺。藏经洞文献中涉及敦煌18寺的资料以三界寺为多，将近100件，最早有具体年代的三界寺资料是S.1824《受十戒文》题记："光启四年（888）戊申五月八日三界寺比丘僧法信于城东索使君佛堂头写记。丁卯年（907）后正月十四日写《受十戒文》卷，福岩记之。"最晚的是20世纪40年代在莫高窟附近发掘出的天禧三年（1019）的《天禧塔记》。据敦煌研究院藏D0671号《腊八燃灯分配窟龛名数》，951年三界寺观音院院主道真曾主持腊八在莫高窟遍窟燃灯，从道真主持燃灯一事推测，有可能他所在的三界寺在莫高窟，由他负责安排燃灯事务。P.2130《净土五会念佛诵经观行仪》上卷尾题是："三界寺道真。经不出寺门，就此灵窟记。"灵窟就是莫高窟，这是没有问题的，既然他规定佛经不能离开本寺，这项借经规则写于莫高窟，则三界寺就有可能在莫高窟。三界寺在吐蕃统治时期就见记载，最早的记载可能是P.3336四份《付经历》（833、834年）。S.5676《公元800年前后沙州诸寺僧尼籍》记载15所寺院中没有此寺，却有"窟"，应该就是代指莫高窟的三界寺。所以一般认为三界寺可能是隋代崇教寺改名而来。

宝阁下云崖　灵龛万户开：
敦煌石窟知多少

S.4654 为莫高窟纪游诗 5 篇，其中晚唐范瑭彦五言诗云："宝阁下云崖，灵龛万户开。洞深流水急，林回叶风吹。香露凝空下，祥花雪际来。诸公燃圣烛，荐福益三台。"其中"灵龛万户"形容莫高窟的窟龛之多。

敦煌石窟包括莫高窟、榆林窟、东千佛洞、西千佛洞、五个庙石窟、一个庙石窟、旱峡口石窟等。各石窟因编号方法不同而数量各异，一般的说法是，莫高窟 492 个、榆林窟 42 个、东千佛洞 8 个、西千佛洞 22 个、五个庙 5 个等。实际上的数量有所出入，如莫高窟北区还有 200 多个没有画塑的洞窟，东千佛洞还有若干瘗窟，五个庙石窟还有若干残破洞窟没有编号等等。略言之，敦煌石窟群的洞窟总数 800 多个，壁画约 5 万平方米，塑像 2000 多尊。在佛教石窟中延续时间最长，壁画最多。

莫高窟编号最复杂，有多家编号。

1908 年，法国人伯希和将洞窟自南向北编得 182 号（有的一号下有许多附号，所以共有 328 个窟）。

1922 年，敦煌官厅编《敦煌千佛洞、安西万佛峡、安西千佛洞官厅调查表》中，莫高窟编得353号（未刊）。

1935年，国民党官员邵元冲到西北一带巡视，随员高良佐编得207号，见1936年出版的《西北随轺记》中的《千佛洞调查表》。

1943年，何正璜在《说文月刊》3卷10期上发表《敦煌莫高窟现存佛洞概况之调查》，编为305号。

1941—1943年间，张大千编得309号，并将窟号写在洞窟墙壁上，他对洞窟进行了记录，见《漠高窟记》。1942—1943年，谢稚柳据张大千的编号对莫高窟内容进行了记录，谢稚柳的记录见1955年出版的《敦煌艺术叙录》。此后史岩、李浴等学者多在此基础上拾遗补缺，不断完善，如1944年，李浴编得437号，见《莫高窟内容之调查》（未刊）。

1982年出版的《敦煌莫高窟内容总录》列出492号，成为目前流行的编号，但使用时会发现里面存在着一些问题，如268窟内有4禅龛，连主室一共编为5个号（267~271），而形制类似的285窟中的禅窟就没有编号。35窟的前室另外编为36窟等等。北区有少数洞窟因为有壁画，所以也编号（461~465窟）。

20世纪末对北区的居住窟、瘗窟等进行编号，新编243个窟，加上原先编的461~465窟，得248个窟，用B表示，B1就是北区第1窟。南、北区石窟合计735个。

西千佛洞的编号主要有3家：张大千编号（C），共编21窟，此后谢稚柳《敦煌艺术叙录》使用此编号，影响较大。敦煌研究院早年编号（D），共19窟，未刊布，使用于现在洞窟外窟号牌。霍熙亮先生编号（H），共22窟，发表在《中国石窟·安西榆林窟》一书中，学者建议使用霍熙亮先生编号。

敦煌石窟所经历的朝代按照敦煌历史来分，大致有：

十六国：317—442 年

北魏：442—535 年

西魏：535—557 年

北周：557—581 年

隋：581—618 年

唐：618—786 年

吐蕃：786—848 年

张氏归义军：848—910 年

西汉金山国：910—914 年

曹氏归义军：914—1035 年

西夏：1036—1227 年

蒙古、元：1227—1372 年

唐代敦煌石窟还可细分为初唐（618—710）、盛唐（710—786）、中唐（吐蕃统治时期）、晚唐（张氏归义军）等 4 个时期。在曹氏归义军和西夏之间，可能还存在着沙州回鹘政权，409 窟就有回鹘国王及王后像，对于这段历史，目前还在探索中。

凿仙窟以居禅：敦煌石窟形制

佛教石窟开凿于山体旁侧崖面上，是一种特殊形式的佛教寺院，一些石窟与佛教寺院相毗邻，是佛教寺院的一种辅助和补充形式，因此佛教石窟也可称为石窟寺。石窟的主要形式有禅窟、中心柱窟（中心柱塔窟）、殿堂窟等三种，还有僧房窟、仓储窟、瘗窟等，功能各不相同。

静默山间　独善其身：
禅观与禅窟

古代印度的佛教和其他宗教都有坐禅修行的传统，通过静坐来冥思人生现实与心灵理想，提升自己的世界观，类似我们熟悉的瑜伽。（东晋）鸠摩罗什译《大智度论》卷一七论及禅定时说："问曰：菩萨法以度一切众生为事，何以故闲坐林泽，静默山间，独善其身，弃舍众生？答曰：菩萨身虽远离众生，心常不舍，静处求定，得实智慧，以度一切。……复次，若求世间近事，不能专心，则事业不成，何况甚深佛道而不用禅定！禅定名摄诸乱心。乱心轻飘，甚于鸿毛，驰散不停，驶过疾风，不可制止，剧于猕猴，暂现转灭，甚于掣电。心相如是，不可禁止，若欲制之，非禅不定。"

释迦成佛前禅定时久，以致有鸟筑巢于头顶，（东晋）僧伽跋澄译《僧伽罗刹所集经》卷上记载："是时菩萨长夜之中有此慈心，诸法解脱，于彼人民无所触娆。于彼端坐思惟不移动，鸟巢顶上，觉知鸟在顶上乳，恒怀恐怖惧卵坠落，身不移动。"（唐）玄奘《大唐西域记》卷五记载羯若鞠阇国有一位仙人禅定久了，甚至头上长出大树，鸟也在树上筑巢，时人称之为大树仙人："时有仙人居殑伽河侧，栖神入定，经数万岁，形如枯木，游禽栖集，遗尼拘律果于仙人肩上，暑往寒来，垂荫合拱。多历年所，从定而起，欲去其树，恐覆鸟巢，时人美其德，号大树仙人。"早期佛教造像有一种苦修像，瘦骨嶙峋，唯余骨架和血管，这是表示释迦牟尼出家后拜师苦修。最后释迦牟尼还是放弃了这种极端自虐的修行方式，成道后主要是说法布道为主，禅修为辅。

早期佛教僧人大约居住在野外，（后汉）昙果、康孟详译《中本起经》卷上记载富豪迦兰陀为释迦修建了第一座寺院："修立精舍、僧房、坐具，众严都毕，行诣树王祠处，请佛及僧。众佑受施止顿，一时大化普济，靡不欣乐。"可见早期僧人寄居在树王祠等处。印度炎热，而石窟却有悦意的清凉，早在吠陀时期就成为隐士和仙人的居所。僧人们为了不受外界干扰，需要在远离尘嚣的地方居住，但佛教开始并不重视在石窟修行，《大史》记载：释迦曾告诉弟子，应当居住在树下，而房屋、精舍、洞窟等仅是额外栖居之所。由于印度多雨和酷暑，石窟逐渐成为僧人居住与修行的主要场所，阿旃陀石窟现存29个洞窟，是印度规模最大的一处石窟。文献记载阿育王（？—公元前232）给外道建造两座石窟，考虑到阿育王对佛教的发展起到很大的促进作用，在他的大力支持下，佛教传播广泛，所以推测可能也给佛教徒建造过同样的修行场所，因此一般认为到了阿育王时代，佛教徒开始凿石窟居住、修行。

石窟本为僧人修行和居住之所，但不同时代开凿的石窟从形制、内容到总体布局都贯穿着那个时代的佛教思想与佛教信仰。南北朝时期，南方文化发达，佛教徒重视对义理的探讨，所以石窟、禅僧很少。北朝佛教则注重宗教实践，流行禅观，石窟遍及北方各地，早期洞窟的绘塑题材多与禅观有关。佛陀跋陀罗译的《观佛三昧海经》是最重要的一部禅观经典，敦煌石窟许多题材与该经有关。

作为六度之一的禅定是佛教僧人最主要的修行方式，通过苦思冥想，寻找解脱人生苦难的方法。禅定含有两方面的意思：一方面要求坐禅时灭绝一切尘世杂念，把思想高度集中在对佛全身各细部的思念中，想念佛陀的美好，进而禅僧的思想要进入虚幻的佛国，想念佛国的美好，是为观佛。另一方面，则通过对自身的苦思冥想，无限丑化自己，悲观厌世，乞求佛祖的拯救，是为不净观。

禅僧所观想的佛有释迦佛、多宝佛、七世佛、十方诸佛、弥勒佛等，主要是观释迦佛，观其立像、坐像、卧像等，观其一生乃至前生事迹等，观其身体各个部位等，其中释迦身体有异于常人，有"三十二相、八十种好"。三十二相是身体的主要特征，八十种好则主要是对这些特征进行描绘，通过对佛的观想体会到佛的伟大。三十二相是：（1）足下安平立相；（2）足下二轮相；（3）长指相；（4）足跟广平相；（5）手足指缦网相；（6）手足柔软相；（7）足趺高满相；（8）腨如鹿王相；（9）正立手摩膝相；（10）阴藏相；（11）身广长等相；（12）毛上向相；（13）一空一毛生相；（14）金色相；（15）丈光相；（16）细薄皮相；（17）七处隆满相；（18）两腋下隆满相；（19）上身如师子相；（20）大直身相；（21）肩圆好相；（22）四十齿相；（23）齿齐相；（24）牙白相；（25）师子颊相；（26）味中得上味相；（27）大舌相；（28）梵声相；（29）真青眼相；（30）牛眼睫相；（31）顶髻相；（32）眉间白毫相。敦煌早期壁画中所画的一些佛的脚板画有法轮（第二相）、手指间带蹼（第五相）等，说明这些佛像可以用来观像。

敦煌早期洞窟中有一个显著的特点是几乎所有洞窟都画有大面积的千佛，千佛图像也与禅观有关。佛教认为有许多佛分布在过去庄严劫、现在贤劫、未来星宿劫三世的时间和上下八方组成的十方空间之中，所以有庄严劫千佛、贤劫千佛、星宿劫千佛、十方佛等称谓。观想的方法是：坐观东方，廓然明静，无诸山河石壁，唯见一佛，结跏趺坐举手说法，既见之后，更增百千，乃至无有边际，但见诸佛，光光相接云云。敦煌早期洞窟多数是用大量的壁面来画无数小佛像，如北魏254窟四壁有千佛1200多身，保存有部分榜题文字，与塑像结合来表示三世三千佛。经文说，如果听闻、书写、为他人说千佛名号，图画千佛形象，来世就可以随侍诸佛，往生净土。

晚唐以后的千佛图像则多有金瓶掣签故事，如晚唐9窟的千佛图中有一瓶，瓶内有签。竺法护译《大宝积经》卷九记载转轮圣王勇郡有千子，国王以金瓶掣签的方式决定千子成佛前后，这就是贤劫千佛的来历。

凉州在晋末为禅法特盛之地，敦煌东临凉州，自汉代以来就是中西文化交流的中转站，可以推想敦煌早期佛教也是重禅法的。据佛教文献记载，两晋南北朝时期，敦煌名僧辈出，如竺法护、竺法乘、于道邃、竺昙猷、单道开、道韶、道法、法颖、超辩、慧远等，多数专精禅业。敦煌早期洞窟的题材和内容多数与禅观有关，是当时佛教思潮下的产物。

直到10世纪，敦煌僧尼仍进行禅修，P.3556双面有五代时期文书多件，背面最后有一件记录了几十名比丘尼禅修结果：多数没有在禅定中见到任何人与物，而有的则见到一些乱七八糟的景物："戒信：于道场内思惟，见二回鹘入道场来，又不见"；"祥妙：一物不见。又见白狗入道场"；"宝如：于道场思惟，次见二和尚唱经，床上见两个佛。二和尚遣宝如北拜，又则不见。"出家人不打诳语，所以坐禅后逐一做了记录，这些坐禅结果显然与佛经所要求的大相径庭。

禅窟属于毗诃罗窟，毗诃罗是梵文Vihara的音译，意为僧房、精舍，既是生活居住之处，也是禅修之所，即可分为居住用的僧房窟和修行用的禅窟，有时两者是合一的。印度暑热，石窟犹如我国北方的窑洞，冬暖夏凉，适宜僧人居住与修行。禅窟分单室禅窟和多室禅窟，单室禅窟就是独立的禅室，供一人使用，而多室禅窟则是一个洞窟内开凿多个禅室，若干僧人聚集在一起共同修行，相当于僧团活动。坐禅是佛教僧人的基本修行活动，现代僧人都是在寺院的禅房内坐禅，而古代僧人除了在寺院禅房修行外，还在石窟中开凿禅室，这是源自印度的制度。古代寺院的禅房我们现在已经看不到，而石窟中的禅窟为我们了解古代僧人的修行提供了真实资料。莫高窟南区早期30多个洞窟中，只有3个禅窟：268窟、285窟、487窟，都是多室禅窟。北区200多个洞窟中，禅窟有82个，其中多室禅窟12个。

268窟与相邻的272、275窟年代接近，大致可视为一组洞窟，一般认为是敦煌现存最早的一批洞窟。268窟平面为3米多长、宽不足1米的纵长方形，高1.8米，勉强能容身，南北两侧壁各开2禅室，禅室平面方形，约1米见方，高约1.6米，初为素壁，古代僧人就在里面禅修，看来古代有4个僧人在这里坐禅。（图7）272窟平面方形，275窟平面纵长方形，两窟四壁绘佛教壁画，属于殿堂窟，供僧人观

| 图7 禅窟 268窟

像用，通过观看佛像，进一步理会佛教教理。禅观属于心理领悟，观像则是视觉领悟，相辅相成，所以从功能上看，这三个洞窟也可能属于一组相关的洞窟。

487窟位于268窟下方不远，距离现在的地表下方约3米，20世纪60年代加固崖面时才被发现，没有任何画塑，平面也是纵长方形，南北各开4禅室。窟顶前部为人字披顶，后部为平顶，由于这样的窟顶在敦煌北魏洞窟中很流行，所以一般把此窟定为北魏洞窟。由于洞窟面积有40多平方米，所以禅室比268窟略大，约宽1.1米，进深1.3米，高1.6米。

285窟是敦煌最著名的洞窟之一，北壁有西魏大统四年（538）、五年题记，由于正值东阳王元荣任瓜州刺史时期，一般推测此窟即敦煌文献所记载的元荣所开"一大窟"。平面方形，长宽约6.5米，南北壁各开4龛，大小1米见方。洞窟中央有长宽2.3米，高0.3米的方坛，487窟也有这样的建筑，有学者认为是戒坛，是出家时受戒的庄严场地。

在南区近500个洞窟中，只有上述三个禅窟，而且属于早期，在北区248个洞窟中有禅窟82个，说明南区主要是僧俗信徒供养洞窟，北区主要是僧人的生活修行区。北区禅窟多数空间较大，并设有禅床，可以躺下休息，由此看来，有可能南区禅窟是象征性的，而北区禅窟是僧人们日常起居与禅修之所。印度最大的佛教石窟阿旃陀石窟全部29个洞窟中，三分之二是多室禅窟，主室面积很大，可以作为集结布道之用，说明一个洞窟就是一组僧团的修行场地。

中国佛教徒独自在深山老林里禅坐苦修者少之又少，更多的修行场地是在寺院里，寺院遍布各地，石窟相对较少。中国僧人更多地喜欢探讨佛教义理，切磋佛教思想，最后形成许多宗派，具有中国佛教特色。名僧道安有一句名言："不依人主，法事难成"，所以许多僧人依靠结交王公贵族而得名，没有多少僧尼愿意老死在山林禅房，唐僧玄奘也不例外。玄奘从西天取经，所获经论657部，不谓不多，但其译经有限，总共75部，1335卷，其中重译的不少，如《维摩诘经》《阿弥陀经》《药师经》《十轮经》等，都是当时流行的佛经。从他放着85%以上的新带回佛经不译而乐于重译旧经一事看，他的译经有为时所好的特点，玄奘身上有许多入世思想，多少让人遗憾。

众多僧人集聚在寺庙，过着一种有组织的社团生活，民众是否承认、香火是否兴盛成为衡量寺院名声的一种标准。古代印度僧人脱离社会，中国僧人则融入社会，从禅窟的流行情况也可窥见一斑。

念慧常无失　具足妙色相：
绕塔观像与中心柱窟

　　中心柱窟也叫塔庙窟、塔柱窟、中心塔柱窟，其祖型来自印度的支提窟，支提是梵文 Caitya 的音译。但印度的支提窟是在窟中凿建一座佛塔，与窟顶不相连接，表示舍利安置在中间，属于一种纪念性建筑，绕塔供养就是对佛的尊重和怀念。一般来说，有一定身份的人才可以死后建立纪念塔。（刘宋）佛陀什共竺道生译《五分律》卷二六云："四种人应起塔：如来、圣弟子、辟支佛、转轮圣王。"规格自然不低，但到后来是所有僧人可以在死后建塔，墓地成为塔林，如嵩山下少林寺塔林、终南山下百塔寺等。

　　支提窟传到中国各地之后，其形制在不同地域产生了不同的特点，随之中心柱窟的形制也出现了许多地域特色。敦煌及中原地区的中心柱窟，已将窟中的佛塔演化成方形的楼阁式，塔顶与窟顶连接，并变化为方形的柱体，柱体四面开龛，龛内安置佛像。中心柱既具备支撑洞窟的力学需要，又可以安置更多佛像。

　　敦煌的中心柱窟是在窟后部中央设一方柱，四面开龛，龛内安置佛像。前部顶部多做成前、后两面坡式样，即俗称的"人字披"或"人字坡"。两面坡的斜面上，浮塑出半圆形的椽子，以表现其空间是两面坡形的木构建筑。屋檐下方有的还塑出挑檐枋，并有木制斗拱承托，凡此种种细部特征完全是对木构建筑"人字坡"形式的模仿。

莫高窟有28个中心柱窟，出现在北魏，随后的几个朝代都很流行。早期36个洞窟中，有17个是中心柱窟，占了半数，但流行程度因时代不同而有所区别。如北魏8个洞窟中，除487窟为禅窟外，其余7窟（251、254、257、259、260、263、265窟）均为中心柱窟，颇为统一，254窟可为代表。254窟前部人字披顶，后部平棋顶，设方形中心柱，塔柱东向面开一龛，南西北三面上、下层各开一龛，南北壁上层各开5列龛。东壁门上开一明窗，用于采光。西魏仍流行中心柱窟，现存10个洞窟中，除2个窟属于小龛（247、286窟）、1个禅窟（285窟）、1个殿堂窟（249窟）外，其余6窟（246、248、288、431、435、437窟）均是中心柱窟（图8）。而到北周时期，中心柱窟骤减，只有4个（290、428、432、442窟），而殿堂窟增至12个。北周以后，中心柱窟不多，殿堂窟占

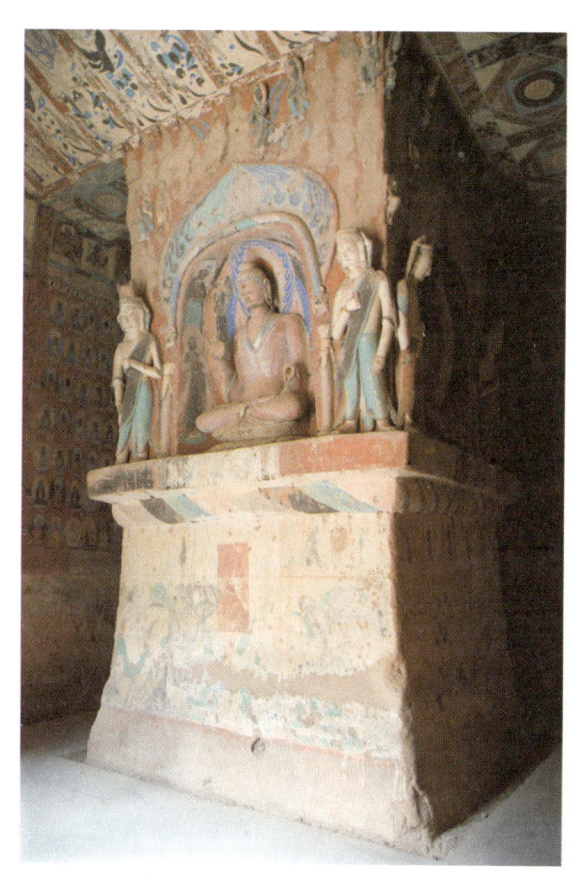

| 图8 中心柱窟 248窟

了绝大多数。隋代以后的中心柱窟虽少，但窟形都很大，内容也丰富，合计有 11 个：隋代 302、303、427、292 窟，初唐 332、448 窟，盛唐 39、44 窟，晚唐 9、14 窟，五代 22 窟。从视觉角度上说，中心柱占据洞窟的主要位置，视野不够开阔，空间较小，因此北周以后渐渐式微，殿堂窟成为敦煌最主要的洞窟形制。隋以后的中心柱窟的造像主题多与涅槃有关，如 332 窟南壁画涅槃经变、西壁龛内塑涅槃像，39 窟西壁龛内塑涅槃像；东千佛洞 2、5、7 窟的窟形类似中心柱窟，中心柱背面均画涅槃变。

中心柱窟的主要作用是观像，也就是"借像标真"，视佛像为佛之真容。佛陀跋陀罗译《观佛三昧海经》是禅观的重要经典，多处提到"入塔观像"，如卷二云入塔观佛像的眉间白毫，可除灭罪恶："若比丘，犯不如罪，观白毫光暗黑不现。应当入塔，观像眉间，一日至三日，合掌啼泣，一心谛观，然后入僧，说前罪事，此名灭罪。"卷七云观佛像就是观真佛："佛灭度后，如我所说观佛影者，是名真观如来坐。观如来坐者，如见佛身，等无有异，除百千劫生死之罪。若不能见，当入塔观一切坐像，见坐像已，忏悔障罪。此人观像因缘功德，弥勒出世，见弥勒佛初始坐于龙华树下结加（跏）趺坐，见已欢喜，三种菩提随愿觉了。"入塔观像具有灭罪兴福之作用。

（唐）实叉难陀翻译的《右绕佛塔功德经》，专讲绕塔的好处，云居士绕塔可得到鬼神保护、远离八难等，出家人绕塔可得四谛、证得菩提等："一切诸天龙，夜叉鬼神等，皆亲近供养，斯由右绕塔。在在所生处，远离于八难，常生无难处，斯由右绕塔。于一切生处，念慧常无失，具足妙色相，斯由右绕塔。往来天人中，福命悉长远，常获大名称，斯由右绕塔。在于阎浮提，常生最尊胜，清净种姓中，斯由右绕塔。仪貌常端正，富贵多财宝，恒食大封邑，斯由右绕塔。"产生于北魏时期的疑伪经《提谓波利经》云："长者提谓白佛言：'散花、烧香、燃灯、礼拜，是为供养。旋塔得何等福？'佛言：'旋塔有五福德：一后世得端正好色，二得声音好，三得生天上，四得生王侯家，五得泥洹道。'"

中心柱礼拜的方法是右绕，就是从礼拜者的右手一侧绕塔，北周428窟的图像次序就是从北壁经西壁而到南壁的。431窟北、西、南三壁下部是初唐画的观无量寿佛经变，内容展开的次序是从北壁经西壁而后至南壁东侧。唐代130窟甬道北壁画男供养人"朝议大夫使持节都督晋昌郡诸军事守晋昌郡太守兼墨离军使赐紫金鱼袋上柱国乐庭瓌"，南壁画女供养人都督夫人太原王氏，也说明北壁位置较尊贵。隋代292、427窟是中心柱窟，中心柱的北、西、南壁画有绕塔比丘20多身（传法高僧），北壁一列比丘的都是面向西面、西壁比丘面向南面、南壁比丘面相东面，最能说明右绕是从礼拜者右手一侧开始的。佛教的胡跪也是右腿单腿下跪，即以右为先。佛教也有绕佛右绕、绕坛左绕之说，即左绕和右绕都有理由。敦煌石窟对左绕、右绕似乎没有严格的规定，如北魏257窟是中心柱窟，北壁须摩提女请佛故事中的人物向西飞去，南壁沙弥守戒自杀故事也从东向西展开，是以正壁为中心展开的。五代后期建造的61窟是背屏式佛坛窟，南壁、西壁、北壁下部有佛传屏风画，读画次序从南壁开始，经西壁至北壁结束。

中心柱窟本意为礼佛的庄严场所，核心是佛的舍利塔，而到了中国则布满壁画与塑像，俨然是佛像展示和思想宣传的场所，成为艺术的殿堂。《历代名画记》卷九记载唐代名画家吴道子"初名道子，玄宗召入禁中，改名道玄，因授内教博士，非有诏不得画"。但古代艺术家不借助寺院就无法获取更大名声，吴道子常潜出宫外画寺观壁画，《寺塔记》卷下记载长安"崇仁坊资圣寺净土院门外，相传吴生一夕秉烛醉画"。当属于晚上干私活吧。吴道子的画在当时就为大众所知所赞，朱景玄《唐朝名画录》记载吴道子名声时说："寺观之中，图画墙壁，凡三百余间。变相人物，奇踪异状，无有同者。……吴生画兴善寺中门内神圆光时，长安市肆老幼士庶竞至，观者如堵。其圆光立笔挥扫，势若风旋，人皆谓之神助。"同书又记载周昉画章敬寺时，"昉乃下手落笔之际，都人竞观，寺抵园门，贤愚毕至。或有言其妙者，或有指其瑕者，随意改定，经月有余，是非语绝，无不叹其精妙，为当时第一"。《独异志》记载吴道子画东都天宫寺，"观者数千百人"。虽有点夸张，但反映出古代寺院绘画成为大众文化的一部分。

古代寺院是民众的一个宗教活动和社会活动的中心。敦煌石窟也是这样，它的艺术价值远远超越了宗教本身，绵延1680米的崖面成为人类文化的长廊。敦煌石窟的形式是宗教的，而内容却是世俗的、艺术的，体现着人类文明的精华。可以设想一下，每年几十万的游客是来莫高窟"烧香拜佛"的吗？当然不是，他们远道而来的目的很单一，就是来领略精湛的艺术。

宣唱法理　开导众心：
讲经说法与殿堂窟

殿堂窟平面多作方形，故也称为方形窟。因其使用功能与寺院佛殿相似，也被称为佛殿窟。这是中国石窟中最具典型性的窟形，与中心柱窟相比，空间宽敞，视野开阔，全窟的画塑一目了然，壁绘佛画，地铺莲砖，当时就是将一个洞窟设计成一个佛国。北周时期开始这类窟形取代中心柱窟而成为最流行的窟形，遍布各地石窟，其流行使用的时间也最长。

殿堂窟本意是讲堂，即高僧为信仰者宣讲佛法之处。《高僧传》卷一三主要记载善于讲经说法的僧人，结尾总结说："论曰：唱导者，盖以宣唱法理、开导众心也。……尔时导师则擎炉慷慨，含吐抑扬，辩出不穷，言应无尽。谈无常，则令心形战栗；语地狱，则使怖泪交零；征昔因，则如见往业；核当果，则已示来报；谈怡乐，则情抱畅悦；叙哀戚，则洒泪含酸。于是阖众倾心，举堂恻怆，五体输席，碎首陈哀，各各弹指，人人唱佛。"敦煌殿堂窟大约是说法殿堂的一种象征，实际上的讲经说法可能还是在寺院讲堂。S.3329＋S.11564＋P.2762＋S.6161＋S.6973拼接而成的中和二年（882）《敕河西节度兵部尚书张公德政之碑》记当时洞窟内容有："龛内素（塑）释迦牟尼像并事

(侍)从一铺,四壁图诸经变相一十六铺。参(森)罗万象,表化迹之多门。摄相归真,总三身而无异。方丈室内,化尽十方。一窟之中,宛然三界。"

殿堂窟是敦煌一直在使用的一类典型洞窟,最早的"北凉三窟"中的272窟、275窟均是殿堂窟。但有局部的区别,如272窟正壁(西壁)开龛,而275窟则正壁不开龛,而是在正壁前塑像,两侧壁上方各依次开凿三个龛。西魏249窟平面方形,正壁开一大龛,覆斗顶形式,从此这种窟形成为方形殿堂窟的典型式样,唯龛的形制上有所差别,有圆拱龛、双层龛、单层龛、盝顶龛等。

多数殿堂窟在正壁开一龛,龛的形状因时代的变迁而有所不同。北朝时期,由于佛龛容纳的佛像较少,故而佛龛进深较浅,多使用圆拱形龛,佛龛的龛底距地面较近,龛形高大,仅容一佛,故而龛内佛像突出醒目,如西魏249窟。隋代佛龛的龛口渐趋方圆,并出现双层龛口大龛,佛龛龛底与地面距离升高。由于出现双层龛口,龛内可以容纳更多的佛像,如隋代401窟。这种佛龛的出现,与佛像组合的扩大密切相关。早期的龛仅有一佛,其余佛像都在龛外,后来随着龛形的变化,龛内佛像越来越多,如著名的盛唐45窟龛内塑像有一佛二弟子二菩萨二天王。唐前期(初唐、盛唐),佛龛多为敞口龛,佛龛顶部上口上仰,两侧龛口外敞。这种式样,便于展示龛内塑像。唐后期(蕃占或称中唐、晚唐),佛龛形制规整,平面多为横长方形,龛顶作盝形顶。龛内安置倒凹字形佛坛,佛像皆安放在佛坛上,如中唐231窟。此后龛形变化不大。其空间式样意在模仿世俗社会生活中流行的帷帐,所以盝顶龛也称"帐形龛",可以说是中国本土化了的一种窟形。

莫高窟多数洞窟坐西向东,殿堂窟正壁就是西壁,龛内塑主尊,壁画次序有许多不同，有的是从东向西，就是向佛的方向展开，如西魏 285 窟北壁八佛从题名看是从东向西的，南壁的五百强盗成佛故事的各情节也是从东向西展开。但多数壁画似乎是从西向东展开的，如 7 世纪后期建造的 323 窟北壁和南壁的佛教史迹画都是从西向东展开的。8 世纪初建造的 217 窟南壁通壁绘佛顶尊胜陀罗尼经变，中间是佛说法图，西侧是佛陀波利前往西域取经的故事，东侧是佛经内容，而北壁观无量寿佛经变也是中间是佛说法图，西侧是序品未生怨，东侧是正文十六观。撰写于 839 年的 231 窟《建窟发愿文》（阴处士碑）在叙述该窟南北壁壁画时也是从西往东进行叙述的，沙州回鹘时期开凿的 97 窟十六罗汉图也是如此分布，这与中心柱右绕礼拜不同。

敦煌唐宋时期的壁画主要是经变画，有 30 多种 1200 多铺，主要是净土类经变和菩萨类经变。净土类经变有观无量寿佛经变、阿弥陀经变、无量寿经变、弥勒经变、药师经变等；菩萨类经变主要是以观音为主尊的经变，有依据《法华经》绘制的观音经变、十一面观音经变、如意轮观音经变、不空罥索观音经变、千手千眼观音经变、千手千钵文殊菩萨经变等。其余经变有：法华经变、华严经变、金光明经变、楞伽经变、天请问经变、思益梵天问经变、密严经变、金刚经变、涅槃经变、梵网经变、贤愚经变、维摩诘经变、福田经变、报恩经变、父母恩重经变、十轮经变、牢度叉斗圣变、佛顶尊胜陀罗尼经变、孔雀明王经变、炽盛光佛经变等。从敦煌经变画品种看，凡是有经变的佛经都是当时流行的佛经。

经变画的布局讲究对称，如 98 窟北壁西起画天请问经变、药师经变、华严经变、思益梵天问经变，南壁西起画弥勒经变、西方净土经变、法华经变、报恩经变，就是东方净土（药师经变）对应西方净土

（西方净土变）、兜率天宫（弥勒经变）对应天神（天请问经变），华严经变对应法华经变等。

殿堂窟最大的特点就是视觉空间大，一进洞窟就可以看到四壁，可以容纳更多的人。正壁设龛，无论洞窟大小，龛的位置都高于观众，佛像高高在上，观众自然仰视，起到敬仰的效果。四壁与窟顶的壁画则内容繁富，诠释着更多的佛教思想。如晚唐85窟主室西壁画牢度叉斗圣变，南壁画阿弥陀经变、金刚经变、报恩经变，北壁画药师经变、密严经变、思益梵天问经变，东壁画维摩诘经变、金光明经变，窟顶画弥勒经变、华严经变、法华经变、楞伽经变，加上南、西、北壁下方以屏风画形式画出的贤愚经变，共画有14铺经变，其中窟顶东披的楞伽经变有榜题70多条，说明当时设计时安排了70多个画面，全窟壁画内容之丰富可想而知。

晚唐开始，一些大型殿堂窟在窟内不再开龛，而是在洞窟中央设高1米左右的方形佛坛，上塑佛像，可以称为佛坛窟，特点是窟形大，是为了适应大型洞窟安置塑像需要而产生的，这类洞窟是殿堂窟的一种发展，初见于西魏285窟，但到晚唐才作为主流窟形。可细分为方坛式和背屏式两类。有龛的殿堂窟由于龛的空间有限，塑像就小，而佛坛的面积宽大，所以塑像很大，这是佛坛窟的最大特点，高大的立体塑像与满壁铺列的佛画相结合，增加了佛像的庄严感。

晚唐之前，方坛窟时有出现，但数量不多。早在西魏285窟就开始在窟内设方坛，该窟主室东西进深6.4米，南北6.5米（西侧6.3米），但此方坛低矮，长宽均为2.3米，高0.3米，如此低矮的建筑上似乎不适合安置塑像，所以有学者认为是戒坛，即僧人受戒的庄严场所。隋代305窟开始在窟内设安置塑像的中心方坛，此窟方坛位置较高，应该就是安置塑像的，南、西、北壁各开一龛，在这样小的洞窟内安置如此多塑像，显得有些拥挤。初唐 205 窟窟形较大，主室平面梯形，东西进深 6.7 米，东壁宽 6 米，西壁宽 6.8 米，产生渐深渐广的视觉效果。窟内不开龛，设中心佛坛，当时塑像一铺十一身。马蹄形佛坛，东西 4 米，南北 3.8 米，佛坛从后向前分三层，后部高 0.7 米，塑一佛二弟子二半跏坐胁侍菩萨；中部高 0.5 米，蕃占期间塑二天王，前部高 0.4 米，塑二供养菩萨、二力士（或二天王，今失），多数保存至今，十分精美，尤其是阶梯状佛坛，将佛教诸神的等级区别开来，更有视觉上的层次感。蕃占期间开凿的 161 窟也是方坛窟，主室东西进深 3.9 米，南北宽 4.1 米，窟形不大，中心佛坛东西 1.5 米，南北宽 2.2 米，高 0.6 米，坛上尚存两身天王塑像（头失）。

晚唐开始，一些大型洞窟均为佛坛窟，成为节度使、都僧统功德窟的主流窟形，著名的有晚唐 16、85、94、196 窟，五代 98、108、256、454、61 窟，宋代 55 窟等。有的佛坛后部增设一座通联窟顶的背屏，是方坛窟的另一形式，我们称之为背屏式佛坛窟。背屏起到了分割洞窟空间的作用，更加衬托出佛像的庄严，一般都是大窟才设背屏，如晚唐 16、94、196 窟，五代 4、61、98 窟，宋代 55 窟等。

佛坛位于洞窟中心，四周可以绕行，起到礼拜的作用，有些类似早期的中心柱窟，只是洞窟更大，壁画内容更丰富。佛坛窟的塑像由于距地面较近，所以毁坏较多，61 窟主室东西进深 14.3 米，南北宽 13.1 米（此为东侧一方，西侧 13.6 米），马蹄形佛坛，东西 7 米，南北 8.6 米，高 1.4 米，佛坛上原本是由多尊塑像组成的五台山骑狮文殊并侍从，现仅存狮尾、狮爪。

55 窟东西进深 12.2 米，南北宽 11.1 米，中心佛坛东西 7.1 米，南北 7.6 米，原有塑像 17 身（现存 10 身）：佛坛四角各塑一身天王（仅存西南角一身），西、南、北侧中间各塑倚坐佛并眷属，西侧一倚

图9 殿堂窟 55窟

坐佛二弟子（佛座下各一托座力士，存北侧一身。弟子存北侧迦叶）、南侧一倚坐佛二菩萨（佛座东侧塑一托座天王，菩萨存东侧一身）、北侧一倚坐佛二菩萨（佛座东侧塑一托座天王，失，菩萨存东侧一身），表现的是弥勒三会，造型准确写实，是宋初塑像艺术的代表作（图9）。

一窟之中　宛然三界：
其他几种窟形

1. 大像窟

是指窟内雕凿或塑造高大佛像的佛殿窟。阿富汗中部的巴米羊石窟距首都喀布尔以西120公里，有石窟700多个，建于3世纪的东、西两大佛最著名。东大佛（155窟）为佛立像，高40米。西大佛（620窟）也是立像，高55米。可惜的是，20世纪末遭到塔利班武装的严重破坏。太原的西山大佛高66米，建于北齐，现在残损严重。现存最著名最完整的大佛当推龙门石窟奉先寺卢舍那佛大像，唐高宗所建，675年完工，工程到最后几年，武则天也"助脂粉钱二万贯"，佛座北侧开元十二年（722）刻的《河洛上都龙门山之阳大卢舍那像龛记》记载："大唐高宗天皇大帝之所建也，佛身通光座高八十五尺，二菩萨七十尺，迦叶、阿难、金刚、神王各高五十尺。粤以咸亨三年壬申之岁（672）四月一日，皇后武氏助脂粉钱二万贯。奉敕捡校僧西京实际寺善道禅师、法海寺主惠睐法师、大使司农寺卿韦机、副使东面监上柱国樊元则、支料匠李君瓒、成仁威、姚师积等。至上元二年（675）乙亥十二月卅日毕功。"主尊高17米，主尊与胁侍保存完好，体现了当时中国佛教造像的最高水平。

敦煌莫高窟的大像窟，出现的年代较晚。北大像（96窟，图10）为倚坐弥勒像，高35米，开凿于武则天时期；南大像（130窟）也是倚坐弥勒像，高26米，始凿于唐开元年间，与高71米的四川乐山大佛同时。大像窟的窟前多附设多层木构楼阁，莫高窟的大像窟的窟前木构建筑，历史上经过多次改建。

还有一种大像窟是为安置主尊涅槃像而开凿的，所以也称"涅槃窟"。洞窟平面为横长方形，窟顶有盝顶、梯形顶、横券顶等不同式样，涅槃像安置在正面壁的涅槃台上。莫高窟盛唐148窟涅槃像长14米，蕃占期间开凿的158窟涅槃像长16米，最为著名。

建造大像除了体现信徒的虔诚外，更是财富与身份的象征，有时也是政治活动的场所，莫高窟96窟开凿于武则天时期，当时在全国各州敕建大云寺一所，《资治通鉴》卷二○四记载天授元年（690）："东魏国寺僧法明等撰《大云经》四卷，表上之，言太后乃弥勒佛下生，当代唐为阎浮提主，制颁于天下。……敕两京诸州各置大云寺一区，藏《大云经》，使僧升高座讲解。其撰《疏》僧云宣等九人皆赐爵县公，仍赐紫袈裟、银龟袋。"按：法明所撰的《大云经》四卷实是云宣、法明等9人所撰的《大云经疏》。96窟是此顷莫高窟建造的最大的洞窟，或许是大云寺在莫高窟建造的洞窟（敦煌文献记载大云寺在敦煌城）。

2. 影窟与瘗窟

影窟是指用于纪念去世的有一定身份的僧尼的窟龛，此类洞窟的性质与寺院中的影堂相似，类似于现在的纪念堂，影堂或影窟设有僧尼的塑像或画像，统称影像。唐代与影堂有关的诗文很多，如盛唐诗人卢纶《题嘉祥殿南溪印禅师壁画影堂》："双屦参差锡杖斜，衲衣交膝对天花。瞻容悟问修持劫，似指前溪无数沙。"

莫高窟的影窟一般位于某一大窟甬道的北面或前室北壁，这是因为

凿仙窟以居禅：敦煌石窟形制

| 图 10　北大像(96窟)　Dick Starr 摄(1925年)

右为上之故（洞窟坐西朝东，北为右），如16窟甬道北壁（17窟）是河西都僧统洪䛒的影窟，其他还有136窟前室北壁（137窟）、138窟前室北壁（139窟）、444窟前室北壁（443窟）等，相对位置较为固定。一般影窟内放置被纪念者的塑像（影像），并绘制布袋（挎包）、净瓶等一些与其生活有关的壁画，或放置其他纪念性物品。17窟洪䛒影窟最著名。

17窟俗称藏经洞，位于16窟甬道北壁，坐北朝南，此窟平面近于方形，覆斗形窟顶，地面至窟顶高3米，壁高约2.5米，壁边长约3米，靠近北壁地面上有一长方形禅床式低坛，前侧面和两侧面画有壶门，内绘衔灵芝的鹿、狮子及茶花边饰和云头僧履，这表明此低坛是僧人习禅的禅床。但我们不清楚这里就是洪䛒生前修禅之所，还是死后模仿生前生活而新建的影窟。P.4660《故吴和尚赞》歌颂洪䛒是："一坐披削，守戒坐禅。久坐林窟，世莫能牵。"在西壁嵌有洪䛒告身碑一通，其碑文从上而下分为三段，上段刻唐敕河西都僧统洪䛒及沙州释门义学都法师悟真告身；中段刻唐宣宗诏书；下段刻唐宣宗所赐的信物名牒。

影窟禅床上端坐洪䛒高僧像，这身塑像是敦煌彩塑代表作之一。（图11）塑像写实，身着水田袈裟，通肩裹体，结

图11 洪䛒像 16窟

跏趺坐，作禅定状。头部颅顶丰隆，面部饱满，额角和颧骨轮廓豁朗，额部和眼角有皱纹，目光含蓄有神，眉头略蹙，若有所思。眉脊、眼角、鼻准、嘴角表现出了中年高僧庄重矜持的神情和气派。塑像后背开一小口，内放置洪䇓的骨灰袋，保存至今。高僧背后壁上画菩提树二棵，树干苍劲，枝叶繁茂，树枝上悬挂着僧人们日常用的净水瓶和布袋。东侧菩提树下画一持对凤扇的比丘尼，西侧菩提树下画一执杖、持巾近事女，头绾双髻，着圆领长衫，腰系软带，是唐代流行的女扮男装潮流。这身近事女眉目清秀，容貌端正，20世纪40年代画家张大千十分欣赏，在西壁空白处题写："此莫高窟壁画之白眉也，是士大夫笔，后来马和之得其一二爪，遂名家。辛巳九月蜀郡张爰大千来观，赞叹题之。"

瘗窟即瘗埋普通僧尼和世俗信徒骨灰及尸骨的窟龛，一般有放置骨灰的纳骨器（瓮）、放置尸体的棺床。敦煌、麦积山、龙门、响堂山、须弥山等石窟都有发现，龙门石窟瘗窟最多，有40多个，而麦积山乙弗氏瘗窟最著名。540年，西魏文帝废后乙弗氏，乙弗氏自杀，在麦积山凿岩而葬，号寂陵，一般认为就是麦积山现在的43窟。莫高窟的瘗窟都在北区洞窟中，有25个。古代印度除火葬、土葬外，还流行露尸葬，露尸葬可分为林葬、天葬、水葬等，林葬就是弃尸于树林，供兽食；天葬则弃尸于山顶，供鸟食；水葬则弃尸于湖海，供鱼食。《大唐西域记》卷二"印度总述"提到："送终殡葬，其仪有三：一曰火葬，积薪焚燎；二曰水葬，沈流漂散；三曰野葬，弃林饲兽。"实际上应还有土葬，《续高僧传》卷二七记载："西域本葬，其流四焉：火葬，焚以蒸薪；水葬，沈于深淀；土葬，埋于崖旁；林葬，弃之中野。"道宣《四分律删繁补阙行事抄》卷下记载："二明葬法。中国四葬：水葬，投之江流；火葬，焚之以火；土葬，埋之岸旁；林葬，弃之中野，为雕虎所食。"按：文中的"中国"是指印度，广义的林葬包括天葬。石窟瘗葬是中国僧人对暴尸林野的一种调和方式，有些类似土葬。后来随着火葬的流行，瘗窟逐渐减少，突出纪念功能的塔林增多，即建一塔，下埋骨灰，塔体刻亡者名，少林寺塔林很有名。

3.僧房窟与仓储窟

僧房窟即供僧尼生活起居之用的洞窟，性质同于寺院中的僧房，属于毗诃罗窟的一种。僧房窟内凿出壁炉式灶坑和低矮的禅床，还另凿出小室，供存放物品之用。僧房窟是不画壁画的，墙面仅作粉刷或装饰简单的彩色线条。克孜尔石窟的僧房窟有80多个，约占全部236个洞窟的三分之一，莫高窟的僧房窟集中在北区，共有50个。南区只有488、489窟可能是僧房窟，489窟在早期三窟（北凉三窟）正下方，距离现在地面下方约6米处，主室平顶，东西进深2.6米，南北宽3.3米，高2.3米，全窟无画塑，只有北壁西侧近窟顶处开一宽0.6米，高0.4米，深0.4米的小龛，此龛距离地面约2米，最有可能用于放置油灯诸物品，故应该是僧房窟，也许与早期三窟有关。488窟当初与487窟并列，现在与487窟北壁东起第一龛相通，两窟之间的仅相隔0.3米。东壁毁，人字披顶，南北4.2米，人字披顶至西壁2.2米，地面距人字披最高处约2.4米，北壁东侧距地面1.6米处开一敞口龛，龛口高0.5米，龛后部高0.45米，进深0.5米，宽1米。487窟属于禅窟，488窟属于僧房窟，是一组洞窟。487、488、489窟后来由于大量开窟，地面堆积增高而埋没废弃。

仓储窟则是僧尼用来存储粮食、生活用品和用水等物的场所，仓储窟的存在说明当时确实有一部分僧尼是生活在石窟中的僧房窟内，敦煌北区有两个这样的洞窟（B187、B192窟）。

4. 佛龛

佛教石窟除了满壁刻绘佛像外，还设龛安置佛像。皇帝坐龙床，佛则有莲花座。寺院里的佛像可以安置在佛殿中央、四壁前，而石窟造像中的佛像多数安置在佛龛中，一般正壁开龛，余壁不开龛，如西魏249窟，隋唐多数洞窟也如此；有的则正壁、两侧壁都开龛，如隋代420窟，唐代384窟等；有中心柱的则柱体四壁开龛，如北魏257窟中心柱正面开一龛，三侧面各开上下两层龛。开凿佛龛可以大大增加洞窟的使用面积，使洞窟可以容纳更多题材，254窟中心柱及南北壁共开17个龛，是敦煌开龛最多的一个洞窟。

圆券龛。这是最常见的龛形，外形的上部略呈半圆，下部略呈方形，龛的深浅与塑像大小有关。龛外两侧绘或塑出龛柱，龛外上方绘或塑出龛梁，龛梁上绘或塑出类似火焰纹的龛楣，这是仿照建筑构件的形式，起着装饰作用，没有实际的承重功能，所以到隋唐时期龛外周边只画团花图案。龛柱的柱头有的作"T"字形，有的则有布帛包束，是为束帛龛柱，如西魏248窟中心柱东向面所塑龛柱。有的是塑一朵莲花，就叫莲花龛柱，如北周428窟中心柱东向面所塑龛柱。莫高窟最早的268窟正龛龛柱呈T字形，而柱首两侧有卷涡，这就是希腊爱奥尼式柱头，是巧合还是来自希腊风格，目前还没有更多资料来说明。龛梁的两端与龛柱接近，饰有龙、凤等，所以有龙首龛梁、凤首龛梁等名称。龛楣一般画些莲花、忍冬纹、化生等，用作装饰，北周297窟的龛楣浮塑出双龙和两身羽人，是个例外，最为特别。

双树龛。龛形与圆券龛相同，但龛柱是树身，龛梁是树枝，因为有此特征而单独称双树龛，双树的树枝在佛龛顶上交会。莫高窟有双树龛8个，275窟南北壁上层各开三龛，两壁最东侧一龛均为双树龛，龛内均塑交脚菩萨，可能是表示弥勒在兜率天宫的形象。251、254窟中心

| 图 12　阙形龛　275 窟南壁

柱正面各开一龛，余三面各开上下层龛，其中中心柱西向面上层双树龛内均塑禅定佛，身份可能是释迦。其余 4 个双树龛的龛内塑释迦苦修像，见于 248、257、260、437 窟。

阙形龛。这是敦煌最有特点的龛形，其他石窟少见，有 25 个，流行于北凉、北魏、西魏，而北周以后不再见到。阙是一种中国古老的建筑形式，可分为宫阙、城阙、宅阙、墓阙、庙阙等形式，除了实用性外，更是一种礼制性建筑。敦煌阙形龛为方形，正面上方是屋顶，两侧各有一高一低的阙，龛内安置一身交脚菩萨像或思惟菩萨像（图 12）。较为特殊的是 257 窟中心柱南向面上层的阙形龛，除了上述建筑形式外，还在屋内塑出带帐钩的帏幔，犹如现代的舞台。敦煌阙形龛都位于洞窟的较高部分，所表现的主尊是在兜率天宫的弥勒菩萨。

盝顶龛。龛顶形状是上小下大的立体梯形，龛外上部绘帷帐图案，所以又称盝顶帐形龛，这种龛最大特点是增加龛内壁面的面积。正壁和两侧壁前是塑像，背后的壁面绘屏风画，内容有佛像、故事等，顶与四披绘图案或佛像，有的是佛教史迹画，流行于唐代，如72、79、231、237窟。

上述洞窟形制是以现存状态出发的，实际上，由于人为和自然原因的毁损，许多洞窟已经失去原有的面貌，或部分改变，要恢复洞窟的原有面貌，要从现存遗迹中尽可能地寻找更多的线索和迹象，也就是石窟的附属设施，主要有：

窟前建筑。即附属于洞窟的木构建筑的实物或遗迹，主要有窟前殿堂和窟檐两大类。窟前殿堂建筑附属于石窟的下层洞窟前，20世纪60年代，莫高窟进行洞窟加固时，曾进行大规模的窟前考古发掘清理工作，清理出许多窟前殿堂遗迹，其中130窟的窟前建筑规模最为宏大，东西进深16.6米，南北宽21.6米。而窟檐建筑则起着防护风雨侵蚀的作用，古代莫高窟许多洞窟都有窟檐，但现存晚唐至宋代窟檐建筑只有晚唐196窟，宋代427窟、431窟、437窟、444窟等5座。

连接设施。石窟的通道主要有木构栈道和石质梯道两类，凡是具有多层洞窟的石窟群，同层洞窟和上下层洞窟之间的通连，多是通过木构栈道或石质梯道来解决。148窟前室南厢今存立于大历十一年（776）的《大唐陇西李氏莫高窟修功德记》（底稿见 P.3608、P.4640、S.6203，一般略称《大历碑》），描写莫高窟是"凿为窟龛，上下云耸。构以飞阁，南北遐连"，"前流长河，波映重阁。"历经千年沧桑，许多木构栈道早已毁损无存，但栈道的梁孔等遗迹都保存在山体崖面上，它们是了解和复原古代石窟栈道的重要依据。可惜的是，20世纪60年代的加固工程对崖面原貌改变很大。

排水设施。排水设施是在洞窟窟门（或窟檐）上方加凿人字形排水沟，将雨水通过排水沟引至其他地方，濒河石窟往往还会有防洪用的堤坝。排水沟的规模与洞窟规模成正比，洞窟越大，排水沟也相应增大。龙门奉先寺的大像龛的上方与两侧，凿有巨大的排水沟渠，堪称中国石窟之最。莫高窟窟前的大泉（古称宕泉），平时是涓涓细流，到夏季洪水期，河水突然暴涨，流量猛增。目前大泉河道已远离窟区，但历史上河水曾将大量沙石带入洞窟，导致洞窟废弃。487窟曾堆积沙石高近两米，有明显的水渍。一些洞窟壁画因水浸泡而脱落。北区崖面下部，河水冲刷的痕迹更加明显。古时的大泉河道，可能距莫高窟窟区较近，因而才会出现"波映重阁"的壮观景象。但莫高窟古代的防水堤坝已无从查考。

接飞檐而凿岭 架云阁而开岩：供养人、工匠与工程

佛教信仰方式有多种多样，最主要的是写经与造像。在古代敦煌，人们除了写经，还把开凿石窟、绘塑佛像同样看作是一种可以实现祈愿的功德，是可以光昭六亲、道济先亡的善举，也是个人品行善良的表现，因此，世世代代造窟成风，佛教成为敦煌人们世俗生活中的重要活动之一。《大历碑》记载148窟开凿情况是："千金贸工，百堵兴役，奋锤聋壑，揭石聒山"；"傍开虚洞，横敞危楼，将以翼大化，将以福先烈，休庇一郡，光照六亲。"P.2991《报恩吉祥之窟记》是僧镇国建窟发愿文："父母生我劬劳，欲报之恩，唯仗景福。是以捐资身之具，

罄竭库储，委命三尊，仰求济拔。遂于莫高胜景，接飞檐而凿岭，架云阁而开岩。其龛化成，粉壁斯就。……上资七代，下益五枝，卓识成形，皆获斯庆。"P.4638 阴嘉政建 231 窟发愿文《大番故敦煌郡莫高窟阴处士公修功德记》（同一内容见 P.4640，标题是《阴处士碑》）云："将就莫高山为当今圣主及七代凿窟一所，远垂不朽，用记将来。又有弟嘉珍及弟僧法律等，进思悌恭，将顺其美。"敦煌石窟的建窟目的更多的是为父母、为自己、为当今圣主等，与宗教修行关系远远没有早期那么密切。

休庇一郡　光照六亲：
石窟中的供养人

敦煌多数洞窟画有开窟者及其相关人物的形象，即供养人像，旁边题有供养人的名字，少数是"真容"像，多数只是象征性的人像。石窟之外，造像碑上也刻有供养人形象与题名，有的还有发愿文。一些石窟和造像碑通常用于民众的共同信仰，加上需要很大的财力，所以往往是通过结社（社邑）的方式完成，发愿文、供养人像及其题名是研究古代中国社会、佛教信仰、艺术与服饰等的重要资料。

窟主，顾名思义，就是洞窟的修建者。有的是一人，有的是一家，有的是某一寺庙，有的是若干民众结社而建（社团窟，如96窟）。北魏晚期任瓜州刺史的东阳王元荣修建过一大窟，一般推测就是现在的285窟。北周瓜州刺史于义也修一大窟，学者考证出是现在的428窟。而290窟可能是北周另一瓜州刺史李贤开凿的。98窟窟主是曹议金，当时叫"大王窟"，因为他称过"托西大王"。相邻的100窟窟主是曹议金从甘州回鹘娶来的夫人，史书记载回鹘可汗常楼居，妻号"天公主"，所以叫"天公主窟"。夫妻本为一家人，却各开一窟，很有意思，大约表示对甘州回鹘的尊重。也有可能是古代的一种制度，如（唐）韦述《两京新记》卷三记载西京永阳坊"半以东，大庄严寺……半已西，大总持寺"。记二寺来历是：602年文献皇后卒，603年隋文帝为之立禅定寺，618年改名庄严寺；604年隋文帝卒，605年隋炀帝为之立寺，也名禅定寺，618年改名总持寺，"制度与庄严寺同"。从两寺相邻看，古代存在夫妻各建一寺之制度。一家一窟的有"翟家窟"（220窟）、阴家窟（231窟）、李家窟（148窟）等。

广义上的供养人还包括相关人员的亡者、当地权势官员，他们并没有出资建窟，但依然"榜上有名"。由于一些洞窟具有家庙性质，遂画有全家存、亡者像。如著名的231窟东壁门上男、女供养人像一组，中央为牌位，南侧为胡跪（左膝跪地、右腿半蹲）、穿汉装、持长柄香炉的男供养人，牌位上题名"亡考君唐丹州长松府左果毅都尉改"，身后站一捧供盘男供养人，榜题漫漶（可能是儿子或侍从）。牌位北侧为胡跪女供养人，手持香炉，牌位上题名"亡慈妣唐敦煌录事孙索氏同心供养"，身后站一捧供盘女供养人，榜题漫漶（可能是女儿或侍女）。亡者是不可能开窟和"同心供养"的，这组题记类似纪念性的"牌位"。61窟供养人像现存题名中带"故"字的多达16人，全窟供养人实是家族存亡人的"合影"。另一方面，一些洞窟还把当时地方统治者也画在首要位置，如196窟甬道北壁西起第一身（也是该窟供养人位置身份最贵的一身）画像高1.6米，题记："敕归义军节度沙瓜伊西等州管内观察处置押番落营田等使守定远将军检校吏部尚书兼御史大夫巨鹿郡开国公食邑贰仟户实封二百户赐紫金鱼袋上柱国索勋一心供养"。此窟真正的窟主是俗姓何的一位僧人，他的画像在主室东壁门南的最北侧，高0.54米，题记："窟主管内释门都法□（律）京城内外临坛供奉大德阐扬三教大法师沙门□（戒）智一心供养。"在供养人题名中，凡是带有"窟主""施主"字样的供养人才是真正的出资人。

有的洞窟完成后，要请当地文人或名人写一篇《功德记》（《窟铭》），叙述开窟的缘由、洞窟内容等，有的甚至还加上家族的历史。《功德记碑》一般立在洞窟前室，多数已经不存，最完整的一块《功德记碑》是修建今148窟的《大唐陇西李氏莫高窟修功德记》碑，立于大历十一年（776），至今仍在148窟前室。

藏经洞文献中还保存一些《功德记》的抄本，是研究石窟营建、敦煌历史的重要资料。再如晚唐僧人义詗，俗姓索，今12窟即为他的功德窟，《功德记》称"刻石于堂"，但原石碑已不存，幸敦煌文献中保存3份抄本，见S.530、P.4640（6）、P.2021。此《功德记》用主要篇幅叙述索氏家族的来历、家庭成员的简历，真正涉及洞窟营建的内容很短，甚至没有交代始建时间等，实是一种家谱式的记叙，这是当时《功德记》写作的一个特点。

敦煌石窟与敦煌文献中也有一些普通群众的佛教供养资料，如董文员、索章三。

董文员。五代至宋初人，中国国家博物馆藏有董文员为亡父母画《观世音菩萨、毗沙门天王像并题记》。观音、毗沙门天王并列像均为立像，纸画，高43厘米，宽29厘米。观音站在莲花上，左手托花瓶、右手持莲茎；毗沙门天王站在岩石上，左手托塔，右手持戟。下层中央为发愿文，左侧一女子合十而跪，榜题："慈母修行顿悟大乘优婆夷觉惠一心供养"。右侧一比丘持香炉而跪，题记："兄释门临坛律师兼使内道场门僧比丘议全供养"。发愿文完整："清信佛弟子董文员先奉为先亡父母神生净土，勿落三途；次为长兄僧议渊染患，未蒙抽减，凭佛加威，乞祈救拔。敬画大慈大悲救苦观世音菩萨及北方大圣毗沙门天王供养。时庚寅年七月十五日题。董。"从行文看，似乎议全即议渊。董文员又写《地藏菩萨经》、插图本《十王经》，今藏日本大久总美术馆，尾

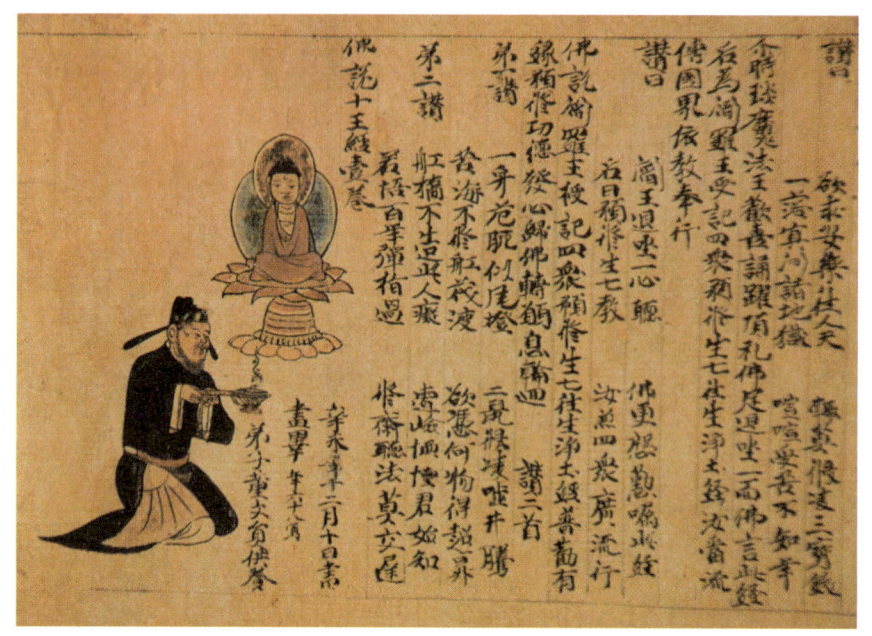

图13 敦煌本《十王经图赞》尾题　日本大久总美术馆藏

画一佛一男供养人，题："辛未年十二月十日书画毕，年六十八写，弟子董文员供养。"（图13）由于《十王经图赞》流行于五代、宋，故推测庚寅年为930年（时27岁）、辛未年为971年（时68岁）。S.P.3为绢画双观音立像，高147.3厘米，宽105.3厘米，双观音均化佛冠，右侧观音左手屈肘持柳枝，右手屈肘托净瓶；左侧观音左手屈肘拈一花（似非莲花），右手屈肘胸前作手印。双观音之间的上方为榜题，其中提到"弟子兼伎术子弟董文员一心供养"。

索章三。宋初人，鞋匠，曾画地藏、观音、多宝佛等像。P.4518（35）纸画比丘形地藏，结跏趺坐，左手托宝珠，右手锡杖，右上角题"南无地藏菩萨"，左下角题"清信佛弟子缝鞋靴匠索章三一心供养"。S.P.30为纸画禅定化佛冠观音菩萨坐像，右上角题"南无观世音菩萨"，左侧题"清信佛弟子缝鞋靴匠索章三一心供养"。应理解为同一组供养像，显示观音、地藏的对应关系。法藏 EO.1398 为索章三供养的纸画多宝如来像，左侧题："南无多宝如来佛"，右侧题："施主清信佛弟子皮匠缝靴录事索章三一心供养"（图14）。似乎他还有"录事"一职。S.6452《壬午年诸人于净土寺常住库借贷油面物历》提到皮匠索章三在正月廿二日向净土寺借面"壹秤"，此壬午年一般认为是982年，则索章三为宋初人。

敦煌供养人像多数为千人一面的人物像，而不是肖像画。少数供养人像绘制细腻，有肖像画的意味，如盛唐130窟甬道南壁都督夫人供养像、五代98窟于阗国王像、沙州回鹘409窟回鹘国王与王妃像等。一些供养人服饰是当时流行的款式，《旧唐书》卷四五记载："永徽（650—655）之后，皆用帷帽，拖裙到颈，渐为浅露。"这种帷帽类似现代有檐帽，四周垂下"拖裙"即轻纱，面容隐约可见，初唐217窟南壁西侧佛陀波利事迹画中可见戴帷帽的行人。从敦煌壁画看，浅露的身体除了头部、颈脖外，胸部也大胆暴露，初唐329窟东壁门南下方有一身女供养像，双臂修长、丰胸半露，反映了唐代开放的社会风气。

| 图14　EO.1398 纸画多宝佛

奋锤耸壑　揭石耗山：
辛勤的工匠

敦煌开凿一个洞窟所需要的具体工数没有流传下来，洞窟位于悬崖上面，开凿实属不易，所以往往有结社而开者，也有半途而废者，莫高窟就有这样的洞窟，如201窟西壁龛下《清河张氏造窟功德记》中提到："谨就莫高山岩第三层旧窟，开凿有人，图素（塑）未就，创修檐宇，素（塑）绘复终。"《功德记》又记"妣父前唐壮武将军左金吾卫大将军"，从"前唐"一词可知该窟补画在吐蕃统治时期。

工匠是洞窟的建造者，他们在窟主的雇佣下进行洞窟的挖掘、修饰，最后完成画塑和窟外建筑。藏经洞出土的一些古代寺院收支账单显示工匠分工很细，有打窟人、石匠、泥匠、木匠、塑匠、画匠等等，如"支打窟人上番胡饼二十枚"、"麦贰斗，买胡饼，屈（意为请）石匠用"、"粟壹硕肆斗，付泥匠令狐友德用"、"粟壹斗，付塑匠赵僧子"、"支画匠面三斗"等等。工匠内部有一定等级的分工，都料、都画匠等带"都"字的属于师傅或领导，唐代柳宗元《梓人传》记载："裴封叔之第在光德里。有梓人款其门，愿佣隟宇而处焉。所职寻引、规矩、绳墨，家不居砻斫之器。问其能，曰：'吾善度材。视栋宇之制，高深圆方短长之宜，吾指使而群工役焉。舍我，众莫能就一宇。故食于官府，吾受禄三倍；作于私家，吾收其直大半焉。"这位梓人就是都料匠，他自己不参加劳作，只负责设计、现场指挥施工和管理工作，相当于现在的总工程师、包工头。敦煌文献记载的董保德大约就属于这样的"都料匠"，俄藏 Дx.1448《戊辰年四月十六日都料董保德麦历》载："戊辰年（968）四月十六日，都料董保德碓湿麦两车，胡淘麦两车。"在"胡淘麦"旁还有一行小字："干麦十石，粟十石"。可知董保德相当于现在的"包工头"。技术好的可以独立操作的称"博士"或"师"，如敦煌文献记载"粟一斗，造塔座博士用""粟一斗，塑师陈押衙用"等等。一般劳作人员统称"工匠"，最为辛苦。大约有技术的工匠可以得到押衙的名誉称号，如为曹元忠刻佛像、刻佛经的雷延美就是，P.4514 是曹元忠刻施的印本《金刚经》，后面题记是"弟子归义军节度使特进检校太傅兼御史大夫谯郡开国侯曹元忠普施受持。天福十五年己酉岁五月十五日记。雕版押衙雷延美。"按：己酉岁为天福十四年（949），有时敦煌本土历日的干支比中原差一年。

　　工匠建窟时居住在北区的小窟内，残留至今的调色盘可以帮助我们回忆当年他们的艰苦生活。工匠的待遇不高，一旦因天冷或其他原因停工，就饥寒交迫，敦煌文献中有一份著名的《乙未年（935）塑匠都料赵僧子典儿契》（P.3964），文字完整，内容是塑匠赵僧子将自己儿子以"麦贰拾硕、粟贰拾硕"典给他人 6 年，催人泪下。令当开元天宝年间，民间生活也不像史书记载那么歌舞升平，《新唐书·食货志》记天宝初年"海内富实，米斗之价钱十三，青、齐间斗才三钱，绢一匹钱二百。道路列肆，具酒食以待行人。店有驿驴，行千里不持尺兵"。而敦煌研究院藏 D0639+D0640 号（发表号为敦研 298 号、299 号，原为一件，后分裂为二）《唐天宝年间奴婢买卖市券副本》则记载奴主行客（丝绸之路上的商人）王修智将 13 岁的胡奴多宝以大生绢 21 匹的可怜价格卖给敦煌人惠温，当时有 5 位保人在场见证，市券由市令秀昂发出，这份市券说明当时奴隶买卖的合法性。由此可见，敦煌当时民众的现实生活，远没有壁画所描绘的那么美好，苦难的生活与净土佛国形成如此巨大的反差。

唐代的绘画、塑像以及唐三彩等工艺达到很高水平，艺术家的地位也比较高，如《历代名画记》卷九记载吴道子属于宫廷画家，"玄宗召入禁中，改名道玄，因授内教博士，非有诏不得画"。又记载唐太宗一次游春，"池中有奇鸟，随波容与，上爱玩不已，召侍从之臣歌咏之，急召立本写貌，阁内传呼画师阎立本。立本时已为主爵郎中，奔走流汗，俯伏池侧，手挥丹素，目瞻坐宾，不胜愧赧。退戒其子曰：'吾少好读书属词，今独以丹青见知，躬厮役之务，辱莫大焉。尔宜深戒，勿习此艺。'然性之所好，终不能舍。及为右相，与左相姜恪对掌枢务。恪曾立边功，立本唯善丹青，时人谓千字文语曰：'左相宣威沙漠，右相驰誉丹青'"。尽管如此，有些画家还追求自由的艺术创作，杜甫《戏题王宰画山水图歌》："十日画一水，五日画一石。能事不受相促迫，王宰始肯留真迹。"但对于多数工匠而言，他们的艺术活动只是谋生手段而已，身份地位也低，留下姓名的画工很少。129 窟原为盛唐窟，五代时有人在窟内画供养人像，多数人姓安，南壁西起第 10 身题名："□男节度押衙知左右厢绘画手银青光禄大夫检校国……（子祭酒）兼监察御史上柱国安存立永充一心供养"，第 12 身题名："子辩衙前正兵使兼绘画手银青光禄大夫检校太子宾客试□（殿）中监张弘恩□□（永充）一心供养"。

少数洞窟有一些画工的字迹，如：

北周 430 窟南壁天宫栏墙上有"从六月十一日"字样，该窟天宫栏墙上装饰纹样中还有画工涂鸦画的一兽头，二佛头。

隋代292窟、隋代421窟等有"青""绿"等画工上色标志（色标）。

隋代278窟北壁东侧说法图中，佛左肩（画面东侧）附近写有一"佛"字，右肩附近写两个"南"字。

初唐386窟南壁西侧蕃占期间画的西方净土变的壁画因时代久远而大面积脱落，露出底层素壁，上面有"上元二年七月十一七绘记"，唐代有两个上元年号，龛内绘塑为初唐风格，故此上元当为初唐之上元，上元二年即675年，其中"十一七"应是"十一日"之误。

早期敦煌工匠的组织结构还不清楚，敦煌文献中有不少五代宋时期的画院资料。中国绘画史中，画院之设始见于五代时期的南唐和前后蜀，到宋代时画院制度就十分完善。敦煌文献中有一份939年净土寺账目（P.2032），记载"面三胜（升），粟三斗，沽酒，看院生画窟门用"。宋初开凿的榆林窟35窟有一身供养人题名是"施主沙州工匠都勾当画院使归义军节度押衙银青光禄大夫检校太子宾客竺保一心供养"，说明敦煌存在着地方画院。

S.3937、S.3929是被撕裂的一件唐写本《法华经》，可以完整拼合（S.3937在前），到宋初，背面被用作它用，写有《节度押衙董保德重修普净塔功德记》，叙述了工匠董保德的才能与佛事活动，并描绘了莫高窟的胜景，是敦煌石窟营建史上一篇著名文献：

盖闻三身化现，化周三界之仪；四智圆明，乃救四生之苦。迦毗示迹，梦瑞诞于危峦；震旦垂风，灵祥生于宕谷。爰自乐僔遥礼，法良起崇，君臣缔构而兴隆，道俗镌妆而信仰。石壁刀削，虫书记仙岩之文；铁岭锥穿，像迹有维摩之室。金容宝相，晃耀不啻于千龛；月面星仪，挺特有侔于万窟。仙葩圣果，遍林麓以馨鲜；异兽祥禽，满溪峦而遨跃。三贤道者，进道隘塞于茅庵；十地圣人，证圣骈填于草屋。矧以修行张老，寂住其中，食苦参子以充斋，著麻莎裳而蔽体。乃有往来瞻礼，见灯炎于黄昏；去返巡游，睹香云于白日。疑是观音菩萨易体经行，萨诃圣人改形化现。由是山头谷地，佛刹之精丽难名；窟宇途间，梵室之殊严莫喻。

厥有节度押衙知画行都料董保德等，谦和作志，温雅为怀；守君子之清风，蕴淑人之励节。故得丹青巧妙，粉墨希奇；手迹及于僧瑶（繇），笔势邻于曹氏。画蝇如活，佛铺妙越于前贤；邈影如生，圣会雅超于后哲。而又经文粗晓，礼乐兼精；实佐代之良工，乃明时之膺世。时遇曹王累代，道俗兴平；营善事而无停，修福因而莫绝。或奉上命驱策，或承信士招携。每广受于缠盘，亦厚沾于赏赐。衣资丰足，粮食有余。乃与上下商宜，行侣评薄："君王之恩隆须报，信心之敬重要酬。共修功德，众意如何？"寻即大之与小，尊之与卑，异口齐欢，同音共办。

保德自己先依当府子城内北街西横巷东口弊居，联璧形胜之地，创建兰若一所。刹心四廊，图塑诸妙佛铺；结脊四角，垂曳铁索鸣铃，宛然具足。新疑（拟）弥勒之宫，创似育王之塔。其斯积善之家，长幼归依敬信（又云又云）。又于窟宇讲堂后，建此普净之塔（四壁图绘云云）。是以五土分平，迥开灵刹；三危特秀，势接隆基。辉浮孟敏之津，影辉神农之水；门开慧日，窗豁慈云。清风鸣金铎之音，白鹤沐玉毫之舞。果唇凝笑，演花句于花台；莲脸将然，披叶文于叶座。威灵罕测，谅瞻仰之难思；色相可求，因归依而有属。功德既毕，心愿斯圆。

文中提到"曹王累代"，而曹氏归义军中称王并累代的是曹元忠（944—974年在位），俄藏 Дx.1448《戊辰年四月十六日都料董保德麦历》有董保德之名："戊辰年（968）四月十六日，都料董保德硙湿麦两车，胡淘麦两车。"此戊辰年当即968年。P.3721《己卯年十一月廿六日冬至目断》中有"……押衙：杨通信、王富员、董保德、宋保定……"，据考证，此己卯年为979年。于是我们知道董保德生活在宋初。

乾德四年（966），归义军节度使曹元忠夫妇来到莫高窟，做了抄经、维修北大像窟等工程，Ch.00207《宋乾德四年归义军节度使曹元忠夫妇修莫高窟北大像功德记》记录了这次佛事活动：

大宋乾德四年岁次丙寅五月九日，敕归义军节度使特进检校太师兼中书令托西大王曹元忠与敕授凉国夫人浔阳翟氏，因为斋月，届此仙岩，避炎天宰煞之恶因，趣幽静祯祥之善处。莫不洗心忏涤，心池之慧水澄清。炼意虔诚，意地之道芽郁茂。拔烦喧于一月，系想念于千尊。龛龛而每燃银灯，光明彻于空界。窟窟而常焚宝馥，香气遍于天衢。夜奏萧韶，乐音与法音竞韵。昼鸣铃铍，幽暗之罪停酸。兼请僧俗数人，选简二十四个，□□□□大王龛内抄写《大佛名经》文，一十七寺中，每寺各施一部，内擿一部，发遣西州。所欠《佛名》，誓愿写毕。善事既乐，转增贪向之心，恶业渐除，不暇修崇之志。遂睹北大像弥勒，建立年深，下接两层柱木损折，大王夫人见斯颓毁，便乃虔告焚香，诱谕都僧统大师兼及僧俗官吏，心意一决，更无二三，不经旬时，缔构已毕。梁栋则谷中采取，总是早岁枯干。橡杆则从城斫来，并仗信心檀越。工人供备，实是丰盈，饭似积山，酒谓江海。可为（谓）时平道泰，俗富人安，尽因明主以陶熔，皆因人君而造化。不唯此际功德，而今福田，遍谷而施力施勤，处处而舍财舍宝。将斯胜善，资益群生。伏愿世界清平，人民乐业。道余开泰，一方无烽燧之灾。路径通流，七部有苏舒之喜。大王禄位，年齐龟鹤之年。福祚长隆，岁等赤松之岁。夫人仙颜转茂，芝宫之宠日爵日新。玉貌恒荣，兰掖之荫庥盖厚。次愿城隍晏谧，兵甲休行，无闻刀斗之声，永罢鼓鼙之响。春蚕善熟，夏麦丰登，东皋广积于千箱，南亩倍收于万斛。社稷康泰，疠疾蠲除，贤圣加威，龙神呵护。然后空飞陆走之类，一切带性之徒，赖此胜因，俱成佛果。故题记耳。

凉国夫人翟氏自手造食，供备工人。其月廿一、廿二两日，檁柱材木损失较多，不堪安置。至廿三日下手拆，大王夫人于南谷住。至廿四日拆了，夜间大王夫人从南谷回来。至廿五日便缚绷阁，上材木缔构，至六月二日功毕，四日入城。

助修勾当：应管内外都僧统辩正大师赐紫钢惠、释门僧正愿启、释门僧正信力、都头知子弟虞候索幸思。

一十二寺每寺二十人，木匠五十六人，泥匠十人。其工匠官家供俸饭食，师僧三日供食，已后当寺供给。

从敦煌文献以及敦煌大量壁画、纸绢画、粉本等看，五代宋初时期敦煌佛教艺术颇为兴盛，敦煌艺术一千年的发展史也是由许多无名工匠创造的，他们为人类文明留下了宝贵财富。

千金贸工　百堵兴役：
石窟建造工程

　　开凿洞窟、画塑和窟前建筑都需要多日方得完工，其中凝聚着无数工匠的心血。《魏书·释老志》记载，河南龙门石窟中的宾阳三洞为6世纪初北魏皇帝所开，费时20余年，到了正光年间（520—525）因内乱而中途停工，至此已经用工"八十万二千三百六十六"。河南安阳大住圣窟乃地论学派高僧灵裕于588年建成，刻于窟内的《造窟记》记录了造窟所费工和主要内容："大住圣窟。大隋开皇九年己酉岁敬造。窟用功一千六百廿四，像、世尊用功九百。卢舍那世尊一龛，阿弥陀世尊一龛，弥勒世尊一龛，三十五佛世尊三十五龛，七佛世尊七龛，传法圣大法师廿四人。"龙门石窟奉先寺卢舍那大佛为唐高宗所建，高17米，始建时间不详，学者一般认为在龙朔二年（662）之前。根据窟内《大卢舍那像龛记》记载，咸亨三年（672）武则天还捐2万贯"脂粉钱"助建，完工时间在上元二年（675）。寺院造像也有耗时长久者，元开《唐大和尚东征传》记鉴真东渡，于天宝十二年（753）"至广州，卢都督率诸道俗出迎城外，恭敬承事，其事无量。引入大云寺，四事供养，登坛受戒。此寺有呵梨勒树二株，子如大枣。又开元寺有胡人造白檀华严经九会，率工匠六十人，三十年造毕，用物三十万贯钱。欲将往天竺，采访使刘臣邻奏状，敕留开元寺供养，七宝庄严，不可思议"。

在敦煌，开凿一座洞窟所需要的时间，则要视情况而定，有的功德主或财大气粗或政治地位高，一个洞窟可以很快建成，有的则是断断续续费几十年才建成。有些家庙窟则建成后的数百年间一直由该家族管理、维修，最著名的就是贞观年间建造的220窟（翟家窟），窟内北壁、东壁有贞观十六年（642）纪年，说明此时东壁、北壁壁画已经完工。1963年在洞窟附近发现此窟的《建窟功德碑》，立碑时间是754年。蕃占期间又在甬道南壁开一小龛，新绘壁画（塑像今不存），特别是龛内西壁有穿吐蕃服饰的2身供养人、汉装女供养人1身，显示吐蕃统治敦煌时期的时代特点。甬道南壁龛外下方有晚唐画的1身立佛、比丘3身、男女供养人5身，题记中有"大中十一年（857）六月三日信士男力一心供养"等。五代同光三年（925）翟奉达在甬道北壁新绘"新样文殊"一铺并画许多供养人像。宋初流行佛教即将于1052年灭亡的传说，所以当时又在初唐壁画外面抹上一层泥，画了其他壁画，对祖先壁画进行覆盖保护。可见，翟氏家族在该窟建成后的400多年间一直精心维护着。

据P.3720以及晚唐156窟前室墙壁上《莫高窟记》，96窟（北大像）是禅师灵隐和居士阴祖建造的。像高35米，是敦煌第一大佛。昙无谶译《大方等无想经》（《大云经》）中提到有一天女，"舍是天形，即以女身当王国土，得转轮王所统领处四分之一，得大自在，受持五戒，作优婆夷，教化所属城邑、聚落、男子、女人、大小，受持五戒，守护正法，摧伏外道诸邪异见。汝于尔时实是菩萨，为化众生现受女身"。载初元年（690）七月，薛怀义与僧法明等十个和尚造《大云经疏》（新旧《唐书》《资治通鉴》均误作《大云经》，实是《大云经疏》）来讨好武则天。《大云经疏》中附会说，武则天就是天女下世，理应做阎浮提主，当代李唐，入主天下。武则天非常高兴，下令全国建造大云寺，《资治通鉴》卷二〇四记载，是年十月"壬申，敕两京诸州各置大云寺一区，藏《大云经》，使僧升高座讲解，其撰《疏》僧云宣等九人皆赐爵县公，仍赐紫袈裟、银龟袋"。敦煌石窟中就发现有《大云经疏》残卷（S.2658、S.6502）。

据《莫高窟记》："又至延载二年（695），禅师灵隐共居士阴祖等造北大像"，北大像当始建于敕各州建大云寺之年即690年顷，经五六年的建造，而于695年完工（如甘肃泾川县1964年出土的延载元年大云寺塔基，说明泾川大云寺694年已经完工）。据俄藏 Дx.6036《吐蕃瓜州节度使上悉殁夕亡，五七建福文》，大云寺在敦煌城东，96窟的建造，大云寺应起重要作用。全国各地的大云寺有的是新建，有的则改名而已，如武威博物馆藏景云二年（711）《凉州大云寺古刹功德碑》云："大云寺者，晋凉州牧张天赐升平之年所置也，本名宏藏寺，后改为大云。因则天大圣皇妃临朝之日，敕诸州各置大云，遂改号。"《莫高窟记》所提到的禅师灵隐或即大云寺主（能主持建造北大像，一定有相当的名望与经济实力），但灵隐禅师之名不见敦煌其他文献。敦煌大云寺名首见于788年，即S.2729《辰年牌子历》。而阴祖乃敦煌名人，名字又见敦煌文献《敦煌名族志》（P.2625，编于8世纪初），云其有84岁。当时李无亏任沙州刺史（690—694），可能参与这项工程，但奇怪的是，与北大像相关的文献没有提到这位刺史。

335窟有垂拱二年（686）、长安二年（702）题记，于是我们知道此窟修建于武则天时期。主室东壁门上壁画阿弥陀佛一铺五身像旁的发愿文有垂拱二年纪年，主室西壁龛外北侧观音像下有长安二年题记，可见335窟修建时间前后至少长达17年。

365窟窟主是洪䛒（？—862），在吐蕃统治时期就是著名的僧人，地位就很高，归义军初期出任首任河西都僧统（管理河西地区佛教事务的最高职位）。窟内有藏文题记，云此窟于水鼠之年兴建，木虎之年开光，就是832—834年，只用了三年。

85窟是第二任河西都僧统翟法荣（？—869）的功德窟，敦煌文献中保留着造窟功德记的碑文（P.4640《翟家碑》），云兴功自敦牂之岁，毕功于大渊之年，敦牂为午年，大渊为亥年，也就是862—867年，则前后花了6年时间。始建之年正是他接任洪䛒为河西都僧统之年，建造此窟明显是为了纪念自己的荣升。碑文最后的颂词是："我僧统兮德弥天，戒月明兮定慧圆。导群生兮示真诠，播芳名兮振大千。敕赐紫兮日下传，镌龛窟兮福无边。五彩庄严兮模圣贤，聿修厥德兮光考先。刻石铭兮宝刹前，劫将坏兮斯迹全。"

94窟因为是归义军节度使张淮深的功德窟，人力物力自然不成问题，所以很快就建成了，中和二年（882）《敕河西节度兵部尚书张公德政之碑》（《张淮深碑》）记载是"宏开虚洞，三载功毕"。

榆林窟20窟为唐末或五代窟，坐东向西，东西进深4.3米，南北宽3.7米。前室西壁有宋雍熙五年（988）沙州押衙令狐住延画副监使窟的题记："雍熙伍年岁次戊子三月十五日，沙州押衙令狐住延下手画副监使窟，至五月卅日□具画此窟周□。愿君王万岁，世界清平，田蚕善熟，家□□□，□孙莫绝。值主窟岩（檐），长发大愿，莫断善心。坐处拥护，行□通达，莫遇灾难。见（建）其窟岩（檐）纪也。"这次重修壁画、窟檐历时两个半月。

莫高窟在营建过程中在窟前积累了大量土方，使窟前地面位置大大增高，489窟位于早期三窟下方，是莫高窟位置最低的一个洞窟，距离现在地面约6米，往下是河床的卵石层，考虑到当时可能有河道、河岸等因素，估计距离现在地面6~8米的位置就是莫高窟开窟初期的地表位置。488、489窟可能是僧人的居住窟，而487窟则南北壁各开4禅室，适合修行。乐傅、法良都是禅僧，而一个禅僧的日常生活应该是由居住窟、禅窟、礼拜窟组成的一组窟龛。早期三窟中的268窟是禅窟，下方的489窟是居住窟，487、488窟也是禅窟与僧房窟的组合，虽然我们无法判定这就是乐傅、法良使用的一组窟龛，但可以确定古代禅僧就是围绕这样一组窟龛而生活的。

谈虚写容　拂空传像：
画稿与榜题底稿

（晋）慧远（334—416）义熙八年（412）建造佛像并作《佛影铭》，其中赞文之二是："茫茫荒宇，靡劝靡奖。谈虚写容，拂空传像。相具体微，中姿自朗。白毫吐曜，昏夜中爽。感彻乃应，扣诚发响。留音停岫，津悟冥赏。抚之有会，功弗由曩。"此造像粉本来自印度，所以称"拂空传像"。敦煌佛教图像的粉本多数来自中原，部分为敦煌工匠所创。

一幅画的制作需要有画稿（粉本）、榜题底稿等，在敦煌遗书中有所保存，与经变画有关的有十多种，还有一些其他壁画榜题，如说法图等。通过对这些文字底稿和画面底稿的研究，有助于了解当时的创作过程，是敦煌画题材研究的重要资料。

1. 敦煌的画稿

画稿即绘画之前的小样，有时也称粉本，因为有的小样上的线条有小孔，撒粉于上，下面的绢素、纸张等就落有粉，依粉而画线描，称"粉本"，也就是今日之蓝本。现在还把画工随意练习的白描画等草稿也归纳到画稿范围进行讨论，因此广义上的敦煌画稿的数量很多。例如：美国堪萨斯纳尔逊美术馆藏有一件敦煌写经，高26厘米，长

141厘米，馆藏号是51~78号，正面为昙无谶译《大般涅槃经》写经，背面为画稿。背面画稿内容有：1.一戴幞头的男供养人头像。2.一菩萨立像。3.说法图。画一楼台，一佛结跏趺坐说法，身后两侧各画一宫殿；二菩萨结跏趺坐于佛的前方两侧。佛前有一乐伎，正在挥舞长巾，两侧为乐队，右侧二乐师，一吹竖笛一弹琵琶，左侧三乐师，一弹箜篌一吹横笛一弹筝。4.二菩萨头像、一俗人头像、两只手、两只眼睛。5.一佛（药师佛）一菩萨。佛结跏趺坐，左手上举作说法印，右手托钵。菩萨略呈交脚坐，为常见胁侍菩萨坐姿。第三组图像较有可能是西方净土变，第五组图像则是表示药师佛说法。这件画稿位于佛经的背面，显然是画工利用废弃的佛经画了这些图像。一些图像没有完工，只画头像、一只手等，甚至有的人物只画了五官，没有画头部轮廓。所以我们推测这份画稿应该是画工随意练习之作，不是壁画的正式粉本。

敦煌画稿大致分为经变画底稿、说法图底稿、尊像画底稿、其他（头光、花草等图案，鸟兽等动物、手印等）。经变画底稿主要有：

西方净土经变，5份，S.P.76、S.4644、P.2671、P.4514（10）、P.4514（16）。

弥勒经变，2份，S.259、P.2869。

药师经变，1份，P.2868。

牢度叉斗圣变，2份，P.4524、P.T.1293。

金光明经变，2份，S.P.83、P.3998。

维摩诘经变，1份，S.P.76。

一般来说，粉本是绘画的范本，应该线描精致，结构严谨，布局合理，但敦煌资料中很少看到这样规范的样式，更多的是非常随意、粗略的白描画，也就是草稿，所以称画稿比称粉本更合适一些。

2.敦煌文献中的榜题底稿

敦煌画中有一些尊像画、经变画等有提示性文字，一般称为榜题。敦煌文献中保存了一些榜题底稿，其中属于经变榜题底稿的有：

牢度叉斗圣变，2份，P.3304、S.4257。

弥勒经变，1份，P.4966。

贤愚经变，2份，BD00462、S.192。

观无量寿佛经变，4份，P.3304、P.3352、S.2544、BD09092。

千手千眼观音经变，1份，P.3352（图15）。

如意轮观音经变，1份，P.3364。

华严经变，1份，S.2113。

天请问经变，3份，P.3352、S.1397、BD02379。

思益经变，1份，BD02379。

梵网经变，1份，BD02379。

药师经变，3份，S.2544、P.3304（1）、P.3304（2）。

佛本行集经变，1份，P.3317。

另外，还有说法图：P.2971、S.2646、P.4968。十六罗汉图：P.3504、S.1589、BD07650背、BD08227，此4件适用于97窟；S.2937。十大弟子：P.2971、P.3355、BD14546。佛教史迹画：P.3033、P.3352、S.2113、S.2659、S.5659。十王经变：P.3304。天帝释劫阿修罗女：S.2702等。

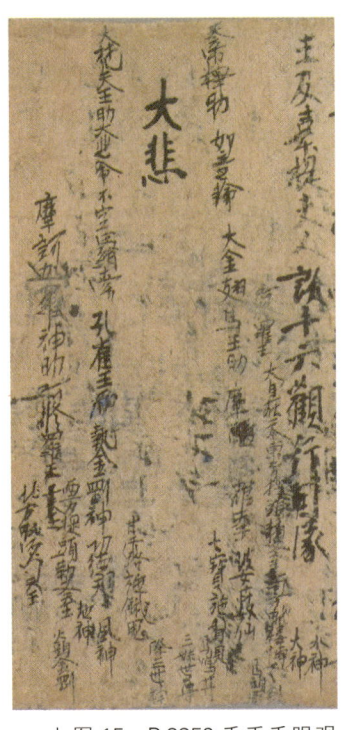

| 图15　P.3352千手千眼观音经变示意图

榜题底稿有以下几个特点：

1.在一句的结尾往往有"时"，如P.4966弥勒经变榜题底稿中就有"弥勒第二会说法，度九十四亿人时"等，有别于佛经原典；

2.有的底稿上有"○""√"等标示符号，往往不是完整的一句，而是标示书写位置的分行；

3.内容是佛经的摘抄，而不是连篇的佛经；

4.内容次序往往与经文不一致，而是按壁面次序设计，便于书写。

举P.4966弥勒经变榜题底稿为例。该文书的正面为斋文二篇，背面内容即此底稿，共存13行，内容出自《弥勒经》，但与通行本弥勒经典有差别，学者一度认为是别译本，实际上这是一份弥勒经变榜题底稿（图16）。现以原行次校录（括号内文字为校补字）：

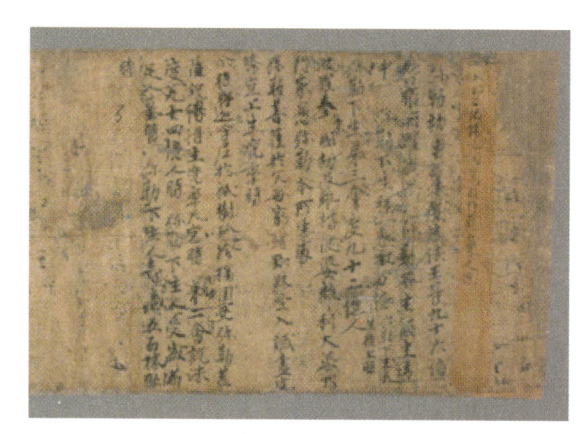

| 图16　P.4966弥勒经变榜题底稿

1.弥勒初会说法，度儴佉王等九十六亿人，

2.皆获阿罗汉果时。弥勒下生，饭生□

3.中。弥勒下生，种一熟，收万倍。弥勒下生，衣生架上时。

4.弥勒下生，第三会度九十二亿人。

5.波罗奈国劫波离村波婆离大婆罗

6.门家愚（是）弥勒本生处。

7.弥勒菩萨于父母家结跏趺坐，入灭尽定，

8.腾空上生兜率时。

9.尔时释迦牟尼于祇树给孤独园受（授）弥勒菩

10.萨，说得生兜率天宫时。弥勒第二会说法，

11.度九十四亿人时。弥勒下生，人受（寿）岁满

12.足入墓时。弥勒下生，人寿八万（四千）岁，五百（岁）嫁娶

13.时。

榜题常以"……时"结尾，根据这一大特点，我们可将上述内容分作11段：

1.弥勒初会说法，度儴佉王等九十六亿人，皆获阿罗汉果时。

2.弥勒下生，饭生囗中。

3.弥勒下生，种一熟，收万倍。

4.弥勒下生，衣生架上时。

5.弥勒下生，第三会度九十亿人。

6.波罗奈国劫波离村波婆离大婆罗门愚（是）弥勒本所生处。

7.弥勒菩萨于父母家结跏趺坐，入灭尽定，腾空上生兜率时。

8.尔时释迦牟尼于祇树孤独园受（授）弥勒菩萨，说得生兜率天宫时。

9.弥勒第二会说法，度九十四亿人时。

10.弥勒下生，人受（寿）岁满足入墓时。

11.弥勒下生，人寿八万（四千）岁，五百（岁）嫁娶时。

此榜题底稿有以下特点：

（1）多数文字来自弥勒下生经典，但6~8条出于《上生经》，说明此弥勒经变包括上生、下生内容，此三条榜题依经文前后次序，当为8—7—6；

(2) 一些文字不能与某一部经完全对应，而是画工的创作，如"饭生□中"、"种一熟，收万倍"、"衣生架上"等；

(3) 不按经文前后排列，而是按壁面位置排列。下生内容的 8 条榜题依义净译本的前后次序，应为：2—3—4—11—10—1—9—5，榜题完全打乱了原经文次序，而显示出是依壁面位置排列的。

其余榜题底稿大抵如此，多数都是打破原来经文次序，按壁面位置排列，内容也是从佛经中摘出，具有很大的随意性。

乐僔、法良发其宗：敦煌石窟的首创

许多学者认为，佛教初传中国是经过敦煌的。敦煌最早的佛教资料来自悬泉置遗址。悬泉置遗址发现于1987年，位于今日敦煌、瓜州之间，东距瓜州56公里，西距敦煌62公里，东南谷中有一苦水泉，汉唐名悬泉，今名吊吊水。遗址总面积22500平方米，出土文物7万多件，其中汉简2.3万件，其中一件汉简有"少酒薄乐，弟子谭堂再拜请会。月廿三日，小浮屠里七门西入"24字，是关于到敦煌浮屠里参加法会的请柬。（图17）从周围的纪年汉简的时间集中在一、二世纪之交的情况看，这件汉简的年代也在此顷。这条资料基本可信，但属于孤例。敦煌此后的佛教资料要到200年后的西晋时期，当时竺法护（229—306）及其弟子竺法乘曾在敦煌活动。

| 图17　悬泉置浮屠简

立寺延学　忘身为道：
竺法护、竺法乘与敦煌早期佛教

僧祐《出三藏记集·法护传》记载："竺法护，其先月支人也，世居敦煌郡。年八岁出家，事外国沙门高座为师。诵经日万言，过目则能。天性纯懿，操行精苦，笃志好学，万里寻师。是以博览六经，涉猎百家之言。虽世务毁誉，未常介于视听也。是时晋武帝之世，寺庙图像虽崇京邑，而方等深经蕴在西域。护乃慨然发愤，志弘大道，遂随师至西域，游历诸国。外国异言三十有六，书亦如之，护皆遍学，贯综古训，音义字体，无不备晓。遂大赍胡本，还归中夏，自敦煌至长安，沿路传译，写以晋文。所获大小乘经，《贤劫》《大哀》《法华》《普耀》等，凡一百四十九部。孜孜所务，唯以弘通为业，终身译写，劳不告倦。经法所以广流中华者，护之力也。护以晋武之末，隐居深山。山间有清涧，恒取澡漱，后有采薪者，秽慢其侧，水俄顷而燋。护乃徘徊叹曰：'水若永竭，真无以自给。'正当移去耳，言终而泉流出满涧，其幽诚所感皆此类也。后立寺于长安青门外，精勤行道。于是德化四布，声盖远近，僧徒千数，咸来宗奉。……宣隆佛化二十余年，后值惠帝西幸长安，关中萧条，百姓流移。护与门徒避地东下，至渑池遘疾卒，春秋七十有八。"

《出三藏记集》对法护的称呼并不固定，称"竺法护"者凡24次，称"支法护"者凡6次，另有"天竺菩萨""月支菩萨""敦煌月支菩萨"等多种称谓，但使用频率不高，可见古代佛教文献主要称"竺法护"，而"敦煌菩萨"只是偶或称之，今人提到竺法护则加"敦煌菩萨"之名，或非历史事实。较为接近实际情况的是，法护自西域（有学者说是于阗人）来到敦煌，居住一段时间后（"来达玉门，因居敦煌"），于3世纪60年代到中原，但他在此之前在敦煌活动的情况，我们一无所知。他翻译了一些佛经后，决定返回西域，"是时晋武帝之世，寺庙图像虽崇京邑，而方等深经蕴在西域。护乃慨然发愤，志弘大道，遂随师至西域，游历诸国"。时间就在271—283年间，因为这13年没有译经记录。3世纪80年代初，他经敦煌返回中原，284年在敦煌期间得到并翻译《不退转法轮经》等，这是中断译经13年后翻译的第一部经，《出三藏记集》卷七所收"《阿维越遮致经》记"记载："太康五年（284）十月十四日，菩萨沙门法护于敦煌从龟兹副使羌子侯得此梵书《不退转法轮经》。口敷晋言，授沙门法乘，使流布，一切咸悉闻知。"此年起至291年译经记录没有中断，估计他就是在284年从西域到达敦煌，《出三藏记集》记载的"遂大赉胡本，还归中夏，自敦煌至长安，沿路传译，写以晋文"，应该是指284年前后的事。

竺法护从293年开始至300年，只有两部经有译经时间记录，《历代法宝纪》卷六记载竺法护294年在酒泉翻译《圣法印经》，似乎竺法护在90年代再次回到河西地区，但有学者认为290年以后的所谓竺法护译本多数是弟子假托竺法护翻译的。

因为竺法护在敦煌翻译过佛经，所以人们称他为"敦煌菩萨"，菩萨意为觉有情，能"用诸佛道，成就众生"，竺法护译经之多，信徒之多，自佛教传入中国数第一人，所以获得"菩萨"的名声。至于是"敦煌菩萨",还是"月氏菩萨"?通过上面分析,竺法护是西域胡僧的可能性更大些。

法护众多弟子中,最有名的弟子要数竺法乘,《高僧传》卷四记:"乘后西到敦煌,立寺延学,忘身为道,诲而不倦,使夫豺狼革心,戎狄知礼,大化西行,乘之力也,后终于所住。"竺法乘很可能是随着竺法护到敦煌,然后可能因身体原因或遵照竺法护嘱托而没有返回中原,他一直在敦煌弘扬佛教,最终老死在敦煌。竺法护大化中原,竺法乘则大化河西,师徒对佛教在中国的发展做出了很大贡献。竺法护、竺法乘虽然是西域胡僧,但精通汉文,敦煌当时主要居民是汉族人,他们的传教当是汉化了的中国佛教。后来创建莫高窟的乐僔、法良二禅师都来自东方,所以可能都是汉僧(现在也有学者提出法良可能是胡僧,但他久居中原,应当受到中原佛教的影响)。一般认为,敦煌早期佛教更多地受到中原佛教的影响,以后的佛教发展也是如此。

北魏439年灭北凉,442年占领敦煌,《魏书·释老志》对占领前也就是5世纪初的敦煌佛教发展曾有精炼描写:"敦煌地接西域,道俗交得,其旧式村坞相属,多有塔寺。"看来,竺法乘之后敦煌佛教有较大的发展,敦煌成为当时河西地区佛教的一个中心,所以就有了莫高窟的开凿。

竺法护、竺法乘在敦煌的具体活动情况我们知道得不多,在他们之前的敦煌佛教发展状况只有悬泉置遗址发现的一件汉简。敦煌地区发现的魏晋古墓壁画和镇墓罐文字显示敦煌地区流行着仙道,并无佛教遗痕。竺法护、竺法乘之后约50年,莫高窟开始建造洞窟,佛教成为敦煌人民的主流信仰,文献记载与实物遗存甚多。

架空镌岩　大造龛像：
《莫高窟记》

敦煌有两座望山，一是鸣沙山，一是三危山。鸣沙山是沙山，传说起风时会发出声响而得名，山下有月牙泉，泉呈弯月状而得名。沙山围绕而泉不枯，最为神奇。三危山则是危石耸立的荒山，寸草不长，山有三险峰，因而名之。两山之间是潺潺小河，自南向北流，古称宕泉，有跌宕起伏之意，现在当地人常误称之为大泉。莫高窟就位于鸣沙山东麓的崖面上，下临宕泉。古代的泉水或许较大，文献描绘是"波映重阁"。为了保护文物，现在的河水已经改道到较远处，平日只有涓涓细流，只有山洪暴发时才从峡谷中冲出滔滔河水。

莫高窟之名的来历，没有明确的记载，目前所知道的最早记载见于隋代423窟，该窟西壁龛下有墨书《莫高窟记》，首行就是"莫高窟记"四字。敦煌文献又常把莫高窟写成"漠高窟"，推测"莫高"是沙漠高处之意，因为莫高窟在敦煌盆地南边，海拔1300米，敦煌城海拔1100米。

关于莫高窟的创建年代，有两种说法，时间大致相近。

永和八年（353）说。P.2691《沙州城土镜》写于五代时期的乾祐二年（949），云莫高窟开凿于353年："今时窟宇，并已矗新。永和八年癸丑创建窟，至今大汉乾祐二年己酉岁，算得五百玖拾陆年记。"949

年上推 596 年就是 353 年。

建元二年（366）说。初唐 332 窟前室南侧原有建窟时立的《李君莫高窟佛龛碑》，两面镌字，1921 年被流窜来的白俄士兵折断，残碑现存敦煌研究院陈列中心，馆藏号 Z1101 号。幸此前有金石学家徐松等做了拓片，碑文又见 P.2551。此碑乃武周圣历元年（698）立，故又称《圣历碑》。碑主李义，字克让，碑先叙述此窟创建年代及武周时敦煌佛教的盛况，次叙陇右李氏源流及李克让修今 332 窟之功德。碑云："莫高窟者，厥初秦建元二年，有沙门乐僔，戒行清虚，执心恬静。尝杖锡林野，行至此山，忽见金光，状有千佛，遂架空凿岩，造窟一龛。次有法良禅师从东届此，又于僔师窟侧，更即营建，伽蓝之起，滥觞于二僧。复有刺史建平公、东阳王等各修一大窟。而后合州黎庶，造作相仍。实神秀之幽岩、灵奇之净域也"；"爰自秦建元之日，迄大周圣历之辰，乐僔、法良发其宗，建平、东阳弘其迹，推甲子四百他岁，计窟室一千余龛，今见置僧徒，即为崇教寺也。"明确提到莫高窟开凿于建元二年，这是我们见到的最早记录。

P.3720 以及晚唐 156 窟前室墙壁上书有著名的《莫高窟记》（图 18），全文是：

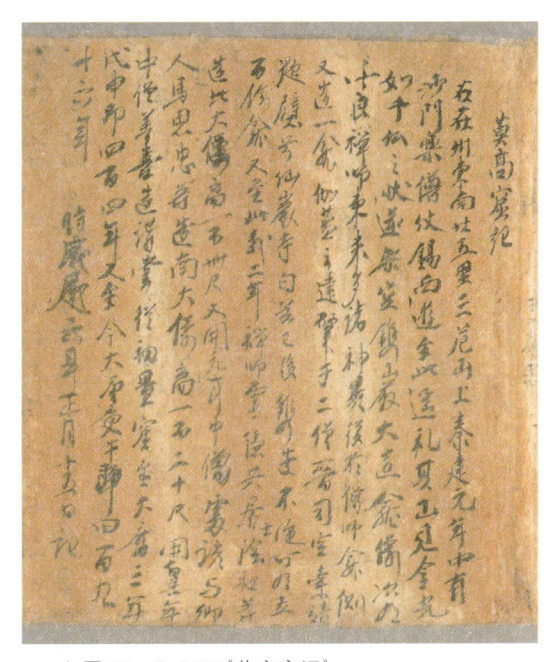

| 图 18　P.3720《莫高窟记》

莫高窟记

右在州东南廿五里三危山上。秦建元之世，有沙门乐僔仗锡西游至此，巡礼其山，见金光如千佛之状，遂架空镌岩，大造龛像。次有法良禅师东来，多诸神异，复于僔师龛侧又造一龛，伽蓝之建，肇于二僧。晋司空索靖题壁，号"仙岩寺"。自兹以后，镌造不绝，可有五百余龛。又至延载二年（695），禅师灵隐共居士阴祖等造北大像，高一百卌尺。又开元年中，僧处谚与乡人马思忠等造南大像，高一百廿尺。开皇年中，僧善喜造讲堂。从初量窟至大历三年戊申（768），即四百四年。又至今大唐庚午（850），即四百九十六年。

时咸通六年（865）正月十五日记。

一般认为所提到的"四百九十六年"是"四百八十六年"之误，因为公元850年上推496年不是建元年号，而上推486年刚好是建元元年（365）。这样，《莫高窟记》的建元之世即建元元年（与《圣历碑》所记差一年），由于《圣历碑》年代较早，"建元之世"有建元期间之意，所以学术界一般取《圣历碑》提到的建元二年建窟说。

还有一种观点认为，366年敦煌属于前凉统治时期，而前凉从361年开始使用东晋升平年号，366年是升平十年。376年前秦灭前凉，前凉不可能使用前秦年号，而有可能在前凉境内存在私下使用东晋年号，东晋建元二年是344年，所以莫高窟开凿于东晋建元二年。

乐僔所见到的"金光"，有人推测是一种自然景观，但学者们一般认为是禅僧们修行时出现的一种心境，《观佛三昧海经》说观想（思念）佛像的各个部位即"三十二相、八十种好"就会出现莲花盛开、光芒四射等景象，如观想佛的舌头，"舌出五光，五色分明，绕佛七匝，还从顶入。佛出舌时，如莲花叶，上至发际，遍覆佛面。舌下亦有众杂色脉，如此上味，流入脉中。其味力故，变成众光，有十四色"。观佛足时就会出现这样的奇异幻境："佛足跟出围绕诸光，满足十匝，花花相次，一一花中有五化佛，一一化佛五十菩萨以为侍者，一一菩萨其顶上生摩尼珠光。"凡人自然难以看到这样的禅境，乐僔所见金光中有千佛，说明他是个禅师。

实际情况是，在莫高窟开凿洞窟与这里的环境分不开。古代佛教石窟都是开凿在临山傍水的地方，山中安静便于禅修，有水便于生活，鸣沙山的东麓是断崖，高二三十米，南北长1680米，崖下有宕泉。晴朗的时候，从敦煌可以看到南面终年积雪的祁连山余脉，宕泉就源自南边的山沟，绵延几十里，最后消失在莫高窟以北不远的戈壁中。宕泉水经过崖下，绿树葱葱，形成一块绿洲。有山，有水，安静，正适合僧人修行和维持生活，而坚硬的崖面适合开凿石窟，于是乐僔选择这里，安顿下来。高允《鹿苑赋》记载北魏僧人们"凿仙窟以居禅"，在莫高窟崖面凿窟坐禅，是敦煌佛教发展的产物，传奇故事只是增加一层神秘的光环，吸引更多的佛教徒而已。

由于乐僔、法良都是禅僧，所开洞窟可能是禅窟，莫高窟现存最早的一组洞窟是268、272、275窟，而268窟内有4个素壁小禅室，仅可容身，可能是他们与弟子们修行的洞窟。中国石窟的禅窟很少，莫高窟492个洞窟中，仅268、285、487窟等少数几个是禅窟，另外在北区还有82个禅窟。印度石窟中，禅窟很多，几十名僧人在一起修行，叫"凿仙窟以居禅"，所以阿旃陀石窟共29个洞窟中，禅窟有25个，而殿堂窟只有4个。

虽然东汉的汉简中已经有佛教的资料，但从文献记载看，竺法乘在敦煌的时候，敦煌佛教还不发达。由于竺法乘的努力，才"大化西行"，大约开始有一些庙宇建筑。越半个世纪，随着佛教的发展，莫高窟也成为僧人修行之所，实在是水到渠成的事，所谓"金光显现"不过是一个传说而已。

莫高窟最早的寺院可能就是《莫高窟记》中记载的索靖题壁之"仙岩寺"，但索靖（239—303）生活的时代与竺法护相当，是否竺法护、竺法乘时代就在这里建造寺院，而后才有乐僔、法良开凿洞窟呢？现在已经无从稽考了。乐僔、法良选中莫高窟之后，这里就逐渐成为风水宝地，僧人增多，代代开凿洞窟，甚至北魏广阳王所供养的刺绣佛像也在莫高窟窟前发现，隋代敦煌的官寺崇教寺就在莫高窟。敦煌石窟的营建一直延续了整整一千年，其间几乎没有太长时间的中断，这种持续性发展在佛教石窟中没有第二例。

道俗交得　多有塔寺：
北凉佛教与北凉石塔

十六国时期（304—439），敦煌经历了前凉（313—376）、前秦（351—394）、后凉（386—403）、西凉（400—420）、北凉（397—442，北魏439年统一北方后，于442年才占据敦煌）等五个王朝，442年北魏占领敦煌。其中张轨建立的前凉统治时间最长，河西一方相对平安，《晋书·张轨传》记载："天下方乱，避难之国，唯凉土耳"；"中外避难来者，日月相继。"太元二十二年（345）前凉设立沙州，领三郡三营（敦煌郡、晋昌郡、高昌郡，西域都护、戊己校尉、玉门大护军），当时前凉还统治着吐鲁番地区，要越流沙而治，敦煌自然成为前凉经营西域的坚强后盾。

汉代以来，陆续有中原人迁徙敦煌，十六国时期，迁移者更多，《晋书·李暠传》记载前秦在建元末年（385）"徙江汉之人万余户于敦煌，中州之人有田畴不辟者，亦徙七千余户"。《晋书·李玄盛传》记载，麟嘉七年（395）后凉内乱，"武威、张掖已东人西奔敦煌、晋昌者数千户"。成书于武则天时期的P.2005《沙州都督府图经》卷三多处提到十六国时期的史事，如前凉沙州刺史杨宣修建的水渠至唐还在使用："阳（杨）开渠，长一十五里。右，源在州南十里，引甘泉水，旧名中（平）渠。据《西（前）凉录》，刺史杨宣移向上流，造五石斗门，堰水溉田，人赖其利，因以为号。"

佛教在十六国时期已经十分发达，炳灵寺第169窟就有西秦"建弘元年岁在玄枵三月廿四日造"的墨书纪年（按：玄枵为建弘五年，424年，当系书写手将"五年"笔误成"元年"），而北凉佛教及其艺术在中国佛教艺术史上占有重要地位，武威天梯山石窟、酒泉文殊山石窟、北凉石塔是研究北凉佛教艺术的重要资料。

天梯山石窟，又称凉州石窟，位于武威市城南50公里处天梯山脉下的中路乡灯山村大坡山南崖绝壁间，因山道崎岖，峰峦叠嶂，形如悬梯，故名。初唐道世《法苑珠林》卷一三记载："凉州石崖塑瑞像者。昔沮渠蒙逊以晋安帝隆安元年（397），据有凉土三十余载，陇西五凉，斯最久盛。专崇福业，以国城寺塔终非久固，古来帝宫终逢煨烬，若依立之，效尤斯及。又用金宝，终被毁盗。乃顾盻山宇，可以终天。于州南百里，连崖绵亘，东西不测，就而凿窟，安设尊仪，或石或塑，千变万化，有礼敬者，惊眩心目。"据此一般认为天梯山石窟开凿于这一时期，现存大小洞窟19个，壁画数百平方米，佛像100多尊。属于北凉时期的洞窟大约5个：1、4、16、17、18窟，其中16、17窟为大像窟，其余三窟为中心柱窟。1、4、17、18窟都残存有壁画，其中的菩萨像细目长眉，高鼻厚唇，具有西域风格，是北凉洞窟的特征之一。

文殊山石窟位于甘肃省肃南裕固族自治县祈丰镇，距离酒泉市南15公里，是一处规模较大的佛教石窟群，始建于十六国时期。洞窟依山势开凿于文殊山前山和后山的崖壁上，分布于南北1.5公里、东西2.5公里的范围内。现存窟龛100多个，其中有早期中心柱窟8个，禅窟1个，窟前寺院遗址28处。前山的千佛洞、万佛洞，后山的古佛洞和千佛洞等，均为穹隆顶、平面近方形的中心柱窟，残存千佛、飞天等早期壁画若干,从窟形和残存绘塑看,可能开凿于十六国时期。

目前所知的北凉石塔共有14座,其中7座有北凉时期的纪年,发现于今酒泉(6座)、敦煌(5座)、吐鲁番(2座)、武威(1座),北凉石塔内容基本一致,显示了北凉佛教的统一性(图19)。多数石塔存有刻经,内容主要是《增一阿含经》的"结集品",敦煌岷州庙塔上的"结集品"是汉文、婆罗谜文对照,吐鲁番二座石塔刻的经文是《十二因缘经》。许多石塔的塔基上还刻有神王和八卦符号,体现了中国传统文化与印度佛教文化的融合。由于石塔比较小,可能安置在家门前或交通要道中,《法显传》记载他401年到于阗时的情景:"其国丰乐,

| 图19 程段儿塔(436年) 肃州博物馆藏

人民殷盛，尽皆奉法，以法乐相娱。众僧乃数万人，多大乘学，皆有众食。彼国人民星居，家家门前皆起小塔，最小者可高二丈许。"《太平御览》卷一二四记载："初，茂虔为酒泉太守，起浮图于中街，有石像在焉。"按：沮渠茂虔是北凉第二个皇帝（433—439年在位）。

佛教艺术从新疆向东传播，首及河西地区。河西的政治、经济、文化中心，魏晋以来在今武威，即凉州。现存的北凉佛教信仰的文献资料和遗迹颇多，凉州佛教和佛教艺术大多来源于今新疆地区。其时，龟兹盛小乘，于阗习大乘；龟兹多凿石窟，于阗盛建塔寺。这两个系统的佛教及其艺术，于新疆以东首先融汇凉州地区，形成自成一体的北凉佛教艺术系统，是为我国新疆以东现存最早的佛教石窟模式——凉州模式。凉州模式的佛教造像特征是：较多的是平面方形或长方形的塔庙窟，塔庙窟的窟内有中心塔柱，也有设置大像的佛殿窟；佛像有释迦、交脚菩萨装的弥勒、佛装弥勒、思惟菩萨；窟壁主要画千佛；佛和菩萨的面相浑圆，眼多细长型，深目高鼻，身躯健壮，飞天形体较大。

宏开虚洞　安设尊仪：
早期三窟的营建与内容

《法显传》记载法显在400年张掖安居后才前往敦煌的："度养楼山，至张掖镇。张掖大乱，道路不通，张掖王段业遂留为檀越（施主）。于是与智严、慧简、僧绍、宝云、僧景等相遇，欣于同志，便共夏坐。夏坐讫，复进到敦煌。有塞，东西可八十里，南北四十里。共停一月余日。法显等五人随使先发，复与宝云等别。敦煌太守李暠供给度沙河。"李暠既然资助法显西行，当也是信仰佛教的。看来，十六国时期，敦煌佛教已经相当发达。

关于十六国时期敦煌佛教的记载不多，甘肃博物馆藏敦煌文献001号《法句经》卷下有"升平十二年（368）沙弥净明""咸安三年（373）十月二十日沙弥净明诵习《法句》起"题记，P.2381《法句经》的书法与甘博001号《法句经》类似，学界认为也是此顷写本。上述写经是当时敦煌佛教徒书写，还是写于外地后来流传到敦煌，尚不清楚。日本书道博物馆藏前秦甘露元年（359）《法句经》题记："甘露元年三月十七日，于酒泉城内斋聚中写讫。此月上旬汉人及杂类被诛，向二百人，愿蒙解脱，生生敬信三宝，无有退转。"写本及题记的真伪有待考证。

最早明确记载写于敦煌的写经是 S.797《十诵比丘戒本》，题记："建初元年岁在乙巳（405）十二月五日戌时，比丘德祐于敦煌城南受具戒。和上僧法性，戒师宝惠，教师惠颖。时同戒场者，道辅、惠御等十二人。到夏安居，写到戒讽之趣，成具拙字而已。手拙用愧，见者但念其义，莫笑其字也。故记之。"他这次受戒包括自己在内的僧人已经有 16 位之众，说明当时敦煌已经有完整的僧团组织与生活。更多的佛教资料还是早期三窟（北凉三窟）。

莫高窟最早的 268、272、275 窟即早期三窟，经考证，可能建造于北凉时期，学术界常称"北凉三窟"。但学者的观点有许多分歧，有的认为 268 窟可能就是乐僔开凿的，有的认为 275 窟可能是北魏早期洞窟等，但都一致认为是现存最早的一批洞窟。从所处位置看，这一组洞窟的上下为唐代洞窟，左右为北魏、隋代洞窟，这一组洞窟属于现存最早一组洞窟是没有问题的。由于没有具体年代，也缺乏足够的比对资料，要确定这一组洞窟的具体年代，还存在许多困难。

268 窟是包括 4 个禅室的禅窟，在狭长的主室两侧，各开两个禅室（南壁西起为 267、269 窟，北壁西起为 271、270 窟），正壁龛内塑交脚佛一身（图 20）。平顶，塑斗四平棋，存二方，每方有三个正方形相交，正中四方形内为宝池莲花，次正方形四角画二化生、二火焰纹图案，最外正方形四角各画一飞天。从内到外依次是莲花、化生、飞天，似乎表示天神的诞生次第。壁画经后代多次重修，西壁龛下表层有上下二列共 12 身供养人，其中上列 6 身比较清楚。

272 窟主室窟顶近似穹隆顶，塑斗四平棋井心，正中画一正方形，内画宝池莲花，外面塑出四个正方形，最外一个正方形的四角各画一飞天，其余三个正方形四角均各画一莲苞，类似 268 窟窟顶平棋。窟外门两侧距地面 0.9 米处各开一大小相同的小龛，各塑禅定僧一身（北侧龛

| 图20　268窟西壁全图

编为273窟，塑披帽禅定僧，保存完整。南侧龛未编号，残存一塑像泥胎）。主室正壁（西壁）开一龛，龛内塑倚坐佛（头部为近人补塑），高约1.4米。主室西壁龛外画供养天人数十身，南壁、北壁画千佛围绕说法图（均为一佛二菩萨四弟子），东壁画千佛。

272窟的主题可能是三世佛，即北壁过去佛（迦叶）、南壁现在佛（释迦）、西壁未来佛（弥勒）。四壁上方共画天宫伎乐22身，其中一身是牢度跋提，它的形象特征是大头，额上有一宝珠，沮渠京声译《观弥勒菩萨上生兜率天经》说，释迦弟子弥勒死后往生兜率天，宫中大神牢度跋提以神力修建善法堂。272窟龛外两侧分别画4列、每列5身共计40身供养天人，最下一列供养天人坐在莲池的莲茎上，这些供养天人手姿呈各式舞蹈状，应该表示诸天人娱佛。

275窟平面为纵长方形，正壁（西壁）不开龛，而是在壁前塑高达3.4米的交脚菩萨，坐在狮子座上，化佛冠，这是敦煌早期石窟中最大的一身塑像。龛外南侧有一小龛（编为274窟），现存壁画均属隋代，考虑272窟窟外两侧有附属窟，此小龛当是275窟附属窟，窟形较大，似乎隋代将窟形扩大许多，北侧是否有龛不详。

主室北壁画本生故事5铺，西起毗楞竭梨王、虔阇尼婆梨王、尸毗王、月光王、快目王等本生故事，南壁画佛传之出游四门，西起第一幅为"见老人"，画一人骑马从城门出，前面有一老人，马后有一侍者，之间题"丑子"，可能是画工名字；第二幅为"见比丘"，有城门，城门前面有一比丘，因残损，未见马和骑者；第三幅画一人骑马从城门出，前面人物有残损，未能判定情节；第四幅残甚。南壁壁画情节虽然与故事发生次序有所不同，但判定出游四门当无大误。东壁内容因画面残破严重，可见房屋、僧人等，具体时代、内容有待考证。

佛经很多，粗分为经、律、论三大类，是为"三藏"，细分为十二类，即十二部经（契经、应颂、记别、讽颂、自说、因缘、譬喻、本事、本生、方广、希法、论议），其中的因缘、譬喻、本事、本生等四类以故事说理，最易为广大信徒所接受，内容也多可入画，为佛教艺术中的常见题材，除佛教造像碑外，巴尔胡特（Bharhut）塔、山奇（Sanchi）大塔、阿旃陀（Ajanta）石窟、龟兹石窟、云冈石窟、龙门石窟、麦积山石窟、小南海石窟、日本法隆寺等处均可见到画刻的佛教故事。敦煌早期洞窟和隋代洞窟中也有为数可观的故事画，相比于同时存在的千佛图像和说法图，显得生动活泼。

康法邃译《譬喻经》序云："譬喻经者，皆是如来随时方便四说之辞，敷演弘教训诱之要。牵物引类，转相证据，互明善恶罪福报应，皆可寤心，免彼三涂。"这里的譬喻是泛称各种故事。敦煌早期洞窟中的故事画就是用生动的情节来阐述佛教善恶、罪福、报应等思想的，是佛教的重要思想之一，由于故事情节生动，成为最引人注目的题材之一。敦煌北朝洞窟有13种22铺本生故事，存在早期各时代。

佛教和佛像都起源于印度，印度、中亚的佛教艺术风格主要有犍陀罗、马图拉两大流派，但很少直接传播到中国，造像题材的选择也有许多不同，我们还无法清晰地从早期三窟中整理出犍陀罗风格、马图拉风格。275窟南北壁上方的阙形龛采用了汉阙的造型，具有宫殿的表现效果，很好地表现了兜率天宫。275窟一些菩萨、本生故事中的一些国王胸上有一对蛇，我们在犍陀罗造像中可以见到，而后在254窟、云冈石窟中也可以看到，这些具有强烈异域色彩的对蛇纹也是来自中亚艺术，北魏以后较少出现对蛇纹。另一种中亚风格的"仰月冠"自北魏出现后，一直到唐代都流行。在一些菩萨的宝冠中有弯月装饰，有的是正面一个，有的除正面外，侧面各有一个，初唐壁画中极多，这些"仰月冠"不见印度艺术，常见于波斯王冠，也是来自波斯艺术。

early期三窟在艺术上弥足称道的是"凹凸法",在画人物脸部、身体时,层层晕染,厚薄不一,从而产生立体感,这就是西域的"凹凸法",272、275窟的菩萨、飞天等人物众多,保存完好,是考察"凹凸法"的很好对象。275窟前室和主室东壁一部分在宋代已经崩塌,宋代在主室前部修一堵墙,20世纪90年代初将宋墙拆除,露出早期壁画,色彩基本没有变化,深浅不同的土红色晕染轮廓,基本接近当时原状,令人赞叹。

早期三窟具有中原风格,也具有西域风格和中亚风格,多样化的佛教艺术出现在处于丝绸之路要道上的敦煌石窟,实属正常。

建平、东阳弘其迹：北朝敦煌石窟的营建

439年，北魏灭北凉，但敦煌到442年才归北魏统治。此后敦煌经历了北魏（442—534）、西魏（535—556）、北周（557—580）三个朝代，直到581年隋代统一北方，历时140年，在莫高窟留下了30多个洞窟。

招提栉比　宝塔骈罗：
北魏佛教与敦煌北魏石窟

439年，北魏灭北凉，凉土僧尼与士民东迁首都平城（今山西大同市）。平城一带在此前后移民甚多。460年云冈石窟始建，北凉佛教与佛教艺术影响了云冈石窟艺术，云冈最早的第16、17、18、19、20窟等5个洞窟因为是昙曜主持开凿而被称为"昙曜五窟"，而昙曜就来自凉州，在北凉时期就是著名的高僧，《高僧传·玄高传》记载："时河西国沮渠茂虔，时有沙门昙曜，亦以禅业见称。"昙曜后为北魏的沙门统，管理整个北魏佛教事务。云冈石窟的佛教艺术风格受到凉州佛教艺术、西域佛教艺术以及平城原有的文化艺术的多重影响，作为首都附近的石窟，云冈石窟的艺术风格又向周围地区传播，于是学者们就把云冈石窟的艺术风格称为平城模式，敦煌北魏佛教艺术也受到平城模式的影响。

北魏王朝从周边大量移民到平城，《魏书·释老志》记载439年灭北凉（442年占领敦煌），"太延中，凉州平，徙其国人于京邑，沙门佛事皆俱东，象教弥增矣"。太延是太武帝的一个年号，即435—440年，太延时期是凉州佛教没落、北魏佛教兴盛的转折点。北魏灭北凉是北魏征服北方的关键一战，从此西域各国纷纷遣使来朝，表示友好，西域佛教艺术也不断东传。

入魏之初，敦煌一度荒凉，北魏甚至曾打算放弃敦煌。当时敦煌以西有少数民族政权柔然，5世纪70年代，年年在夏收之时攻击敦煌，掠夺粮食，经过几十年的战争，敦煌才安定下来。不久，东阳王元丕的两个儿子因反对孝文帝迁都洛阳而举兵反，失败被杀，多人连坐，流放到敦煌，《魏书·元丕传》记载："丕父子大意不乐迁洛。高祖之发平城，太子恂留于旧京。及将还洛，隆与超等密谋留恂，因举兵断关，规据陉北。时丕以老居并州，虽不预其始计，而隆、超咸以告丕。丕外虑不成，口虽致难，心颇然之。及高祖幸平城，推穆泰等首谋，隆兄弟并是党。丕亦随驾至平城，每于测问，令丕坐观。隆、超与元业等兄弟并以谋逆伏诛。有司奏处孥戮，诏以丕应连坐，但以先许不死之诏，躬非染逆之身，听免死，仍为太原百姓，其后妻二子听随。隆、超母弟及余庶兄弟，皆徙敦煌。"既然是"皆徙敦煌"，估计人数不少，这些发配到敦煌的"隆、超母弟及余庶兄弟"可能建造了一个功德窟，也许就是现今的第254窟，因为该窟一些造像风格与云冈石窟如出同一粉本。

6世纪20年代初，皇室成员元荣任瓜州刺史，后也封为东阳王，可见北魏政府对敦煌地位的重视。

北魏佛教发达，《魏书·释老志》记载："魏有天下，至于禅让，佛经流通，大集中国，凡有四百一十五部，合一千九百一十九卷。正光（520—524）已后，天下多虞，王役尤甚，于是所在编民，相与入道，假慕沙门，实避调役，猥滥之极，自中国之有佛法，未之有也。略而计之，僧尼大众二百万矣，其寺三万有余。"《洛阳伽蓝记》序云："至于晋室永嘉，唯有寺四十二所。逮皇魏受图，光宅嵩洛，笃信弥繁，法教愈盛。王侯贵臣，弃象马如脱屣；庶士豪家，舍资财若遗迹。于是招提栉比，宝塔骈罗，争写天上之姿，竞摹山中之影；金刹与灵台比高，

| 图21　北魏刺绣（487年）

讲殿共阿房等壮。岂直木衣绨乡，土被朱紫而已哉！"西域胡僧见状惊叹为"佛国"。

敦煌最早的北魏时期的佛教资料可能是敦煌研究院藏 D0214 号（发表号 007 号）《大慈如来告疏》，这是相当于现在传单一样的传帖，传则得福，不传有殃，具有强烈的民间信仰色彩。敦煌还有若干北魏皇室信仰佛教的资料，如 S.996 太和三年（479）驸马都尉冯熙（冯晋国，？—495 年）写《杂阿毗昙心经》、敦煌研究院藏 Z0054 号的窟前遗址中发现的太和十一年（487）广阳王施造的刺绣佛像等（图21）。

北魏统治敦煌近百年，只留下 8 个洞窟（251、254、257、259、260、263、265、487窟），这些洞窟大约就开凿于 5 世纪末、6 世纪初。这 8 个洞窟除 487 窟为禅窟外，均为中心柱窟，窟形非常规整。260、263 窟均为南壁前部画降魔变、北壁前部画鹿野苑初转法轮，互相之间存在着一定的关联。265 窟表层为宋代壁画，除窟形可供研究外，绘塑题材有待今后获取下层原始绘塑后进行。内容最丰富的是 259、254、257 窟。

259 窟东壁崩毁，余三壁雕塑精美。主室正壁为塔式龛，相当于半个中心柱，可视作仿中心柱，龛内塑释迦、多宝佛并座说法。释迦、多宝并座说法是佛教造像中常见题材，鸠摩罗什译《法华经》卷四记载，当释迦牟尼说《法华经》时，从地下涌出宝塔，内坐多宝佛，称赞释迦所说《法华经》真实无疑，并分半座给释迦，释迦入座，塔升空中。259 窟可能是一个以法华信仰为主题的洞窟。

254 窟四壁下方画护法药叉，四壁上方画天宫伎乐，东壁门上开天窗，东壁均为千佛，南、北壁上部各开 5 列龛，龛内塑像对称，西起：禅定佛、说法佛、禅定佛、说法佛、交脚菩萨。另外，南、北壁东侧各有两组大幅故事画，也是对称分布，南壁西起本生（萨埵太子本生）、佛传（降魔变），北壁西起本生（尸毗王本生）、佛传（难陀出家）。尸毗王本生见于早期的 275 窟，其余三幅故事画都是新出现的题材。254 窟四壁存千佛 1235 身，有题名的有 783 身，分别属于过去庄严劫、未来星宿劫，没有现在贤劫千佛，但按照《现在贤劫千佛名经》，释迦、弥勒都属于贤劫佛，则壁画和雕塑中出现大量释迦故事、弥勒形象等，就是代表贤劫诸佛的，这样 254 窟展示出过去、现在、未来三世。

257 窟是著名的中心柱窟之一，此窟雕塑精美，壁画题材也比较丰富，有本生（九色鹿本生）、因缘（须摩提女请佛因缘、弊狗因缘）、戒律画（沙弥守戒自杀）等。

佛法兴隆　魔事微灭：
东阳王元荣与敦煌西魏石窟

535年，北魏分裂为东魏、西魏，敦煌隶属于西魏（535—556）。西魏佛教一如北魏，十分兴盛。

北魏晚期的敦煌历史与东阳王元荣关系密切。据《魏书·官氏志》记载，北魏天赐二年（405），"又制：诸州置三刺史，刺史用品第六者，宗室一人，异姓二人"。元荣就是见于记载的瓜州刺史，敦煌有较多的元荣资料。根据《王夫人元华光墓志》记载，孝昌元年（525）九月，华光卒，墓志提到她是"瓜州荣之第二妹"。说明元荣早在孝昌元年九月之前就到敦煌了。《魏书》卷一〇记载永安二年（529）八月，"封瓜州刺史元太荣为东阳王"，但日本书道博物馆藏的一件尹波写的《观音经》中，题记云"扈从主人东阳王殿下届临瓜土"。尾署孝昌三年（527），说明抄写此经时的527年，元荣已经称东阳王了。这条资料应当可靠，可纠《魏书》之误。元荣佞佛，在敦煌写了许多佛经，保存下来的也不少。

元荣的卒年不详，《周书·申徽传》记载："先是，东阳王元荣为瓜州刺史，其女婿刘（校：应为邓）彦随焉。及荣死，瓜州首望表荣子康为刺史，彦遂杀康而取其位。属四方多难，朝廷不遑问罪，因授彦刺史。"诸事均无具体年代。P.3312《贤愚经》写经题记是："敦煌太守邓彦妻元法英供养。"参《周书》的记载，我们知道元法英是元荣的女儿，敦煌遗书中有她在大统八年（542）十一月写的《摩诃衍经》，题记："大魏大统八年十一月十五日，佛弟子瓜州刺史邓彦妻昌乐公主元敬写《摩诃衍经》一百卷。上愿皇帝陛下国祚再隆，八方顺轨。又愿弟子现在夫妻男女家眷，四大康健，殃灾永灭。将来之世，普及含生，同成正觉。"说明542年时元荣、元康均已卒，邓彦已为瓜州刺史。后申徽任河西大使，执邓彦而还。《周书·申徽传》又记："（大统）十二年（546），瓜州刺史史成庆为城人张保所杀，都督令狐延等起义逐保，启请刺史。以徽信洽西土，拜假节、瓜州刺史。徽在州五稔，俭约率下，边人乐而安之。"即西魏时期的瓜州刺史大致是：元荣—元康—邓彦—史成庆—申徽，任职始迄时间都不详，继申徽任瓜州刺史者不详。

西魏洞窟有246、247、248、249、285、286、288、431、435、437窟，计10个，其中286窟为285窟前室西壁门上的一小龛，247窟也是很小的窟龛。其余8窟中，249窟为殿堂窟，285窟为禅窟，246、248、288、431、435、437窟为中心柱窟，可见西魏时期中心柱窟仍很流行。

西魏洞窟的最大特点是，随着孝文帝改革的实施，南朝秀骨清像、褒衣博带、神气飘然的艺术风格传到北方，敦煌艺术也深受影响。其中249、285窟为西魏代表窟，二窟的内容有些类似，虽然多数内容在以后洞窟中不见，但仍作为西魏窟中的重点窟。

249窟为殿堂窟，西壁开一龛，东壁毁。南北壁画千佛围绕说法图，最上面是天宫伎乐，最下面是护法药叉；西壁龛内塑倚坐佛；窟顶西披画须弥山，周围画面主要是维摩诘经变，其余三披内容属于中国神话传说题材，有三皇（天皇十三首兽身、地皇十一首兽身、人皇九首兽身）、玄武、朱雀、东王公、西王母等，这些中国神话传说题材在285

窟窟顶也存在，图像也类似，可能出自相同的粉本。

285窟主室平面略呈正方形，窟中央有宽2.3米、高0.3米的方坛，南北壁各开4个禅室。西壁正中开一大龛，塑倚坐佛，两侧各开一小龛，塑禅定比丘，龛间主要画大自在天等印度诸神。窟顶四披主要画伏羲、女娲、雷神等中国神话诸神。东壁门两侧各画一铺说法图（北侧一铺存尊像题名）。南壁画五百强盗成佛缘、度恶牛缘（以上为因缘故事画）；沙弥守戒自杀、度跋提长者姊（以上为戒律故事画）；施身闻偈（本生故事画）等五组故事画和一铺释迦多宝并坐说法图。

《圣历碑》提到东阳王元荣曾开凿一大窟，可能就是现在的285窟。由于285窟有538、539年的纪年，这与元荣任职时间接近。此窟艺术精湛，非一般百姓所能投资建造，北壁主要位置画八佛，西侧二佛下榜题西侧画一身女供养人，左手持长柄香炉，右手置腰间（似持一物，图22），东侧画3身男供养人，均笼袖。这4身供养人穿贵族

| 图22　285窟贵妇人供养像

服饰，可能就是元荣夫妇。将帝王对应佛像，在北魏就有流行，《魏书·释老志》记载："兴光元年（454）秋，敕有司于五级大寺内，为太祖以下五帝铸释迦立像五，各长一丈六尺，都用赤金二十五万斤。"285窟用释迦、多宝暗拟元荣夫妇，或有可能。所以此窟为元荣所建洞窟的可能性很大。

285窟保留大量供养人像、发愿文榜题，东壁门北无量寿佛说法图的人物的榜题也保存完整。北壁东起第一铺说法图主尊结跏趺坐说法，左右各有一菩萨侍立，下方的发愿文是："夫从缘至果，非积集无以成功。是以佛弟子滑黑奴上为有识之类，敬造无量寿佛一区并二菩萨。因斯微福，愿佛法兴隆，魔事微灭。后愿含灵抱识，离舍三途八难，现在安吉，往生妙乐，齐登正觉。大代大魏大统五年五月廿一日造讫。"（图23）东起第4铺发愿文几乎与第一铺完全相同，尾署时间仅差七天（"大代大魏大统五年五月廿八日造"）。

东起第5铺也是一佛二菩萨，发愿文存大部分，纪年部分漫漶，发

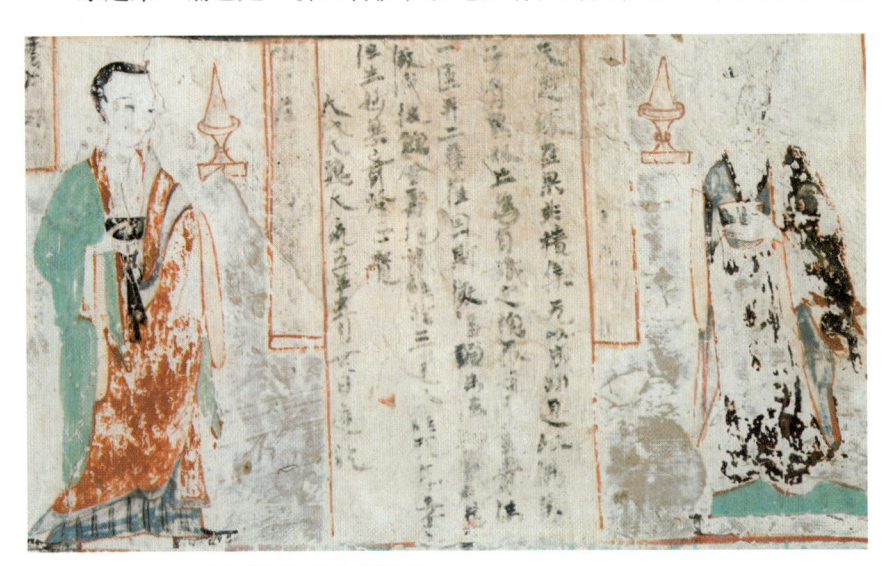

| 图23 285窟北壁滑黑奴造像题记(539年)

愿文云："佛弟子比丘惠遵仰为有识之类敬造拘那含牟尼佛一区并二菩萨。"

东起第6铺也是一佛二菩萨，发愿文原本完整，后来有人试图切割这方发愿文，毁去一半。根据伯希和记录，可得全文，其中提到："佛弟子比丘辩化仰为七世父母、所生父母敬造迦叶佛一区并二菩萨。因斯微福，愿亡者神游净土，永离三途；现在居眷，位太安吉；普及蠕动之类，速登常乐。大代大魏大统四年岁次戊午八月中旬造。"

僧徒云集　不远敦煌之城：
北周对敦煌的统治与敦煌北周石窟

北周时期（557—581）的敦煌是比较安定的。它的北面是突厥，这一时期的突厥与北周世代结亲，基本上相安无事。敦煌的南面是吐谷浑，北周联合突厥压服它，故而对北周没有什么威胁，敦煌也就相对安定。敦煌西边是西域，北周采取的是"通好于西戎"的政策，因而丝绸之路畅通无阻。敦煌是北周宇文氏王朝的西部重镇。北周明帝二年（558），著名文学家庾信（513—581）担任陕州弘农郡太守，曾作《陕州弘农郡五张寺经藏碑》，形容该寺"僧徒云集，不远敦煌之城；学侣相奔，更合华阴之市"。这里的华阴之市的典故来自《后汉书·张楷列传》："楷，字公超……家贫无以为业，常乘驴车至县卖药，足给食者，辄还乡里。司隶举茂才，除长陵令，不至官，隐居弘农山中。学者随之，所居成市，后华阴山南遂有公超市。"这里提到敦煌来的僧人，可见敦煌有僧人万里求学。

据记载，北周时期，大将军段永、大都督李贤、建平公于义都曾为瓜州刺史，诸刺史均信仰佛教。

第一任刺史是韦瑱（501—561），据《周书》卷三九本传，"（恭帝）三年（556），除瓜州诸军事、瓜州刺史。州通西域，蕃夷往来，前后刺史多受赂遗，胡寇犯边，又莫能御。瑱雅性清俭，兼有武略。蕃夷赠遗，一无所受。胡人畏威，不敢为寇。公私安静，夷夏怀之。"即他在西魏灭亡的前一年任瓜州刺史，离任时间不详，晚不过560年（段永任瓜州刺史之年）。

此后见于记载的刺史是段永（尔绵永，503—570），560—562年任瓜州刺史，但《周书》未载此事，《庾子山集》卷一四、《文苑英华》卷九〇五收有《周柱国大将军大都督同州刺史尔绵永神道碑》，碑文作者是庾信。碑记"国家以玉门西拒，久劳亭鄣，阳关北牧，多事风尘。武成二年（560），有诏进公都督瓜州诸军事、瓜州刺史。是以名驰梓岭，声振榆关，无雷畏威，负霜怀惠。保定二年（562）还朝，授工部大夫，寻迁军司马。"

接替段永瓜州刺史之职的是李贤（504—569），562—564年任瓜州刺史，《周书》卷二五有传，云"保定二年，诏复贤官爵，仍授瓜州刺史"。"（保定）四年，王师东讨，朝议以西道空虚，虑羌、浑侵扰，乃授贤使持节河州总管三州七防诸军事河州刺史"。1983年在宁夏固原发现他的墓葬，根据墓志，他卒于569年，终年66岁（史书误作68岁）。妻吴辉（510—547年）早卒，李贤死后合茔而葬。李贤之所以葬于固原，乃其祖父李斌"袭领父兵，镇于高平（固原），因家焉"。李贤有子李询、李崇等。其中李崇子李敏，敏女李静训（600—608）早卒，墓葬于1957年在西安附近发掘，出土大量文物，是隋代物质文化研究的重要资料。《周书·李贤传》还记载："高祖及齐王宪之在襁褓也，以避忌，不利居宫中。太祖令于贤家处之，六载乃还宫。因赐贤妻吴姓，宇文氏养为侄女，赐与甚厚。及高祖西巡，幸贤第，诏曰：'朕昔冲幼，爰寓此州。使持节、骠骑大将军、开府仪同三司、大都督、瓜州诸军事、瓜州刺史贤，斯土良家，勋德兼著，受委居朕，辅导积年。念其规弼，功劳甚茂。食彼桑葚，尚怀好音，矧兹惠矣，其庸可忘？今巡抚居此，不殊代邑，举目依然，益增旧想。虽无属籍，朕处之若亲。凡厥昆季乃至子侄等，可并豫宴赐。'于是令中侍上士尉迟恺往瓜州，降玺书劳贤，赐衣一袭及被褥，并御所服十三环金带一要、中厩马一匹、金装鞍勒、杂彩五百段、银钱一万。赐贤弟申国公穆亦如之。子侄男女中外诸孙三十四人，各赐衣一袭。"

李贤弟李穆（509—585）在北周时期也居家敦煌，332窟《李君莫高窟佛龛碑》记载："曾祖穆，周敦煌郡司马、使持节、张掖郡诸军事、张掖太守、兼河右道诸军事、检校永兴酒泉二郡大中正、荡寇将军。"《隋书·李穆传》记载，大业十一年（615）"诛（李穆子）浑、（李贤孙）敏等宗族三十二人，自余无少长，皆徙岭外"。《旧唐书》卷一记载，武德元年（618）五月唐朝建立，八月高祖李渊即下诏："隋右骁卫大将军李金才（即李浑）、左光禄大夫李敏，并鼎族高门，元功世胄，横受屠杀，朝野称冤。然李氏将兴，天祚有应，冥契深隐，妄肆诛夷。朕受命君临，志存刷荡，申冤旌善，无忘寤寐。金才可赠上柱国、申国公，敏可赠柱国、观国公。又前代酷滥，子孙被流者，并放还乡里。"有学者认为李氏家族这次从流放地"放还乡里"，就是回到敦煌，这应该是可信的，因为李氏后人在7世纪后半叶建造了精美的家庙窟（331、332等窟），证明唐代李氏在敦煌已经具有很大势力。

见于记载的较晚的瓜州刺史是建平公于义（534—583），《隋书》卷三九有传，云其在"明、武世，历西兖、瓜、邵三州刺史"，由于556—564年间瓜州刺史是韦瑱、段永、李贤，而于义在577年后任西兖州刺史，故于义任瓜州刺史的时间大约在565—576年间。目前尚不清楚于义之后的瓜州刺史是谁。

北周立国二十五年间，闵帝（557）、明帝（557—560）、宣帝

(579)、静帝（579—581）都信仰佛教，周武帝在位 18 年（561—579），早年也信佛，晚年则一度废佛。周武帝灭法（574—579），影响到敦煌，道宣《集神州三宝感通录》卷上记载："瓜州城东古基者，乃周朝阿育王寺也。废教已后，隋虽兴法，更不置寺，今为寺庄，塔有舍覆，东西廊庑，周回墙匝，时现光相，士俗敬重，每道俗宿斋集会兴福，官私上下乞愿有应云云。""沙州城内废大乘寺塔者，周朝古寺，见有塔基。相传云，是育王本塔。才有灾祸，多来求救云云。"但从现存北周石窟看，毁坏不深，这与泥塑、粉墙无法像金铜佛像那样可以冶炼再利用有关。579 年复法当年，翟迁就在莫高窟镌岩建窟，五代翟奉达在其家庙窟"翟家窟"（今 220 窟）甬道南壁小龛西侧题记："大成元年己亥岁□□迁于三危□□镌龛□□□圣容立□（像）。唐任朝议郎敦煌郡司仓参军□□子翟通乡贡明经授朝议郎行敦煌郡博士，复于两大像中□造龛窟一所，庄严素质，图写尊容，至龙朔二年壬戌岁卒，即此窟是也。……九代曾孙节□□□（度押衙）守随军参谋兼侍御史翟奉达检家谱……"大成元年（579）翟迁所造窟的位置，目前不详。

敦煌藏经洞出土文献中还有若干北周写经。S.1317《大般涅槃经》卷一题记："保定四年（563）六月戊子朔廿五壬午，比丘道济，减割衣钵之余，敬写《涅槃经》一部。"S.1945《大般涅槃经》卷一一题记："周保定五年（564）乙酉朔，比丘洪珍，自慨魔心集于愚怀，宿障隔于正轨，仰惟大圣。遂劝化道俗，写《千五百佛名》一百卷、《七佛八菩萨咒》一百卷、诸杂咒三千三头（?）。写《涅槃经》一部，写《法华经》一部，写《方广经》二部，《仁王经》一部并疏，《药师经》一部，写《药上药王菩萨经》一部，戒一卷并律。评口兹福，普为尽法，一切众生，登弥勒初会，一时口（成）佛。"敦煌文献中约有 20 件北周纪年写经，但灭佛期间（573—681）仅有一件 581 年的写经，可见敦煌北周佛教受到灭佛的影响，但此前的画塑并没有遭到破坏。

莫高窟现存北周洞窟 15 个：290、294、296、297、299、301、428、430、432、438、439、440、441、442、461 窟，西千佛洞 8、11、12、13 窟以及五个庙石窟中的部分洞窟也开凿于北周时期，北周二三十年间所开凿的洞窟几乎是此前一百多年所开洞窟的总和。北周洞窟的形制多单龛窟，而北魏以来流行的中心柱窟数量已逐渐减少。290、428 窟是这一时期的代表窟。

442 窟为中心柱窟，中心柱四面各开一龛，均塑倚坐佛。东壁全毁，北壁残存供养人像一列，自东向西第 6 身题名："弟……主簿鸣沙县丞张緫供养佛时"，参考当时供养人题名，这条题名的全文大约是："弟子敦煌郡主簿鸣沙县丞张緫供养佛时"。《隋书·百官志》记载北周时，郡置太守、主簿，县置令、丞。唐代《元和郡县图志》卷四〇"陇右道下·沙州·敦煌县"记载："周武帝改为鸣沙县，以界有鸣沙山，因以为名。隋大业二年（606），复为敦煌。"《太平寰宇记》卷一五三"陇右道四·沙州·敦煌县"记载："属敦煌郡，后周保定三年（563）改敦煌为鸣沙县，以县界鸣沙山为名，隋初复为敦煌县。"此榜题可判定 442 窟建于北周保定三年以后，塑画风格早于有开皇纪年的洞窟，属于北周窟。

290 窟为中心柱窟，窟主可能是刺史李贤，证据有：

1.胡人驯马图。290 窟中心柱西向龛下方画胡人驯马图，马夫为高鼻深目的胡人，头戴白毡帽，身穿小袖褶，脚登长勒靴，一手拉缰绳，一手举鞭，两眼圆睁，正在驯马。枣红马则抬起一只前腿，后腿弯曲，屁股后坐，低头，做准备挨打但又不服状。这匹骏马背上有一副空鞍，或即周武帝所赐"金装鞍勒"的中厩马。

2.供养人题名。李贤妻子姓吴，北壁西起第 15 身女供养人题：

"……吴氏爱亲……";西起第 19 身供养人题:"孙女李氏……"等,前者当是吴辉的亲属,后者是李贤的孙女。

3.此窟现存的供养人有 248 身,在北朝洞窟中仅次于建平公于义所建 428 窟,这是因为李贤的身份显贵而有许多官吏、僧尼前来随喜供养。

此窟雕塑完整精美,中心柱东、南、北三面龛内各塑一倚坐佛,两侧塑二弟子,龛外两侧塑二菩萨。西向面龛内塑一交脚菩萨,两侧塑四菩萨。这些塑像都是原作,可能表示弥勒三会和弥勒在兜率天宫说法。中心柱南向龛龛外西侧的胁侍菩萨,肌肤洁白,面露单纯、善良的微笑,是北周彩塑艺术的代表作品。北周时期的塑像在人体比例上出现了前所未有的变化,即头大、身长、腿短,人物面相方圆而丰满,这可能是张僧繇"面短而艳"风格。

428 窟主室东西进深 13.6 米,南北宽 10.7 米,是莫高窟早期洞窟中最大的一个洞窟。《圣历碑》记载刺史建平公修建一大窟,此建平公就是北周瓜州刺史于义。428 窟东壁门南供养人像中,上排北起第二身比丘像的题记是"晋昌郡沙门比丘庆仙供养"(图 24),而庆仙之名又见于 S.2935 天和四年(569)《大比丘尼羯磨经》写经题记:"天和四年岁次己丑六月八日写竟,永晖寺尼智宝受持供养,比丘庆仙

| 图 24 428 窟东壁庆仙像并题记

抄讫。"晋昌郡即毗邻今日敦煌市的瓜州县，所以可以推测428窟建造于天和四年前后，正是建平公于义任瓜州刺史期间。在这座北朝最大的洞窟中，绘有1000多身供养人像，学界一般认为这就是《莫高窟记》所记载的"建平公窟"。

庄严素质　图写尊容：
北魏、西魏、北周洞窟的主要内容

北魏佛教兴盛，中原地区北魏石窟与佛教造像碑很多，造像题材十分丰富，尤以本生、佛传为多。敦煌北魏洞窟故事画题材有：

本生：尸毗王本生（257窟）、九色鹿本生（257窟）、萨埵太子本生（254窟）；

佛传：降魔变（254、260、263窟）、初转法轮（260、263窟）、难陀出家（254窟）；

因缘：须摩提女请佛因缘（257窟）、弊狗因缘（257窟）；

戒律：沙弥守戒自杀（257窟）。

北魏洞窟的尊像画也很丰富，在早期三窟中的272窟初次出现的牢度跋提继续大量存在（莫高窟壁画上共11身：北凉272窟；北魏251、254、257窟；西魏248、431、249、288窟；北周290窟；隋代304窟，其中248窟有两身），是敦煌早期弥勒上生信仰的一个组成部分。

北魏洞窟开始成对出现一组执雀外道、持骷髅外道，直到初唐才消失，一般位于佛座下两侧，一共画有30组，敦煌以外地区的石窟、造像碑中也有20多组。

持骷髅外道是鹿头梵志，画一外道举骷髅作观察状。《增一阿含经》卷二〇、《五分律》卷二〇等佛经记载外道鹿头梵志曾与佛在墓地讨论骷髅问题,大意是:一次,释迦带鹿头梵志至一墓地,共同分析五个骷髅,判定男女、死亡原因、治疗方法、死后往生之处等,五人死后分别往生地狱、畜生、饿鬼、人道、天生等五趣(五道,佛教还有一种六道的说法,则是加上阿修罗道),鹿头梵志一一知晓,但最后佛示以罗汉骷髅而鹿头梵志不能判定罗汉往生何处,于是佛向他解释此罗汉已断轮回,劝其信仰佛教,"快修梵行,亦无有人知汝所趣向处"。所以此持骷髅外道就是鹿头梵志,佛教通过这个故事来体现佛法的精深。

持鸟外道是尼乾子,画一外道持鸟于胸前,或举鸟作观察状,或举鸟过头顶,有的有头光。玄奘《大唐西域记》卷九记那烂陀僧伽蓝"其西垣外池侧窣堵波,是外道执雀于此问佛生死之事"。此事也见稍后义净著《大唐西域求法高僧传》。玄奘弟子普光《俱舍论记》卷三〇记载的执雀外道的故事较详细,云:"外道离系子以手执雀问佛死生。佛知彼心不为定,若答言死,彼便放活。若答言生,彼便舍杀。故佛不答。"原来执雀外道是离系子,但这一故事在佛传、《阿含经》等早期佛经中似乎没有记载,仅见南朝真谛(499—569)译《阿毗达磨俱舍释论》卷二三:"是故不可定为四答,譬如不记尼乾弟子握中之雀。"也是一笔带过,普光《俱舍论记》的解释是目前所知最具体的。上述资料表明,敦煌壁画上的裸形执雀外道是裸形外道尼乾子(离系子)。尼乾子是当时六师外道之一,势力很大,他执雀而问佛与鹿头梵志持骷髅而答佛正好是一对,一说明佛的智慧超群(尼乾子),一说明佛法的伟大(鹿头梵志)。在佛教造像中这两名外道一般都位于佛座两侧,曲身裸形,形象卑小,与高大端庄的佛像形成鲜明的对比,从而衬托释迦伟大、佛法精深。

西魏立国时间较短（535—556），但出现了许多新的题材，如乘象入胎、夜半逾城（佛传，431窟），施身闻偈（本生，285窟），五百强盗成佛、度恶牛（因缘，285窟），宾头卢度跋提长者姊（戒律，285窟）等。南朝画风的传来和中国传统神怪画题材的出现是西魏洞窟两个显著特点，249、285窟是西魏艺术的杰出代表。

285窟窟顶东披摩尼宝珠两侧画有伏羲、女娲，敦煌石窟仅此一见。北侧为伏羲，人首兽腿蛇尾，胸有一轮（现在看不出是否画有三足乌），左手持墨斗，右手持直尺（矩）。南侧为女娲，也是人首兽腿蛇尾，胸有一轮（现在看不出是否画有蟾蜍或月兔），双手各持一圆规。伏羲、女娲图像在汉代之前就出现，但从出土文物看，汉代及其以后数量多、分布广，一直流行到唐代。（唐）道绰《安乐集》卷下却记载伏羲、女娲是佛教宝应声菩萨、宝吉祥菩萨变的："《须弥四域经》云：天地初开之时，未有日月星辰，纵有天人来下，但用项光照用。尔时人民多生苦恼，于是阿弥陀佛遣二菩萨，一名宝应声，二名宝吉祥，即伏牺、女娲是。此二菩萨共相筹议，向第七梵天上取其七宝，来至此界造日月星辰、二十八宿，以照天下，定其四时，春秋冬夏。时二菩萨共相谓言：所以日月星辰、二十八宿西行者，一切诸天、人民尽共稽首阿弥陀佛，是以日月星辰，皆悉倾心向彼，故西流也。"原来285窟窟顶东披画的是宝应声菩萨、宝吉祥菩萨取摩尼宝珠造日月星辰、二十八宿。按：《须弥四域经》是一部南北朝时期编造的伪经，全经已佚。

249窟窟顶东披中央画摩尼宝珠，在莲花上长出六棱形宝珠，二力士身上有羽，托举莲花，下方是四兽，有长蛇缠绕的北方玄武、展翅奔跑的南方朱雀，由于画面残毁，不知是否画有东方苍龙、西方白虎。北披中央画东王公、南披中央画西王母，东王公坐四龙车，向西奔驰，一仙人骑龙前导，十三首龙身的"天皇"紧随车后。窟顶南披西王母坐三凤车，向西奔驰，一仙人骑凤前导，十一首龙身的"地皇"紧随车后。有的学者认为是帝释天与帝释天妃、也有的学者认为是帝释天与梵天。（东晋）顾恺之画的《洛神赋图》中，宓妃所乘的六龙云车与上述敦煌龙车、凤车有些类似，也许就是当时人们认为仙人们就是这样遨游太空的。

249、285窟还画有完整的三皇像，（东晋）王嘉《拾遗记》记载："（频斯国东）有大石室，可容万人坐。壁上刻有三皇之像，天皇十三头，地皇十一头，人皇九头，皆龙身。"这两个洞窟还有雷神、仙人等中国神话传说题材，将中国神话题材搬到佛教石窟，可能表示万物归佛的含义。

285窟西壁开三龛，主龛塑倚坐佛像，两侧龛塑禅僧，这样的塑像组合反映了弥勒信仰（《上生经》记载迦叶就是在山中禅定，等弥勒成佛时将释迦的袈裟传给弥勒，两身禅僧身后画有头光，一般来说，普通僧人是没有头光的，推测禅僧表示等待弥勒下生的佛弟子）。西壁的壁画题材多为印度教神，西壁主龛与南侧小龛之间的主要壁画是：最上是日天及其天众，日天的特征是四匹马两两相对在拉一辆车，车上坐一神，即日天。中部是毗纽天（韦纽天，那罗延天，坐姿，三面八臂，上二手托举日、月，中二手胸前作手印，下左手持法轮、右手持海螺），毗纽天下面是身份低一点的大梵天（坐姿，一面二臂，左手托盘，上有莲花，右手置胸前，不持物）、帝释天（坐姿，三目二臂，双手不持物）。与此相对应的主龛和北侧小龛之间的主要壁画是：最上为月天及其天众，月天的特征是四只天鹅两两相对在拉一辆车，车上坐一神，即月天。中部为摩醯首罗天（大自在天，湿婆神，三面六臂，骑青牛，发髻中有一背负风袋的风神，因为湿婆的前身是风暴之神），下为它的两个儿子鸠摩罗天（童子天，南侧，战神塞犍陀天，骑孔雀，四臂，持葡萄、公鸡、矛、三叉戟），毗那夜迦（北侧，象头人身，坐姿，无坐骑，二臂，左手置胸前，握一象牙，右手曲肘上举一钵，象鼻正在吸食钵中之物。手持象牙的来历是，诗人大广博在构思长诗《摩诃婆罗多》时，毗那夜迦帮他记录，途中将笔折断，情急之下，毗那夜迦将自己的象牙折断，蘸墨继续记录）。主龛与两侧小龛之间各画两身天王立像，其中毗沙门天王托塔，这是敦煌最早的画在一起的四大天王。上述这些神灵多数都有不凡的来历，孔武有力，成为佛教的护法神。

北周壁画题材比较丰富，出现一大批新的题材，如卢舍那佛、涅槃像、福田经变、牢度叉斗圣变等，尤其是本生、因缘、佛传故事画，情节多，内容丰富。本生故事有萨埵太子本生（299、301、428窟，已见北魏254窟），新出现的本生故事有：一角（独角）仙人本生（428窟）、须大拿太子本生（428窟）、须阇提太子本生（296窟）、善事太子本生（296窟）、睒子本生（299、301、438、461窟，西千佛洞12窟）等。因缘故事有五百强盗成佛因缘（296窟，已见西魏285窟），新出现的因缘故事有微妙比丘尼因缘（296窟）、梵志摘花坠死因缘（428窟）等。尤其是睒子本生多达5铺，显示与中国孝道思想的融合。

敦煌画中的卢舍那佛像有10多幅，最早出现在北周428窟南壁，而后除单尊像外，还出现在报恩经变、金刚经变、梵网经变中，而密教卢舍那佛并八大菩萨图的主尊也是卢舍那佛。428窟南壁卢舍那佛立像高1.7米，双肩上各画2身有头光的禅定佛，禅定佛下面各2身飞天，上述画面表示六道中的"天道"。佛胸口位置画二臂阿修罗立像，脚下海水不过膝，双手上举托日、月，这是表示"阿修罗道"。胸部直到膝盖处的袈裟上画山峦、房屋、僧俗人物，人物有坐者、行者、驱牛耕作者、弹奏琵琶者等,这是表示"人道"。袈裟下摆膝盖位置画鸟、猴、马等动物,表示"畜生道"。袈裟下方小腿处画刀山,表示"地狱道"。刀山之间画6个裸体人,作哀号状,表示"饿鬼道"。

卢舍那之意为日光遍照、遍一切处等,有宇宙佛之称,所以在造像上的一个重要特点是袈裟上有六道图像,表示此佛统摄宇宙(六道)。(东晋)佛陀跋陀罗译《华严经》卷六〇云:"尔时,善财见如是等不可思议自在神力。见已,欢喜踊跃无量,重观普贤。一一身分、一一肢节、一一毛孔中,悉见三千大千世界:风轮、水轮、火轮、地轮,大海宝山、须弥山王、金刚围山,一切舍宅,诸妙宫殿,众生等类,一切地狱、饿鬼、畜生,阎罗王处,诸天梵王,乃至人、非人等,欲界、色界,及无色界,一切劫数,诸佛菩萨,教化众生,如是等事,皆悉显现,十方一切世界,亦复如是。如此娑婆世界,卢舍那如来、应供、等正觉,所现自在力。"即卢舍那佛现自在神力,身上肢节乃至毛孔都会展示三千大千世界。古代佛教文献中所记载的"人中像"即是指佛身中画或刻有六道的造像。

睒子本生的原型来自印度古代史诗《罗摩衍那》第二篇"阿逾陀篇"第57、58章,后来被佛教所吸收,见《六度集经》卷五,《杂宝藏经》卷一,西晋圣坚译有独立的《睒子经》,另有一种失译者名的《睒子经》,与圣坚所译基本相同。睒子是梵文的意译,《大唐西域记》音译为"商莫迦"。翻译成现在口语就是"亮子""亮儿",因为他父母是盲人,就给他取了这么个名字,希望他眼睛明亮。玄奘《大唐西域记》卷二所记健驮逻(犍陀罗)国商莫迦菩萨故事即此本生故事:"化鬼子母北行五十余里,有窣堵波,是商莫迦菩萨恭行鞠养,侍盲父母,于此采果,遇王游猎,毒矢误中,至诚感灵,天帝敕药,德动明圣,寻即复苏。"故事情节并不复杂:睒子10岁时与盲父母前往深山修行,20

年间无有懈怠，一日身披鹿皮的睒子在河边汲水，为迦夷国王误伤而亡，国王看望睒子父母，盲父母来到睒子尸体边哀号，睒子孝行感动天神，释梵四王从天上来，以神妙药灌睒子口中，更生如故。最后佛告阿难："吾前世时，为子仁孝、为君慈育、为民奉敬，自致得成为三界尊。"由于内容简单，佛教造像中的情节也比较少。此故事流传甚广，《法显传》记载法显在师子国还见到睒子本生的演出，印度山奇大塔、阿旃陀石窟都有。睒子深山奉孝符合中国传统文化中的孝道思想，因此在中国也十分流行，二十四孝中的郯子鹿乳奉亲即脱胎于睒子本生。克孜尔石窟多达10余铺，云冈石窟第1窟、第9窟，麦积山石窟第127窟均可见到。在单体佛教造像碑中也有不少，最早有纪年的见于日本京都藤井有邻馆藏北魏太安元年（455）张永造像碑。

合州黎庶　造作相仍：
隋代敦煌石窟的营建

577年，北周灭北齐，统一北方。581年，北周贵戚杨坚篡权，建立隋朝，杨坚即隋文帝，年号开皇。589年，隋灭南陈，统一南方，结束了魏晋南北朝将近三百年的分裂局面。

隋代重视对西域的经营，607年，隋炀帝派裴矩到张掖主持贸易和联络西域各族。裴矩在张掖任职期间，结交西域官商，注意了解各国的自然、地理、风俗、礼仪、物产等，写成《西域图记》，书中记载了西域44个国家的情况及与中原王朝的密切关系，并招引西域的商人到长安、洛阳等地进行贸易活动。609年，在张掖一带举行盛大的国际贸易交易会，西域二十七国的商旅、使者云集甘、凉一带，隋炀帝亲临河西会见使者，张掖一带的百姓着盛装观看，队伍长达数十里，展现了河西的繁荣景象。

保留下来的文献资料和实物资料显示，隋代敦煌佛教十分兴旺。莫高窟现存大约有100多个隋代洞窟，完整的有80个左右，隋代洞窟形制少数继承早期的中心柱窟形式，如 292、427 窟。多数洞窟则是殿堂窟，如 244、419、420 窟等。隋代洞窟多数位于崖面二层以上，保存状况较好，保留下的画塑也较多。但有具体营建年代的隋代洞窟仅有三个：302 窟有开皇四年（584）纪年，305 窟有开皇四年和开皇五年纪年，282 窟有大业九年（613）纪年。419、420、427 窟等隋窟的画塑精美，敦煌隋代艺术与中原保持一致，万里同风（图 25）。

| 图 25　419 窟雕塑

超越三途　登临七净：
隋代敦煌佛教

隋代对敦煌进行直接、有效的管理，官员来自中央直接任命，如《隋书》卷五三记载刘方是长安人，583年以后任甘、瓜州刺史一直到仁寿（601—604）中。大将史万岁曾发配敦煌，在刘方的指挥下抗击突厥扰边，立下战功。敦煌官吏中还有南朝出身的周法尚。据《隋书·周法尚传》，周法尚担任敦煌太守年代大约为609年以后。1954年在西安郭家滩发掘清理隋代姬威墓，出土墓志表明墓主人姬威在大业三年（607）任龙泉太守，大业四年（608）转为敦煌郡守，一直到610年卒之日为止。从墓志铭文结合《隋书·房陵王勇传》来看，姬威是洛阳人，太子勇的幸臣。炀帝即位后任龙泉、敦煌二郡郡守。开皇十三年（593）独孤皇后异母兄独孤罗任使持节、总管凉甘瓜三州诸军事、凉州刺史。

隋代敦煌佛教还受到南朝影响。南朝佛教兴盛，最后一个朝代南陈也是佞佛之王朝。589年，隋灭南陈，迁一些南陈臣民至边州，其中就有敦煌，《资治通鉴》卷一七七记载："开皇九年（589）……帝以陈氏子弟既多，恐其在京城为非，乃分置边州，给田业使为生，岁时赐衣服以安全之。"其中长沙王叔坚等就迁到敦煌，《陈书》卷二八记载："长沙王叔坚，字子成，高宗第四子也……祯明三年（589）入关，迁于瓜州，更名叔贤。"隋代实边政策给敦煌等边远地区带来了中原、南朝的文化，隋代敦煌石窟所表现的艺术水平、佛教思想也说明敦煌与中原、南朝的密切联系。

敦煌藏经洞出土的文献中有一大批敦煌隋代写经，既有敦煌本地人写经，也有从中原传来的。

有的是敦煌僧人从中原抄回，如仁寿元年（601）瓜州崇教寺沙弥善藏在京（大兴城，长安城，今西安）辩才寺抄《摄论疏》（S.2048），尾题："仁寿元年八月廿八日，瓜州崇教寺沙弥善藏在京辩才寺写《摄论疏》，流通末代。"按：另一件敦煌写经显示，善藏在大业二年（606）还为亡母写一部《涅槃经》（S.2598）。

敦煌本土写经以开皇十五年（595）州省事董孝缵为亡父鸣沙县令董哲写经最有名，现存《大集经》卷五（日本大东急记念馆藏）、卷六

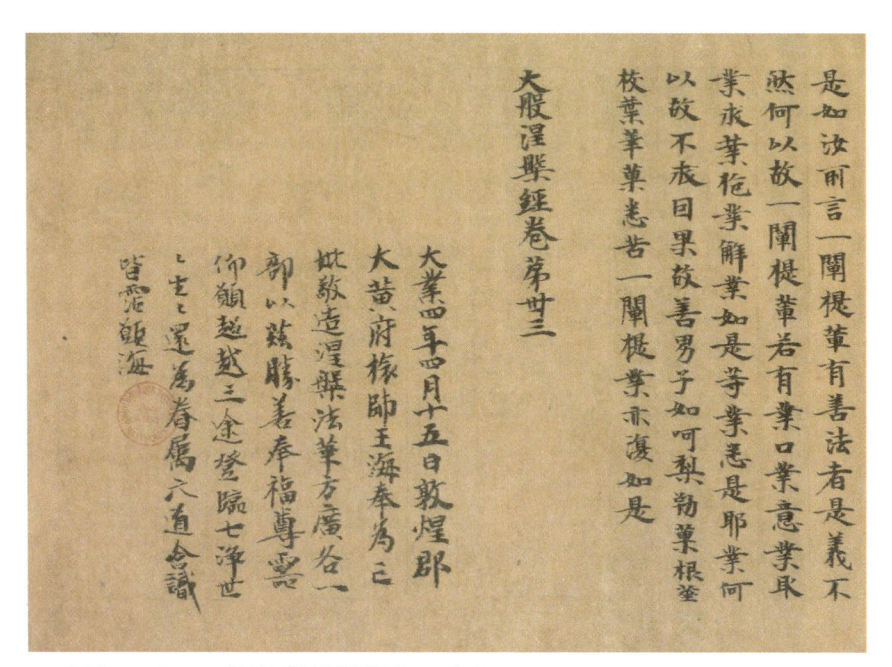

| 图26 P.2117《涅槃经》写经题记（608年）

(P.2866)、卷二〇（日本书道博物馆藏），卷二〇题记："弟子州省事董孝缵仰为亡考鸣沙县令董哲敬写。愿亡考及法界有形同成正觉。大隋开皇十五年岁次乙卯十月十九日写讫。"

大业四年（608），敦煌郡大黄府旅帅王海为亡母写《涅槃经》《法华经》《方广经》三部，现存《涅槃经》卷八（P.2205）、卷三三（P.2117）和《法华经》卷三（S.2914），其中2件《涅槃经》写经题记相同："大业四年四月十五日，敦煌郡大黄府旅帅王海，奉为亡姚敬造《涅槃》《法华》《方广》各一部，以兹胜善，奉福尊灵，仰愿超越三途，登临七净，世世生生，还为眷属，六道含识，皆沾愿海。"（图26）

还有一些隋代宫廷写经流入敦煌，如S.4020秦王妃写《思益经》，尾题共5行56字，可分两段，为："大隋开皇八年（588）岁次戊申四月八日，秦王妃崔为法界众生敬造《杂阿含》等五百卷，流通供养"；"员外散骑常侍吴国华监，襄州政定沙门慧旷校。"慧旷是隋代高僧，襄州人，"律行严精，义门综博，道俗具瞻，纲维是奇"，《续高僧传》卷一〇有传。秦王即杨俊(571—600)，为高祖第三子，《隋书》卷四五本传云其"仁恕慈爱，崇敬佛道，请为沙门，上不许"。其妃乃大将崔弘度（曾任襄州总管）之妹，事迹见《隋书》卷四五、七四等。但《隋书》又说杨俊好色，崔氏心生妒忌，下毒于瓜，杨俊积年而亡，遂赐死。

开皇九年（589）四月八日，皇后造《一切经》，部分流入敦煌，如《大楼炭经》（P.2413，天津艺术博物馆藏）、《佛说甚深大回向经》(S.2154)、《持世经》（上海博物馆藏）、《佛说月灯三昧经》（日本京都博物馆藏）、《太子慕魄经》（浙江博物馆藏）等，题记均为："大隋开皇九年四月八日，皇后为法界众生敬造《一切经》，流通供养。"这批皇后写经可能与开皇十三年（593）独孤皇后之兄独孤罗任使持节、

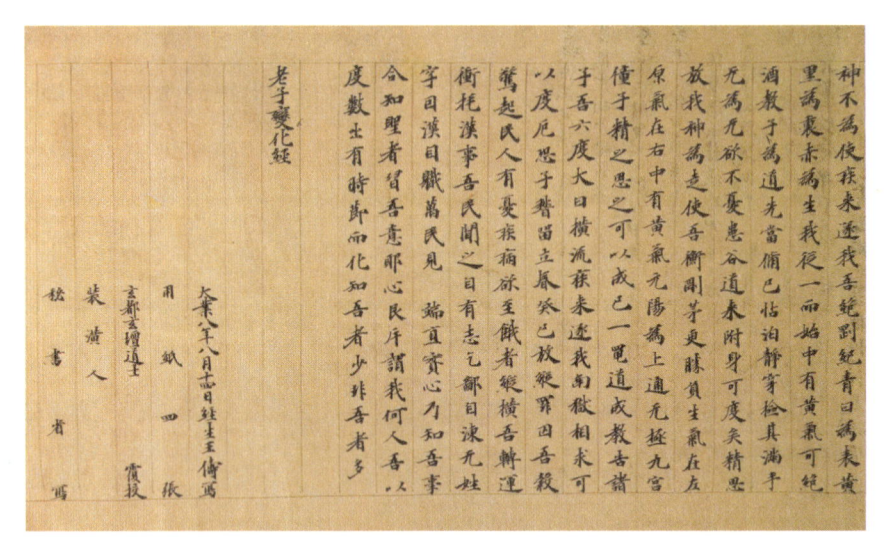

图27 S.2295《老子变化经》写经题记（612年）

总管凉甘瓜三州诸军事、凉州刺史有关。

敦煌还有若干道教写经。虽然隋代推崇佛教，但道教也甚为发达，但道教文献保存很少。S.2295《老子变化经》是一件宫廷写经，抄写于大业八年（612）（图27），首缺尾全，存101行。尾题：

大业八年八月十四日经生王俦写
用纸四张
玄都玄坛道士覆校
装潢人
秘书省写

现存的《道藏》未收《老子变化经》，赖敦煌藏经洞得以重见天日，学者一般认为是隋代才编辑的一部道经，反映了当时道教思想发展的真实情况，是研究中古道教的最重要文献之一。

隋文帝曾三次下诏建舍利塔。第一次是在仁寿元年（601）六月十三日，要求十月十五日全国三十州同时安放舍利，敦煌在第一次建舍利塔名单中。《广弘明集》卷一七还记载是年："高丽、百济、新罗三国使者将还，各请一舍利于本国起塔供养，诏并许之。"此后在仁寿二年、四年继续在全国建舍利塔，总数约110处。

《广弘明集》卷一七收有仁寿元年（601）《隋国立舍利塔诏》，提到设立舍利塔的三十个州的州名，其中就有瓜州，但未言寺院名。同卷所附王劭《舍利感应记》提到"瓜州于崇教寺起塔"，也未及崇教寺的具体位置。敦煌文献记载，崇教寺在莫高窟，圣历元年（698）李克让《李君莫高窟佛龛碑》（《圣历碑》）云："爰自秦建元之日，迄大周圣历之辰，乐僔、法良发其宗，建平、东阳弘其迹，推甲子四百他岁，计窟室一千余龛，今见置僧徒，即为崇教寺也。"P.2005、P.2695《沙州都督府图经》"祥瑞"条载："黄龙。右唐弘道元年（683）腊月，为高宗大帝行道。其夜，崇教寺僧徒都集，及直官等，同见空中有一黄龙见，可长三丈以上，鬐须光丽，头目精明，首向北升，尾垂南下。当即表奏，制为上瑞。"文中称"弘道元年腊月，为高宗大帝行道"，说明该寺具有官寺性质。该寺后来不见其名。

仁寿元年第一次颁发舍利的三十州中，瓜州是河西地区唯一的一州，也是当时三十州中最西面的一州。这与敦煌地理位置的重要性有关，（隋）裴矩《西域图记序》论及中西交通路线时云："发自敦煌，至于西海，凡为三道，各有襟带……总凑敦煌，是其咽喉之地。"敦煌佛教在颁舍利之前就很发达。隋代建造舍利塔后，大大推动了敦煌佛教的发展。莫高窟现存492个洞窟中，约有110个洞窟为隋窟或隋代补绘，显示隋代敦煌佛教的兴盛，这与在莫高窟建立舍利塔应该有关。

善喜、善藏是敦煌文献中出现的隋代敦煌僧人。善喜之名，仅见于

P.3720以及晚唐156窟前室墙壁上的《莫高窟记》："开皇年中，僧善喜造讲堂。"此《莫高窟记》的落款为咸通六年（865），P.3720为底稿。

净影慧远（523—592）原籍敦煌，与智者大师、嘉祥吉藏并称三大德，也是开皇七年（587）敕诏赴京弘法的六大德之一。《续高僧传·隋京师净影寺释慧远传》记载颇详："释慧远，姓李氏，敦煌人也，后居上党之高都焉。……《地持疏》五卷，《十地疏》七卷，《华严疏》七卷，《涅槃疏》十卷，《维摩》《胜鬘》《寿观》《温室》等，并勒为卷部，四字成句，纲目备举，文旨允当，罕用拟伦。又撰《大乘义章》十四卷，合二百四十九科，分为五聚，谓教法、义法、染、净、杂也，并陈综义差，始近终远，则佛法纲要，尽于此焉，学者定宗，不可不知也。……所流章疏五十余卷，二千三百余纸，纸别九百四十五言。"经当代学者梳理，见于记载的慧远著述约有16种（经疏11种、论疏4种、自著1种），其中自著《大乘义章》14卷最著名。《续高僧传·昙迁传》评价慧远是："于斯时也，宇内大通，京室学僧，多传荒远。众以《摄论》初辟，投诚请祈，即为敷弘，受业千数。沙门慧远，领袖法门，躬处坐端，横经禀义。自是传灯不绝，于今多矣。"

仁寿元年送舍利到敦煌的是京师静法寺僧智嶷，他曾受学慧远，《续高僧传·智嶷传》记载："释智嶷，姓康，本康居王胤也。国难东归，魏封于襄阳，因累居之，十余世矣。七岁初学，寻文究竟，无师自悟，敬重佛宗。虽昼权俗缘，令依学侣，而夜私诵《法华》，竟文纯熟，二亲初不知也。十三拜辞，即蒙剃落。更谘大部，情因弥著。二十有四，方受具足。携帙洛滨，依承慧远。传业《十地》及以《涅槃》，皆可敷导。后入关中，住静法寺。仁寿置塔，敕召送于瓜州崇教寺。初达定基，黄龙出现于州侧大池，牙角身尾，合境通瞩，具表上闻。嶷住寺多年，常思定慧，非大要事，不出户庭。故往参候，罕睹其面。末以年事高迈，励业弥崇。寺任众务，并悉推谢。唐初卒也，七十余矣。"按：有学者认为智嶷送舍利后就滞留在敦煌，似欠妥，因为他安置后应回京城复命，在敦煌滞留时间很短，"住寺多年"之寺当为京师静法寺。隋代派智嶷送舍利到敦煌，而智嶷祖先是中亚康居国人，或许出于敦煌是"华戎所交一都会"的考虑。

西域僧人达摩笈多曾在敦煌居住过，而后隋文帝请他去首都弘法。（唐）靖迈《古今译经图纪》卷四"达摩笈多"条记载："开皇十年（590）来届瓜州，文帝延入京寺。"他翻译了一些佛经，其中有《药师经》，隋代敦煌出现药师图像与达摩笈多在瓜州的活动或有关联。

含生之类　普登正觉：
隋代敦煌石窟的营建

隋代敦煌洞窟大约有110个，研究人员将比较完整的约80个隋代洞窟分为三期：

一期窟：7个。250、266、302~305、309窟；改绘北朝268窟。

二期窟：33个。253、262、274、292、293、295、312、315、402~407、410~414、416~423、425、427、429、433、434、436窟。其中420窟为三龛窟，292、427窟为中心柱窟，其余均为一龛窟。

三期窟：40个。56、58、59、62、63、64、244、255、276~284、298、313、314、317、318、362、379、383、388~401、426窟。

未列入分期的隋窟还有30个左右，多数不完整，如415窟窟顶底层露出隋代藻井、千佛。424窟实际上是423窟前室一龛，存若干隋画。306、307、308窟为一组，307窟北壁、东壁门北存隋画供养人，北壁存隋画千佛一角。306、308窟则没有隋代痕迹，估计也是隋窟。其余隋窟多数是残存或从晚期覆盖壁画层下露出壁画，如289、310、311、376、408、415、451、453、455、456窟等。另外，西千佛洞一些洞窟也存有隋画痕迹，但数量很少。

隋代敦煌洞窟中有3个洞窟有纪年，它们对于判定其他洞窟的时代具有重要的标尺作用。

302窟开皇四年（584）纪年。主室进深3.9米，南北宽3.5米，此窟窟形比较特殊，主室前部人字披顶，后部平顶，窟中央设方座，高1.2米，宽1.1米。方座上是四方佛龛，高和宽均为0.8米，四龛主尊均为禅定佛（后修）。佛龛顶承接须弥山，须弥山为圆形七级倒塔状，连接窟顶，高1.1米，下方塑出四龙，环绕须弥山。相邻303窟也是此窟形，敦煌仅此2例。中心柱北向面下方有开皇四年发愿文6行：

1.……供……□□（中窟）

2.……内心……□□（造窟）

3.□□（割）□□□（财敬）……一躯及诸……

4.萨圣□（僧）……□（愿）□□□□□□（及所生父）

5.母亲知识含生之类普登正觉

6.开皇四年六月十一日

305窟开皇四年纪年。这是个小窟，主室东西进深3.9米，南北宽3.7米，窟中央设一高0.7米，长宽均为1.3米的方坛，原塑像失，今存清塑5身。三壁开龛。南壁龛下有开皇四年发愿文7行：

1.□（开）皇□□□（四年三）月十五日清信士宋愿云香……等

2.……苦海若不□□□（三）宝无以□

3.……□□□（敬造南）方宝相佛子二□（菩）

4.佛□像一□（区）愿一切含生□

5.亡父母见在家眷俱登正觉……

6.……州佛之像

7.……供养

北壁龛下发愿文 2 方，均有"开皇五年元月"纪年，其中西侧一方还有"□德佛"，应该是指北方相德佛。西壁北侧发愿文中有"大业元年（605）八月十六日"题记。该窟其他供养人题名不少，是隋代现存供养人题名最多的洞窟。

282 窟大业九年（613）纪年。这也是个小窟，主室平面方形，进深、宽均为 2.7 米，窟顶前部平顶，后部人字披顶，西壁开龛。窟顶画千佛，西壁龛内塑一结跏趺坐佛二弟子二菩萨，南北壁西侧各塑一立佛二菩萨。西壁龛下有大业九年发愿文 8 行：

1.……

2.……

3.□□□□相□□释迦像及二菩

4.萨四天王……就□□

5.……法界□生□七世父母所生

6.父母□□□一时成佛

7.……大业□（九）年七月十一日造讫。

8.……

除上述 3 个洞窟有纪年外，还有一些洞窟的供养人题记比较重要。

281 窟"大都督王文通供养"题记。该窟主室平面方形，东西进深、南北宽均为 2.6 米，不开龛。现存外表壁画为宋或西夏重绘，底层露出隋代壁画，其中南壁西起隋代男供养人 3 身，榜题分别是："亡父□大都督……王……""大都督王文通供养""□息善生供时"。

390窟"幽州总管府长史"题记。该窟主室东西进深6米，南北6.2米，这是较大的隋窟，画塑题材也比较奇特。该窟隋画供养人像很多，五代在隋供养人下方也画大量供养人。西壁龛下北侧画3身引导僧（可见3身，或许前面还有，壁面毁），持物不明（第三身似双手持无柄的手香炉），后面4组男供养人，均手捧供器，1~3组供养人有2身侍从，第4组有4身，侍从的形象很小，举扇盖或笼袖尾随。此后的供养人行列在北壁，与上述西壁供养人属于同一组。第5~9组（北壁西起第1~5组）男供养人均捧供器，均有侍从，依次是1主2从、1主4从、1主4从、1主2从、1主2从。后面供养人也多带侍从，此略。其中第7组（北起第3组）一主4从，题名："□□□□幽州总管府长史□□□□□□供养"，希望将来有可能将上述不确定的10字释读出来。北起第29身供养人题名："……使时仕师"，含义不明。其余供养人题名漫漶。

幽州总管府原为北齐东北道行台，577年北周灭北齐，改为幽州总管府，《周书》卷六记载建德六年（577）二月："及于河阳、幽、青、南兖、豫、徐、北朔、定，并置总管府。"605年废各地总管府，径称州，607年改州为郡。618年唐代立国，改郡为州，"边要之地置总管以统军"。624年改大总管府为大都督府。也就是说，幽州总管府存在的时间是577—605年和618—624年。

幽州是北方重要的军事重镇，主要防御突厥入侵，《隋书》卷八四记载开皇初年："沙钵略勇而得众，北夷皆归附之。及高祖受禅，待之甚薄，北夷大怨。会营州刺史高宝宁作乱，沙钵略与之合军，攻陷临渝镇。上敕缘边修保鄣、峻长城以备之。仍命重将出镇幽、并。"敦煌与幽州距离较远，这条"幽州总管府长史"题记值得进一步探讨。很可能是，北周瓜州刺史李贤有子李询、李崇，《隋书》记载李崇开皇三年任幽州总管，李贤后人在唐初复迁居敦煌，幽州总管府长史或指李崇，则390窟或许与李家存在关联。

62窟的供养人题记。此窟南壁因建61窟而彻底毁坏，西壁北端至北壁、东壁北侧为一组供养人像，共22身。第一身为引导僧普济，后面是亡祖成天赐、亡父成僧奴、亡兄成□□、亡兄成保相、亡兄成波相、成陀罗本人、弟文达等（图28），从供养人题名看，是成氏家族开凿的。这22身供养人像的题名多数保存下来，是研究隋代石窟的重要资料，抄录如下：

1. 比丘普济供养；
2. 亡祖成天赐供养；
3. 亡父成僧奴供养；

（4—6身供养人题记模糊）

7. 亡兄成□□□；
8. 亡兄成保相供养；
9. 亡兄成波相供养；
10. 信士成陀罗供养；
11. 弟文达供养；
12. 亡息阿路仁供养；
13. 息清□供养；
14. 孙子张慈烦供养；
15. 孙子张睹仁供养；
16. 亡母赵桃根供养；
17. 妻索玉思供养；
18. 女阿文供养；

| 图28　62窟供养人像

19. 女阿高玉供养；
20. 女阿足供养；
21. 亡女阿内供养；
22. 亡女阿亥供养。

278窟"比丘坚义"题记。278窟主室东西进深3.3米，南北2.7米，东壁门上画七佛，南起第三佛与第四佛之间的下方题写有"□□□□（比丘坚义）"4个小字（笔者对此4字的释读尚不能确定），其余诸佛附近没有发现题记痕迹，从字体颜色看，似乎是当时题写，但从位置上看，这条题记似乎有些不合常理，我们尚无法给出满意的解释。

莫高窟在隋代开凿的洞窟多数是数米见方的小窟，墙壁上多数画千

图29 427窟主室全景

合州黎庶　造作相仍：隋代敦煌石窟的营建

佛、说法图，大约是一般民众信徒开凿的功德窟。大型的洞窟有244、292、419、420、427等窟，虽然数量不多，但艺术都十分精湛，可能属于官窟或高僧开凿的洞窟，其中292、427窟可能是当时的官寺崇教寺修建的洞窟。

292、427窟均为中心柱窟，坐西向东，中心柱东向面、南壁前部、北壁前部各塑立佛一铺，组成三佛造像。两窟大小也相同，292窟主室进深10.4米，南北6.9米，427窟进深10.5米，南北7.2米。塑像也相同，中心柱正壁均不开龛，其余三壁各开一龛。正壁前塑一佛二菩萨，与南壁前部、北壁前部各塑的一佛二菩萨组成三佛组合，两窟的粉本存在着明显的关联，尤其是主室的尺寸是完全一样的，令人关注。（图29）

两窟中心柱南、西、北面下部画比丘立像。这些比丘可能具有特殊身份，292窟的比丘是有头光的，具有圣僧的特征。我们知道，普通僧人是没有头光的。有些"比丘"手持宝珠，并且一些莲花中有宝珠，摩尼宝珠非

139

僧人日常器物，而是传说之物。并且，这些比丘形象高大，我们知道，中唐（蕃占时期）之前，敦煌现存的供养人像除130窟外，都是比较小的。这些"比丘"所着袈裟的款式、颜色均不同，持物繁多，姿势各不相同，似乎为了体现身份不同，用心良苦。292、427窟中心柱上所绘僧人的服饰多不相同，可辨明的器物有：净瓶（10件）、各式香炉（10件，其中手炉即手捧式香炉2件，每窟一件）、香囊8件、香宝子（2件，均在292窟，另外在427窟有一件带香宝子的长柄香炉）、念珠（10件）、麈尾（1件，427窟无）、锡杖（2件），还有花盘、宝珠、莲花等。凡此种种，我们推测427、292窟中心柱上所绘20多身僧人可能是当时流行的祖师像。释迦涅槃后，迦叶、阿难等弟子将佛法一对一地代代相传，到公元四、五世纪，已经传承50多人，祖师传承资料主要见于（东晋）佛陀跋陀罗译《达摩多罗禅经》、（北魏）吉迦夜共昙曜译《付法藏因缘传》、（南梁）僧伽婆罗译《阿育王经》、（南梁）僧祐《出三藏记集》等，吉迦夜共昙曜译《付法藏因缘传》所记载的传法25祖最为流行，许多石窟有此题材。292、427窟的祖师数量略多于25人，可能另有依据。

相比之下，隋代281窟是个进深2.6米，南北2.6米的小窟，南壁男供养人题记中有"大都督王文通供养"，推测292窟、427窟的工程量是281窟的几十倍，建造者实力一定比大都督王文通还大得多，它们的窟主是谁呢？

《广弘明集》和《续高僧传》记载隋代仁寿元年（601）曾在敦煌崇教寺建舍利塔，又据《释氏稽古略》记载，隋文帝于开皇十三年（593）曾诏令"于诸州名山之下，各置僧寺一所，并赐庄田"。也许崇教寺即在开皇十三年敕建之官寺，那么，八年后，在崇教寺安置敕颁之舍利，顺理成章。可能此二窟与舍利供养有关，也即与崇教寺有关。二窟中心柱所绘传法高僧图也许还有礼拜舍利的含义。

风格精密　动若神契：
隋代敦煌壁画题材与风格

隋代政治统一南北，南北文化也趋统一。《历代名画记》卷八曾将南方的董伯仁与北方的展子虔进行比较："初，董与展同召入隋室，一自河北，一自江南，初则见轻，后颇采其意。"又记载展子虔的画有"法华变（白麻纸）、长安车马人物图、弋猎图、杂宫苑、南郊白画、王世充像、北齐后主幸晋阳图、朱买臣覆水图，并传于代。"董伯仁的画有"周明帝畋游图、杂画台阁样、弥勒变、弘农田家图、隋文帝上厩名马图，传于代"。一些题材是相同的，如法华变与弥勒变、弋猎图与畋游图等。敦煌隋代洞窟中的造像题材与艺术风格出现许多新的因素，明显受到中原的影响。

隋代洞窟虽多，但壁画题材相对单一，多数洞窟主要是画千佛图像和说法图。故事画集中在302、417、419窟等少数几个洞窟中。302窟窟顶画有毗楞竭梨王本生、虔阁尼婆梨王本生、月光王本生、快目王本生、尸毗王本生、睒子本生、萨埵太子本生、婆罗门施身闻偈本生等，数量最多。417窟窟顶有睒子本生、萨埵太子本生、流水长者子本生等。423窟窟顶有须大拿太子本生、427窟中心柱龛沿有须大拿太子本生、433窟西壁龛沿有睒子本生（今藏俄罗斯），没有因缘故事画和戒律画。上述诸本生故事画只有流水长者子本生是新出现的，并且与《金光明经》关系密切。

流水长者子本生。（北凉）昙无谶译《金光明经》卷四包含流水长者子品、舍身品、赞佛品、嘱累品等4品。流水长者子品讲述流水长者子是一名游医，他带着两个儿子水空、水藏行医城邑间。一次，见无数动物奔向一处，他们好奇地跟着去看，才知一水池行将干涸，一万池鱼命在旦夕，动物汇聚岸边等待吃鱼。流水勘察后发现有人为了捕鱼而将水源切断，需要90天才能将水坝挖开，流水心存慈悲，于是向国王借来20头大象运水，池满鱼活。流水又从家里运来食物供鱼食，并为池鱼讲述十二因缘。后来鱼死，因闻法故，往生天上，成为天子，并在深夜向流水奉献宝珠、璎珞。流水惊奇之余，派儿子去水池查看，知池鱼同时命终，大约还是一次集体灾难（干涸或其他原因）。"尔时世尊告道场菩提树神：善女天，欲知尔时流水长者子，今我身是。长子水空，今罗睺罗是。次子水藏，今阿难是。时十千鱼者，今十千天子是，是故我今为其授阿耨多罗三藐三菩提记。尔时树神现半身者，今汝身是。"417窟窟顶西披画有7个情节：1.城邑行医。2.动物趋池。3.注水救鱼。4.取食救鱼。5.为鱼说法。6.天子献宝。7.儿子禀父。

上述流水长者子本生的绘画表现形式完全是早期本生故事画的式样，但由于对应的窟顶东披画萨埵太子本生，而后者见于《金光明经》的舍身品，此品紧接着流水长者子品，二品同属《金光明经》，故它们合起来可称"金光明经变"。这铺金光明经变可能与当时敦煌佛教历史有关。《资治通鉴》卷一八一记载大业五年（609）六月隋炀帝西巡张掖。初唐道宣《续高僧传·慧乘传》记载慧乘（555—630）也随驾张掖："太尉晋王于江都建慧日道场，遍询硕德，乘奉旨延住，仍号家僧。后从王入朝，频蒙内见。……及晋王即位，弥相崇重，随驾行幸，无处不经。大业六年,有敕郡别简三大德入东都于四方馆。仁王行道,别敕乘为大讲主,三日三夜兴诸论道,皆为折畅,靡不冷然。从驾张掖,蕃王毕至,奉敕为高昌王麴氏讲《金光明》,吐言清奇,闻者填咽,麴布发于地,屈乘践焉。"慧乘讲《金光明经》,说明当时该经受到重视,417窟出现依据《金光明经》绘制的图像,并非空穴来风。

佛传故事是佛教壁画重要题材,降伏毒龙就是新出现的题材。305窟西壁龛外南侧画一佛四菩萨说法图,主尊佛交脚坐,右手托钵,钵内有一条盘蛇(龙),左手屈肘,掌心向下,欲按住状,这是释迦降服毒龙故事。《增一阿含经》卷一四、卷一五记载释迦度最初五人后,前往优留毗村,住在一个石室,夜里毒龙吐火,"尔时世尊入慈三昧,从慈三昧起,入焰光三昧。尔时龙火、佛光一时俱作。……尔时世尊入慈三昧,渐使彼龙无复瞋恚。时彼恶龙心怀恐怖,东西驰走,欲得出石室,然不能得出石室。是时彼恶龙来向如来,入世尊钵中住。是时世尊以右手摩恶龙身。……时世尊以此神龙著大海中,而彼恶龙随寿长短,命终之后,生四天王天上。是时如来还止石室。"如果剔除神话色彩,大约就是释迦成佛后,无处栖身,将一山洞的毒蛇烧死(龙火),将遗骸"著大海中",打扫干净,"还止石室"。380窟北壁说法图中的主尊也是手托一蛇(龙)。敦煌石窟降服毒龙的故事画只有这两幅。

南北朝后期开始出现经变画,所谓经变画就是将佛经进行图解,变经文为佛画。北齐和南梁时期的佛教造像中有一些维摩诘经变、法华经变、西方净土变、弥勒经变,所表现的内容不多。敦煌在北周时期就出现牢度叉斗圣变、福田经变,但数量不多,到了隋代经变画才成为佛教艺术的重要题材。隋代敦煌的经变画有金光明经变、福田经变、药师经变、弥勒经变、西方净土变、维摩诘经变、法华经变、涅槃经变等。

药师经变是新出现的题材,药师佛在东方净琉璃世界说法,显然这与阿弥陀佛在西方极乐世界说法相对应。《药师经》描绘："此药师琉璃光如来国土清净，无五浊、无爱欲、无意垢，以白银、琉璃为地，宫殿楼阁，悉用七宝，亦如西方无量寿国无有异"，自然也是一方净土世界。敦煌没有发现隋代以前的药师图像，但有《药师经》的抄经记录。及至隋代，出现了药师图像，394、417、433、436窟绘有药师经变，302窟绘有药师说法图两铺。从此，药师图像绘制不绝，直到西夏时期。敦煌壁画和敦煌纸绢画中，一共为我们留下了100多铺药师经变、几百幅药师单尊像。另外，敦煌遗书中还有3件药师经变榜题底稿和约300件的《药师经》写本等。隋代的药师经变比较简单，主要由药师佛、日曜菩萨和月净菩萨、八大菩萨、十二神将、灯轮、长幡构成。其中，西方净土世界的引导者——八大菩萨只在一铺药师经变中出现（417窟），显然可以理解为此时净土往生没有成为药师信仰的目的。

莫高窟隋代有8铺弥勒上生经变，分布在262、416、417、419、423、425、433、436窟，均为描绘弥勒在兜率天宫说法情景的上生经变，一般绘于窟顶，画一殿堂，表示兜率天宫，弥勒着菩萨装，交脚坐于大殿中央，殿两侧楼阁有天王守护、天人弹奏乐器；殿外两侧有弥勒为刚往生者摩顶授记、弥勒作思惟状等内容。最为奇特的是，一些作为主尊的弥勒手执净瓶（417、419、425窟），而执净瓶弥勒在中原并不流行，主要出现在中亚一带，敦煌也仅见于隋代的弥勒经变中。敦煌执净瓶的弥勒形象显示此时敦煌的佛教艺术受到中亚佛教艺术的影响，这是当时丝绸之路畅通的产物。

莫高窟隋代有1铺弥勒下生经变，位于62窟北壁。内容有迦叶禅窟、罗刹扫地等下生信仰内容，没有上生内容，是敦煌最早的弥勒下生经变。419窟弥勒经变的内容与其他上生经变类似，但残存榜题有"马宝"等字样，画面上有身上出火、飞行空中的迦叶形象，似乎419窟的弥勒经变已经包含有下生内容，应该称弥勒上生下生经变。

西方净土信仰之初就有无量寿佛的单体造像，至于大幅西方净土经变图像，大约出现在北齐南响堂山。南响堂山石窟第1窟、第2窟为同时开凿的"双窟"，大小相当，窟形和题材类同。均为前室窟门上方浅浮雕西方净土变。小南海石窟中窟西壁刻一立佛二立菩萨，主尊为阿弥陀佛，有浮雕九品往生及榜题为证。"九品往生"榜题共11条，有9条存文字，根据"□品往生""上品中生""上品下生""中品上生""中品中生，中品□□""下品往生""八功德水""五百□□（宝楼）"等榜题，我们知道中窟的西方净土图像是根据《观经》雕刻的。

敦煌隋代绘塑中可以判明的西方净土图像不多，393窟的西方净土经变最值得关注。这是一个小窟，平面方形，覆斗形顶，不设龛，东西进深1.7米，南北宽1.8米。正壁（西壁）通壁绘西方净土变：主尊为结跏趺坐说法佛，左右各有一大菩萨侍坐，周围莲池上有四化生及瑞禽，后部有一佛二菩萨说法图4组。这铺西方净土经变是根据《观无量寿佛经》绘制的。

释迦涅槃是释迦生涯的一个组成部分，佛教思想与佛教造像上特别注重对释迦涅槃的叙述，（北凉）昙无谶译《大般涅槃经》多达40卷之巨。严格说来，所谓涅槃经变应该属于佛传。在佛教图像研究上，有时单独将依据《涅槃经》绘制的佛传称作涅槃经变。相关释迦涅槃的经典很多，昙无谶译本是流行本。敦煌北朝洞窟中有2铺涅槃图像，见于北周428窟、西千佛洞北周8窟。隋代有4铺，见于280、295、420、427窟，其中420窟内容比较多，属于涅槃经变，其余3铺和北朝2铺属于单幅涅槃图。

420窟涅槃经变位于窟顶北披。北披东侧是法华经变的灵鹫山图、释迦多宝并座说法、普门品等。西侧及西披北侧则是涅槃经变，主要内容有：1.如来放光，昭示涅槃，大众悲号，心大忧恼。2.四众弟子供养。3.优婆塞、宝车、宝幢等供养。4.王夫人、象宝、宝珠等供养。5.龙王供养。6.鬼神王供养。7.鸟王供养。8.阿修罗王供养。9.风神王供养。10.象王供养。11.诸鸟供养。12.牛王供养。13.海神、河神供养。14.四大天王供养。15.三十三天供养。16.魔王供养。17.大自在天供养。18.双树变白，自然化出七宝堂阁，如忉利天欢喜之园。19.大众因意乐美音佛见其余九方佛世界。20.须跋陀罗身先入灭。21.密迹金刚闷绝倒地。22.佛母奔丧。23.佛为迦叶伸二足。24.力士举棺。25.焚棺。

维摩诘经变。敦煌石窟共有维摩诘经变73铺，其中莫高窟68铺，也是绘制较多的一种经变，一般依据鸠摩罗什译《维摩诘所说经》绘制。两晋张墨、顾恺之曾画维摩诘像，尤其是顾恺之在瓦棺寺所画维摩诘像，家喻户晓。至于维摩诘经变要推南朝袁倩为最早，《历代名画记》卷六记载他曾画"《维摩诘变》一卷，百有余事，运思高妙，六法备呈，置位无差"。有学者提出莫高窟西魏249窟窟顶西披壁画是维摩诘经变，可备一说。可以肯定为维摩诘经变的要到隋代，主要画面是维摩诘与文殊对谈形式出现。到了唐宋时期，规模宏大，内容和情节也更加丰富，但主要构图形式仍然是维摩诘与文殊的对谈场面，其他内容画在周边。

隋代维摩诘经变见于262、276、277、314、380、417、419、420、423、425、433窟，共计11铺。经文分14品（佛国品、方便品、弟子品、菩萨品，以上为卷上；文殊师利问疾品、不思议品、观众生品、佛道品、入不二法门品，以上为卷中；香积佛品、菩萨行品、见阿閦佛品、法供养品、嘱累品，以上为卷下），除最后一品（嘱累品）没有发现有绘制外，敦煌壁画中可以见到13品的内容。隋代入画内容有佛国品、方便品、文殊师利问疾品、香积佛品、见阿閦佛品等。文殊师利问疾品是该经变的主要入画内容，以文殊、维摩诘对谈的形式出现。上述11铺维摩诘经变均有这一情节，其余诸品很少画出。

《法华经》是一部重要的大乘经典，在中国广泛流行，通行本是鸠摩罗什译的《妙法莲华经》，全经7卷28品，以《观世音菩萨普门品》和《见宝塔品》最著名。敦煌石窟有34铺，其中莫高窟有31铺。《法华经》是佛教造像中最著名的题材之一，释迦多宝并坐说法图是法华造像主题，最早有具体纪年的释迦多宝并坐像是北燕太平二年（410）李普造金铜像，背面发愿文："太平二年九月十一日李普为父造像一躯供养"。最早的法华经变可能是四川博物院藏南朝造像中的一件双观音造像碑，背面刻有许多《法华经·观世音菩萨普门品》内容。敦煌北朝洞窟的法华图像不多，均为释迦多宝并坐像，见于北魏259窟（正壁雕塑）、西魏285窟、北周428、461窟，西千佛洞8窟也有一铺。隋代释迦多宝并坐像见于276、277、303、394窟，独立的观音经变（法华经观世音菩萨普门品变）见于303窟，有35个画面（一说38个，一说44个），表现观音救苦救难、三十三变化身。419、420窟窟顶的法华经变则包含有若干品的内容，学者一致认为这两窟的法华经变粉本来自中原。419窟窟顶法华经变画有譬喻品、化城喻品。420窟窟顶的法华经变画有序品、方便品、譬喻品、见宝塔品、普门品等5品。

疏密二体。敦煌隋代壁画多数构图合理，疏密得当，但有一些洞窟壁画具有密体画、疏体画的风格，令人关注。如419、420窟窟顶的画面密密麻麻，这是当时流行的"密体画"。《历代名画记》卷二中说："若知画有疏密二体，方可议乎画。"卷一提到："中古之画，细密精致而臻丽，展、郑之流是也。"即密体画以隋代著名画家展子虔、郑法士为代表，此画风属于"中古之画"，即南北朝流行的风格，《历代名画记》卷八提到北周冯提伽的画风是"风格精密，动若神契"。张彦远本人认为他擅长器物与自然景物："彦远按：提伽之迹，未甚精密，山川草树，宛然塞北，车马为得意，人物非所长。"密体之画，自然难以表达人物的细部表情。419、420窟窟顶的法华经变有许多情节，每个情节的画面不大，密集紧凑，人物活动在山川屋宇之间，这种"密体画"画风是中原艺术风格直接、迅速传到敦煌的一个可靠例证。

相对于密体画，隋代还流行一种疏体画，顾名思义，就是画面疏朗简洁的一种画风，《历代名画记》卷八叙述北齐杨子华的画风时，引阎立本的评语是："阎立本云：自像人已来，曲尽其妙，简易标美，多不可减，少不可逾，其唯子华乎。"隋代276窟为覆斗形窟，西壁开一龛，该窟壁画是疏体画的代表，北壁在高2.2米、宽3.1米的壁面上（不含下方供养人、药叉部分，高0.8米），通壁只画了一主尊菩萨二胁侍菩萨共三尊像，主尊是化佛冠的弥勒倚坐像。南壁面积相等，通壁画一佛二弟子二菩萨共五尊像。龛外两侧画维摩诘经变：南侧文殊菩萨，北侧维摩诘居士，这也是最简略的维摩诘经变。观此窟壁画，山石人物，多一人一景则杂乱，少一人一景则有缺，属于简易标美之作。窟不大，然今人论隋代艺术而必及之。其余比较有代表性的疏体画还见于313、380、394等窟。

与密体画"人物非所长"不同的是，疏体画中的人物形象高大，注重人物的性格描绘，而背景相对简略。276窟北壁说法图中，主尊魁梧端严，菩萨、弟子次第肃立在两侧。树木弯枝残断，有苍老之状，华盖简略而有飘浮之感，飞天徘徊云间而显娇小轻盈。由于树木、华盖、飞天画面较小较简单，衬托出主尊、菩萨、弟子形象的高大，整铺说法图显得开阔辽远。

丹青妙绘：唐前期敦煌石窟的营建

隋朝是个短暂的朝代，取而代之的唐朝则延续了近300年。唐代是人类历史上最伟大的朝代之一，鲁迅在《看镜有感》中评说汉唐文化是："汉唐虽然也有边患，但魄力究竟雄大，人民具有不至于为异族奴隶的信心。或者竟毫未想到，凡取用外来事物的时候，就如将彼俘来一样，自由驱使，绝不介怀。"又在《论旧形式的采用》中评说唐代艺术时说："在唐，可取佛画的灿烂，线画的空充和明快。"他主要是从大量文学资料和画史资料中得出这一结论，而莫高窟有唐代洞窟约270个，唐前期的敦煌艺术与中原保持一致，大量的画塑展示了唐代佛教艺术的灿烂辉煌。

唐代的敦煌艺术一般分为四个阶段：自建国至武周政权结束的705年为初唐；自705年至786年吐蕃占领敦煌为盛唐；吐蕃占领时期为中唐（蕃占时期，786—848年）；848年张议潮起义至张承奉建立金山国为晚唐（张氏归义军时期，848—910）。

唐前期约160年间，粗分则是初唐、盛唐，细分则有初唐早期、初唐晚期、盛唐早期、盛唐晚期等四期。

第一期，当在唐高祖、太宗、高宗初期这个时期，新开洞窟14个，完成的有12个：57、60、203、204、206、209、283、287、322、373、375、381窟，未完工的有两个：329、386窟。另外，续修隋代401窟。

第二期，以第220、386、335、96、332等窟为代表的第二期洞窟，应修于太宗以后，主要在高宗至武则天时期，新开洞窟26个，完成的有21个：68、71、75、77、210、211、220、242、321、331、332、333、334、335、338、339、340、341、342、371、372窟；未完工的有5个：96、202、205、387、448窟。另外，续修西魏431窟和第一期的329、386窟。

第三期，大致在中宗、睿宗、玄宗前期开元时期，新开洞窟44个。完成的有34个：39、41、42、43、48、49、50、51、52、66、103、109、116、119、120、122、123、124、125、130、208、213、214、215、217、219、319、323、328、374、444、445、446、458窟；未完成的有10个：45、46、117、121、212、216、218、225、320、384窟。另外，续修前代96、205、333、387窟等。

第四期，其上限早不过天宝，下限当晚不过沙州陷蕃的贞元二年（786），新开洞窟34个，完成的只有13个：23、31、33、74、79、113、148、162、165、171、172、182、194窟；未完成的多达21个：26、32、44、47、91、115、126、129、164、166、169、170、175、176、179、180、185、188、199、264、460窟。另外，续修前代洞窟两个：45、320窟。

上述4期洞窟总数约110个，与隋窟数量相当，但唐前期洞窟的窟形要比隋窟大，内容也丰富得多。有20多个洞窟的开凿时间大致可考，占总数五分之一，其中220、332、335窟等洞窟有具体的开窟时间，是唐前期洞窟石窟研究的重要材料。

庄严素质　图写尊容：
初唐早期敦煌石窟的营建

唐前期的敦煌历史颇为模糊，相关资料很少。隋末战乱，大业十三年（617）李轨在武威举兵，据有河西地区，自称凉王。武德元年（618），唐朝建立，619年唐灭李轨，在敦煌置瓜州。620年，瓜州刺史贺拔行威举兵反唐。武德五年（622），瓜州土豪王乾斩贺拔行威归唐，瓜州改名西沙州，贞观七年（633）改西沙州为沙州。武德六年，沙州人张护、李通反，同年平定。慧立《大慈恩寺三藏法师传》卷一记载，贞观三年（629），玄奘前往西域，途经瓜州，停月余，刺史独孤达供事殷厚，而后经玉门关西行。《旧唐书·契苾何力传》等文献记载，贞观六年（632），活动在天山、阿尔泰山一带的突厥人何力（？—677）率一千余家至沙州请降（《资治通鉴》卷一九四云6000余家），诏安置甘凉间。贞观十三年（639），征高昌，任命侯君集为交河道行军大总管，何力为行军副大总管，次年平高昌，设西州。贞观十六年（642），徙死罪者实西州，凉州都督郭孝恪行西州刺史。S.3888《大方等如来藏经》有高昌延寿十六年（639）题记："延寿十六年七月十日。经生巩达子。用纸十二张。法师昙显校。"或为平高昌后从高昌流入敦煌。《旧五代史》卷二五记载后唐皇帝李克用"始祖拔野，唐贞观中为墨离军士，从太宗讨高丽、薛延陀有功，为金方道副都护，因家于瓜州。太宗平薛延陀诸部，于安西、北庭置都护属之，分同罗、仆骨之人，置沙陀督府。盖北庭有碛曰沙陀，故因以为名焉。永徽中，以拔野为都督，其后子孙五世相承。"拔野曾居住敦煌，后担任沙陀府都督，世代袭之。唐太宗灭薛延陀在贞观二十年（646），但拔野在敦煌的活动记录似仅此一条。

当时西域地区处于唐王朝"安西四镇"的强有力统治之下，敦煌可以说是唐朝版图上的一个内地城市。杜甫《忆昔》一诗描绘道："忆昔开元全盛日，小邑犹藏万家室。稻米流脂粟米白，公私仓廪皆丰实。九州道路无豺虎，远行不劳吉日出。"敦煌是中央政府的重要门户，与中央保持密切的联系。644年，玄奘从印度取经归来，唐太宗李世民（他曾于617年被封为敦煌公）下令敦煌官府到流沙迎接，《大慈恩寺三藏法师传》卷五记载："蒙恩敕降使迎劳曰：'闻师访道殊域，今得归还，欢喜无量，可即速来与朕相见。其国僧解梵语及经义者，亦任将来，朕已敕于阗等道使诸国送师，人力鞍乘应不少乏，令敦煌官司于流沙迎接，鄯善于沮沫迎接。'"可见敦煌与中原关系密切，诏令可及时传到。668年，道世《法苑珠林》撰毕，卷一三云："今沙州东南三十里三危山（即流四凶之地）崖高二里，佛像二百八十龛，光相亟发。"其中提到莫高窟此时有窟龛280个，与我们现在看到的初唐和初唐以前洞窟数量大致相符，至于所说崖高二里可能是误将崖面长度当高度了。这些资料是否是玄奘告知，现在无从查考。

322窟为初唐早期洞窟，平面方形，进深3.4米。西壁开龛，塑一佛二弟子二菩萨二天王一铺7身，此窟壁画与塑像均保存完整，窟形与壁画风格与著名的初唐57窟比较接近。东壁门南画药师佛立像并二菩萨，下方有一方榜题，约8行，多数漫漶，今存约10字，第4行前二字是"(龙)年",用龙等来纪年在汉地并不流行,而是突厥等少数民族的纪年法。龙年即辰年,初唐的辰年有武德三年庚辰岁(620)、贞观六年壬辰岁(632)、贞观十八年甲辰岁(644),由于220窟建造于贞观十八年前后,322窟风格显然早于220窟,所以如果"龙年"记载不误,则322窟建造于620年或632年的可能性较大。此窟西壁北侧天王下部后面的壁画上有3处文字,字迹清楚,但难以释读,可以推测的有"安"等字,似乎是粟特人模仿的汉字,此类模仿汉字而又难以读通的文字在初唐333窟也可见到。此窟藻井画缠枝葡萄图案,龛顶画两身有羽毛的异兽,北侧一身手托绵羊,南侧一身模糊,似乎托山羊。葡萄纹样是粟特地区流行的纹样,粟特诸神中有托骆驼、托羊等护法神,唐前期敦煌从化乡是粟特人聚落,这些都是理解322窟粟特因素的历史与文化背景。当时突厥也深受粟特文化熏染,如果龙年是632年的话,则此窟很可能与632年何力率突厥人千余家至敦煌有关。

220窟主室覆斗形顶,平面方形,西壁开龛,进深5.3米,南北5.7米。此窟因壁画精美且有具体纪年而成为莫高窟最著名的洞窟之一(图30),西壁龛下有初唐建窟之初写的"翟家窟"三字。主室

图30 220窟帝王图

东壁门上有一方建窟之际写的发愿文："弟子昭武校尉柏堡镇将……工……玄迈敬造释迦……铺□严功毕。谨申诵……大师释迦如来弥勒化及……□含识众□□台尊容……福家□三空……□□有情，共登净……四月十日……贞观十有六年敬造奉。"又，北壁药师经变中的灯楼上有"贞观十六年岁次壬寅奉为天云寺律师道弘法师□奉□"，说明东壁、北壁壁画绘于贞观十六年。五代翟奉达在甬道南壁小龛西侧题记："大成元年己亥岁（579）□□迁于三危□□镌龛□□□圣容立□（像）。唐任朝议郎敦煌郡司仓参军□□子翟通乡贡明经授朝议郎行敦煌郡博士，复于两大像中□造龛窟一所，庄严素质，图写尊容，至龙朔二年壬戌岁（662）卒，即此窟是也。……九代曾孙节□□□（度押衙）守随军参谋兼侍御史翟奉达检家谱……"大成元年翟迁所造窟的位置，目前不详。"龙朔二年壬戌岁卒"可能是指洞窟完工，也可能是指翟通卒。

1963年，敦煌研究院在220窟附近发掘到《大唐伊吾郡司马上柱国浔阳翟府君修功德碑记》（《翟氏碑》）残碑，正面为功德记，背面为佛像、供养人像与题名，或许五代翟奉达检视的"家谱"就是这个功德碑。立碑时间较晚，碑记正文首行提到"……汉置敦煌，至今甲午八……"，西汉置敦煌郡有不同说法，年代相差不多，以元鼎六年（公元前111年）置郡计算，至唐前期刚好800多年，唐前期的甲午岁有634、694、754年，其中634年不够800年之数，694年则没有武周新字（武周时期文献多数有武周新字），而碑文称敦煌为敦煌郡，而非沙州，又称"年"为"载"，这都符合天宝年间史实，《新唐书》《唐大诏令集》等史料记载天宝元年（742）改州为郡，刺史为太守。天宝三载（744）改年为载，乾元元年（758）又改载为年，因此只有天宝十三载（754）甲午岁符合碑文内容，学者一致认为立碑时间在天宝十三年（754）。

按：现存壁画为 1944 年剥出，原来主室南壁为宋画佛教史迹画，伯希和拍有一张照片（不全）。北壁、东壁外层壁画内容不明。

432 窟为北周原建，原壁画现为西夏（或宋）壁画所覆盖，但在前室窟顶露出北周壁画层，中有"……贞观廿二年（648）正月……日，阴义本兄义全"题记（图 31）。相邻的 431 窟为西魏洞窟，主室四壁下部及中心柱四周下部为初唐壁画，其中北壁、西壁、南壁的"未生怨""十六观"情节是敦煌观无量寿佛经变中最早的。有可能 431 窟、432 窟在贞观廿二年同时重修，或许 431 窟的观无量寿佛经变就绘于是年顷。

| 图 31　432 窟阴义本题记

自秦创兴　于周转盛：
高宗、武周时期敦煌石窟的营建

唐高宗（628—683年，在位时间是649—683年）身体多病，武则天从664年开始就垂帘听政，并称"二圣"，674年高宗称"天皇"、武则天称"天后"，武则天的地位得到巩固。690年，武则天改唐为周，当起女皇，直到705年中宗复唐。武则天在高宗后期就已独揽大权，为叙述方便，本文将高宗后期至武周时期并称武则天时期（664—704）。

武则天时期是敦煌历史与佛教发展的一个重要时期。武则天好祥瑞、佞佛都很有名。初唐时期统治者并不提倡祥瑞，段成式《酉阳杂俎》卷一记载："贞观中，忽有白鹊构巢于寝殿前槐树上。其巢合欢如腰鼓，左右拜舞称贺。上曰：'我尝笑隋炀帝好祥瑞。瑞在得贤，此何足贺？'乃命毁其巢，鹊放于野外。"但武则天为登基和巩固政权需要，热衷祥瑞，敦煌文献记载不少武周时期的祥瑞故事（主要见于P.2005《沙州都督府图经》）。

武则天佞佛，"上既崇之，下更弥尚"，所以《圣历碑》中有"自秦创兴，于周转盛"之谓，敦煌在武则天时期开凿了不少洞窟，是敦煌石窟发展的一个高峰。武则天时期的敦煌石窟中的许多题材、画稿直接来自首都，一些洞窟的画塑体现了当时中原的艺术成就。P.2005《沙州都督府图经》历经多次修订增补，但主要还是记载武则天时期敦煌的历史、地理，是一份重要的敦煌地方志资料。

由于唐帝李姓，故崇尚道教，敦煌可考道观有：

灵图观：P.2005、P.2695；

冲虚观：P.2347、贞松堂旧藏；

神泉观：P.2005、P.2361、P.2417、P.2424、P.2806、P.2861、P.3484、甘博017、上图078；

开元观：S.6453、S.6454；

龙兴观：P.4053；

紫极宫：P.4053。

另外，敦煌文献所见白鹤观（P.2257、P.3562、故宫藏、京都252）、玄中观（P.3562）因中原也存在，尚不能肯定是敦煌的道观。敦煌道教文献主要集中在初盛唐时期，高宗、武则天时期也有道教写经，如麟德元年（664）太子李忠卒，P.3233、P.2444《洞渊神咒经》尾题："麟德元年七月廿一日，奉敕为太子于灵应观写。"上元二年（675），太子李弘卒，追谥为孝敬皇帝，S.1513《老子十方像名经》前的《御制一切道经序》提到，为李弘写《一切道经》卅六部。永淳元年（683），高宗卒，P.3556《造天尊像发愿文》提到："今故奉为大帝敬造绣玄真万福天尊等一千铺。"上海图书馆藏敦煌文献078号《太玄真一本际经》卷二题记显示敦煌道士曾到中原抄道经："大周长寿二年（693）九月一日，沙州神泉观道士索玄洞于京东明观，为亡妹写《本际经》一部。"看来，武则天即位之前还是顺应潮流，对道教并不排斥。

有300多件敦煌文献出现武周新字，莫高窟335窟、西千佛洞9窟等洞窟供养人题记中也可见到武周新字，可见敦煌与中原的密切关系。武周新字共有19个，689年年底开始使用，705年年初停止使用。《资治通鉴》卷二〇四记载天授元年（690）"凤阁侍郎河东宗秦客改造天地等十二字以献。"但永昌元年（689）十一月（即载初元年正月）《唐高行仁墓志》已经使用新字，可知新字在689年年底随着改元载初而同时开始使用。武周新字初有照、天、地、日、月、星、君、臣、载、初、年、正等12字，后来增加国、人、生、应、圣、证、授等字。S.2157是敦煌灵修寺比丘尼善信天授二年（691）写《法华经》，发愿文、经文中有武周新字。武周新字随着武周政权的结束而取消，《旧唐书》卷七记载神龙元年（705）新诏："二月甲寅，复国号，依旧为唐。社稷、宗庙、陵寝、郊祀、行军旗帜、服色、天地日月、寺宇、台阁、官名，并依永淳已前故事。"远在吐鲁番地区也在一月后停止使用新字，神龙元年（705）三月二十四日吐鲁番文书《唐神龙元年赤亭镇牒为长行马在镇界内困死事》尚在使用武周新字，而四月的《唐神龙元年高昌县贾才敏等牒为长行马死方亭戍东事》已不用武周新字。但洪迈《容斋续笔》记载中宗在神龙二年曾对此敕令有所修正："唐中宗既流杀五王，再复武氏陵庙，右补阙权若讷上疏，以为天地日月等字，皆则天能事，贼臣敬晖等轻紊前规，削之无益于纯化，存之有光于孝理。又神龙制书一事，并依贞观故事，岂可近舍母仪，而远尊祖德。疏奏，手制褒美。"所以社会上还有人在使用，《册府元龟》卷一六〇记载："（开成）二年（837）十月，诏天后所撰十二字并却，书其本字。"敦煌此后直到五代宋时期似乎偶尔还有人在使用个别武周新字，可能是抄录的底本为武周时期写经所致。

敦煌是中央政府的重要门户，与中央保持密切的联系，有豆卢（意为"归义"）军之设。至于豆卢军设置的时间，《唐会要》《元和郡县志》等史书系于神龙元年（705）。但吐鲁番出土文书中有圣历二年（699）豆卢军文书，说明最晚在699年已经设有豆卢军。2002年在陕西杨陵发现沙州刺史李无亏（637—694）墓，出土了墓志铭等大量文物，为唐史研究和敦煌学研究提供了新资料。根据墓志记载，我们知道，其祖叔琳任隋齐州刺史，父行机任唐益州九陇县令，李无亏本人麟德二年（665）进士及第，任秘书省雠校，总章二年（667）任定州北平县丞，永淳元年（682）任并州阳曲县令，垂拱三年（687）任芮州府果毅，载初元年（690），授沙州刺史兼豆卢军经略使。李无亏墓志则显示至迟在690年就有豆卢军之设。李无亏任沙州刺史期间（690—694）兴修水渠，积极改善农业生产条件，又改造驿站，保证与中原的交通畅通。693年，"加太中大夫，又进爵长城县开国公，并赏懋功也"。因此百姓将他所建的渠坝称"长城堰"。由于功绩卓越，并战死沙场，生前死后都得到武则天的褒奖，死后官造灵舆，优葬帝京之郊，"何以送往，轻车秘器。何以赠行，铜符竹使"。

　　武周及其前后，敦煌还是与吐蕃战争的前沿，《全唐文》卷二一九崔融《拔四镇议》提到7世纪80年代末，吐蕃曾兵临敦煌城下："大入西域，焉耆以西，所在城堡，无不降下，遂长驱东向，逾高昌壁，历车师庭，侵常乐县界，断莫贺延碛，以临我敦煌。"永昌元年（689）唐军发起进攻，七月韦待价战败于寅识迦河（阿克苏河），流放绣州，寻卒。安西大都护府降级为都护府，退治西州。稍后安西四镇全部失守。长寿元年（692）十月、延载元年（694）二月，王孝杰二次与吐蕃军交战，收复安西四镇，移治龟兹。由于战争的威胁，敦煌大量民众逃亡他处，大谷文书2835号《长安三年（703）三月为括甘凉瓜肃所居停沙州逃户牒》即是在甘、凉、瓜、肃等州检括敦煌逃户的官方文件。

　　武则天的佛教信仰颇杂，净土、密教、华严皆有爱好，但对其政治影响最大的两部佛经是《大云经》和《宝雨经》，它们共同的特点是对女性的重视，原因就这么简单。

《大云经》6卷，（北凉）昙无谶译，为佛在王舍城耆阇崛山中说，主要是佛对大云密藏菩萨所提出诸问题的解答。该经另有后秦竺佛念译本，已佚（疑 S.6916《大云经》即是此译本的残片）。该经对女性的重视主要表现在卷三中，有 18 次提到各种天女对佛的供养，如："尔时众中有一天女，名曰宝髻，上升虚空高七多罗树，雨种种花、涂香、末香、幡盖、伎乐，以供养佛"；"时大众中有一天女，名曰爱光，以诸天花、种种杂香、幡盖、伎乐，以供养佛"；"尔时众中有一天女，名恒河神，持诸香花、幡盖、伎乐，以供养佛"；"时大众中有一天女，名微妙声，持诸香花、幡盖、伎乐，以供养佛"。特别是卷四有净光天女"以香花、幡盖、伎乐，供养于佛"。佛为净光天女授记："舍是天形，即以女身，当王国土，得转轮王所统领处四分之一，得大自在。受持五戒作优婆夷，教化所属城邑聚落男子女人大小，受持五戒守护正法，摧伏外道诸邪异见。汝于尔时实是菩萨，为化众生现受女身。"于是，薛怀义、法明在 690 年（此为《资治通鉴》所云，《旧唐书·则天皇后纪》系于前一年）撰《大云经疏》四卷上武则天，果然讨得武则天的喜爱，敕各州置大云寺，藏《大云经》一部，令法师宣讲。按：新旧唐书未言卷数，《资治通鉴》言四卷。今敦煌遗书中有《大云经》3 件：S.3128（卷二）、S.4217（卷三）、S.6916（非昙无谶译本，内容颇长，尾题卷九，疑是竺佛念译本，收入《大正藏》第 12 册），《大云经疏》残卷 2 件：S.2658、S.6502。另外，P.2768 为佛经摘抄，存 23 行，其一为《大云经抄》，其二为《中论本颂抄》，《大云经抄》的文字有三段，出于该经卷二、卷四。《大云经疏》的正名是《大云经神皇授记义疏》。日本永超《东域传灯录》记录"《大云经神皇授记义疏》一卷"，可知《大云经神皇授记义疏》是一卷，《大云经》有 6 卷，为何 6 卷经文经过注疏，卷数少于经文？只能认为是将经文中与"神皇授记"相关的文句进行"义疏"。敦煌2件《大云经疏》均首尾残失,虽无标题,但内容基本相同,有武周新字,S.2658凡有"神皇""圣帝""圣母"均换行,而S.6502是敬空,不换行。内容是摘录《大云经》卷四、卷六中与武则天称帝有关的若干段落进行注疏,而不是对全经文的注疏,应即是"《大云经神皇授记义疏》一卷"。

《宝雨经》为佛在伽耶山(象头山)对止盖菩萨所提出的102个问题的解答。现存四译:1.(南朝梁)曼陀罗仙天监二年(503)译《宝云经》7卷,不分品。2.(南朝梁)曼陀罗仙共僧伽婆罗译《大乘宝云经》7卷,分作7品,即序品、十波罗蜜品、平等品、陀罗尼品、安乐行品、二谛品、宝积品。3.(唐)达摩流支长寿二年(693)译《宝雨经》10卷,也不分品。显然达摩流支注意到正宗分均为释迦答102问而不予分品。4.(宋)法护译《除盖障菩萨所问经》20卷。唐译《宝雨经》与此前后的三个译本最大的不同是,序分中多了一段约600字的东方月光天子赴伽耶山释迦说法会,佛授记未来为南赡部洲东北方摩诃支那国女王,可能是参考《大云经》中的净光天女未来为转轮王经文而编造出的。除此之外,《宝雨经》还有篇幅不短的长寿天女礼佛的故事,也显示佛教对女性的重视。

因为《大云经》和《宝雨经》均有佛授记天女、天子为女王的内容,所以得到武则天的青睐。699年,她在新译80卷《华严经》序中回顾说:"朕曩劫植因,叨承佛记。金仙降旨,《大云》之偈先彰;玉宸披祥,《宝雨》之文后及。加以积善余庆,俯集微躬,遂得地平天成,河清海晏。"敦煌遗书中保存有3件《宝雨经》:S.2278、BD05626、BD05631。

武则天时期还流行涅槃经变,如山西省博物院藏有天授二年(691)涅槃变造像碑。莫高窟332窟完工于698年,南壁通壁画涅槃经变、西壁龛内塑涅槃像。昙无谶译《大般涅槃经》卷四提到:"我又示现于阎浮提女身成佛。众人皆言：'甚奇女人，能成阿耨多罗三藐三菩提。如来毕竟不受女身，为欲调伏无量众生，故现女像。'"这段话与《大云经》《宝雨经》中的重视女性内容是一致的，或许可以一并考虑与女皇武则天的关联。敦煌文献中一些《涅槃经》写本使用武周新字。

386窟开凿于初唐，主室平面正方形，覆斗形顶，西壁开龛，进深4.4米。初唐建造，但只画了窟顶，并没有完工，约在高宗时期绘西壁佛龛，蕃占期间完成东、南、北壁壁画。主室南壁西侧蕃占期间壁画有起甲脱落，露出底层一方画工涂鸦题记："上元二年七月十一七绘记"，其中"七月十一七"应为"七月十一日"之笔误。唐前期有两个"上元"年号，一般认为是高宗上元二年（675），而非肃宗上元二年（761）。龛内塑一佛二弟子四菩萨，壁画8身弟子，龛顶壁画毁大部，塑像身躯修长、胸部扁平，壁画中的弟子像入神沉思而有脱俗之态，卷草祥云等边饰舒展雅逸，正是高宗朝艺术特征。上元二年题记可能是画工绘塑龛内之后，因故停工而信手题于南壁。此窟龛内画塑为判定风格类似的331窟（李达窟）、334窟等窟的年代具有一定参考价值。

323窟是个中等大小洞窟，主室覆斗形顶，西壁开龛，平面正方形，东西进深、南北宽均为5.4米。南壁石佛浮江故事中，打捞浮江石佛画面的榜题提到"迎向通玄寺供养，迄至于今"。榜题提到通玄寺，可帮助我们推定建窟时代，（唐）陆广微《吴地记》记载："中宗载初元年（689），则天皇后遣使送珊瑚、镜一面、钵一副，宣赐供养，兼改通元（玄）寺为重云寺。开元五年（717）改开元寺，兼赐金鱼、字额。"榜题中仍写为通玄寺，推测这幅故事画的粉本产生于改名重云寺之前，洞窟年代或当此前后。

335窟主室覆斗形顶，西壁开龛，东西进深5.3米、南北5.6米。东壁门上壁画阿弥陀佛一铺五身，像旁的发愿文是："垂拱二年（686）

五月十七日净信优婆夷高奉为亡夫及男女见在眷属等普为法界含生敬造阿弥陀二菩萨兼阿难迦叶像一铺"。北壁维摩诘经变下方有当时的发愿文，文字中使用武周新字，末署"张思艺敬造"，20世纪40年代向达考察时，记录"张思艺姓名上尚隐约可见圣历二字"。主室西壁龛外北侧观音像下有"长安二年（702）二月廿日"题记，可见335窟修建时间前后至少长达17年。335窟有武则天时期的垂拱、圣历、长安等年号，有的还有武则天新造的文字，可见当时敦煌与中原联系是密切的。从耗时长久、东壁壁画杂乱等情况来看，本窟可能是下层民众结社修建。但西壁龛内牢度叉斗圣变、北壁维摩诘经变、南壁西方净土变（观无量寿佛经变）均十分精湛，为当时艺术之精品。

96窟（北大像）建于武则天时期，主尊是弥勒倚坐像，高35米。与此相呼应的是建于开元天宝年间的南大像（130窟），高26米。据《莫高窟记》，96窟（北大像）是禅师灵隐和居士阴祖在延载二年（695）建造的。载初元年（690）七月，薛怀义与僧法明等10个和尚造《大云经疏》，武则天遂下令全国建造大云寺，96窟或即敦煌的大云寺窟（据敦煌文献记载，大云寺在敦煌城内）。若是，则当始建于敕各州建大云寺之年即690年顷，经五六年的建造，而于695年完工。96窟原来的壁画全失，塑像也经后人多次改动，已非原貌。

123窟主室覆斗形顶，西壁开龛，平面正方形，进深1.8米。南壁画弥勒经变、北壁画观无量寿佛经变。西壁龛下有发愿文，今漫漶，20世纪40年代向达考察时，记录"窟内佛龛下发愿文已漫漶，文末'万岁三年'诸字尚可识"。若向达记录无误，则此万岁三年就是天册万岁三年（697），当时中原已经改年号为神功元年。南壁弥勒三会之东侧一倚坐佛戴宝冠，正是这一时期的造像特点，向达记录较可信。

332窟与圣历元年（698）功德碑。332窟为唐代少数中心柱窟之一，主室东西进深 9 米，南北 8.3 米。窟内前室原立有功德碑《李君莫高窟佛龛碑》（《圣历碑》），20 世纪 20 年代被流亡来的俄军士兵折断，今存敦煌研究院陈列中心，碑文又见 P.2551。碑记窟主是李义，字克让，时任"左玉钤卫、效谷府校尉、上柱国"，他实际上是继承了他父亲李达的官爵，碑记："考达，左玉钤卫、效谷府旅帅、上护军。"此窟完成时间碑文也有明确记载："圣历元年（698）五月十四日修葺功毕"。332 窟南壁涅槃经变、北壁维摩诘经变都是当时流行的题材，画艺高超。东壁门南画一佛五十菩萨图，主尊佛轻纱透体，具有浓郁的西域鹿野苑造像艺术风格，显然与初唐中土僧人、西域胡僧往来频繁有密切关系，体现了当时中印文化交流的盛况。而南壁和西壁绘塑结合的涅槃图像、中心柱北向面的凉州瑞像壁画也是当时流行的题材。《圣历碑》又云 332 窟修在其父亲功德窟旁，从位置看可能是今天的 331 窟，该窟壁画风格也具有高宗时期的特点。

211 窟主室覆斗形顶，西壁开龛，平面正方形，进深 2.3 米。西壁龛下被后人砌成泥台，伯希和记录龛下有发愿文，落款是"长安二年（702）"。

217 窟主室覆斗形顶，西壁开龛，平面正方形，进深 5 米。北壁画观无量寿佛经变，南壁画佛顶尊胜陀罗尼经变、东壁画观音经变、西壁龛顶画金刚经变，题材新颖，画风清丽。主室西壁北侧力士（或天王）台的南壁西起第三身题名："□男□戎校尉守左毅卫翊前右郎将员外置同正员外□（郎）紫金鱼袋上柱国嗣琼"。第四身题名："……品子嗣玉……男嗣玉。"P.2625《敦煌名族志》记录有敦煌张、阴、索三家的氏族情况，其中记载阴嗣玉任刑（邢）州平乡县尉，而在 217 窟题名中，嗣玉还是没有官位的"品子"，可见 217 窟开凿在《敦煌名族志》之前。阴家"嗣"字辈人生活在 7 世纪末、8 世纪初，敦煌文献中有 696

年阴家"嗣"字辈人写经，S.217《观音经》题记："天册万岁二年（696）正月十五日，清信佛弟子阴嗣□为见存父母、七世父母、并及己身、及以法界苍生，写《观世音经》。"其中年号用武周新字，从出版物看，"阴嗣□"当初就是写"阴嗣"二字，后面空一格，原因不明。此"阴嗣□"题记没有提到妻子、儿女，似乎他没有结婚，年龄应该与品子嗣玉相当，或者就是嗣玉也未可知。

《敦煌名族志》记载另外三名"嗣"字辈人物：阴嗣瓘"唐任昭武校尉岐州邵吉府别将上柱国"、兄阴嗣监"唐见任正议大夫北庭副大都护瀚海军使兼营田支度等使上柱国"、堂兄阴嗣宗"唐任昭武校尉庭州咸泉镇将上柱国"，这里以阴嗣瓘为中心叙述，吐鲁番阿斯塔那506号墓有开元十九年（730）左右一组文书，其中有阴嗣瓘傔人樊令诠为阴嗣瓘逐月领取料钱的文书，此阴嗣瓘或即《敦煌名族志》中的阴嗣瓘。另外，阴嗣监活动的年代大致可考，《元和郡县图志》卷四〇记载庭州在702年设北庭都护府，703年改烛龙军为瀚海军，733年北庭都护府改名北庭节度使。阴嗣监"现任"瀚海军使存在时间在703—733年间，又因为《敦煌名族志》记载阴嗣监"唐见任"，而非"大周见任"，故《敦煌名族志》的成书、阴嗣监的唐任都在705年之后。

《敦煌名族志》记载阴守忠"蒙凉州都督郭元振判录……"，《旧唐书·郭元振传》记载郭元振在701—705年任凉州都督，可见《敦煌名族志》形成在701年之后，但从行文看，似是追溯，但时间不会太靠后，估计在郭元振在任或稍后。

《敦煌名族志》记载阴祖84岁，阴祖即武周时期修北大像的人，以阴祖主修北大像身份，想已是敦煌耆旧人物。诸种迹象或可推测《敦煌名族志》形成时间在705—710年前后。

西千佛洞H9（C6、D7）窟为中心柱窟，坐北向南，南北进深6.4

米，东西宽 5.2 米，始建于西魏，而后北周、隋、初唐等重修，南壁门东侧初唐画一佛二菩萨说法图，形象俊秀，笔墨流畅，画风清丽，可列初唐名品，说法图右侧近门处有朱书"如意元年（692）五月"题记，现今只剩下"如意元年"4 字，其中年字使用武周新字。说法图下方中央有发愿文（现漫漶），从位置看，这条纪年似乎是画工随意书写，但这铺说法图的风格却是这一时期的。

据 S.1523＋上海博物馆 40 号《李庭光莫高窟灵岩佛窟之碑并序》，"通义大夫、使持节、沙州诸军事、沙州刺史、兼豆卢军使、上柱国、陇西李府君"李庭光在莫高窟建窟一座，文中三处出现"国"字，其中两处为武周新字。武周新字使用时间在 689—705 年间，由于 705 年之后不再使用武周新字，可知李庭光窟开凿应不会早于 689 年。但此碑中的日、月、天、地等字并不使用武周新字，也许稍晚一些（不排除后人抄写时改换了武周新字）。碑文中提到"将军授略，崇勋传累代之名；我后杰时，余庆列宗盟之序"，文中的"我后"当是指武则天。690—694 年任豆卢军使的是李无亏，则李庭光任豆卢军使时间在 695 年之后的某个阶段。碑文还提到"龙兴大云之寺，斋堂梵宇之中，布千佛而咸周，礼六时而莫怠"，因为全国将中兴寺改名龙兴寺是在 707 年，则此窟开在 707 年之后。《唐会要》卷四八云开元二十六年（738）改大云寺为开元寺，碑文没有提到开元寺，而是称大云寺，故此碑文在 738 年之前。"我后杰时"似乎应理解为武周之后的追溯，时间距离武周政权的结束不会太远，则李庭光窟也许建造在 707 年稍后，可能就是中宗时期（705—710）。武周期间，李义（李克让）修建了 332 窟，还有人（可能是社团）续修并完成 335 窟（据该窟垂拱二年题记，知该窟始建时间在 686 年之前），参照这两个洞窟大小，估计李庭光窟也当类似或更大。目前还不能确定李庭光建造的洞窟，有待将来进一步研究。

苍生安乐　即是佛身：
盛唐时期敦煌石窟的营建

　　开元天宝时期的敦煌历史和佛教发展轨迹，文献记载甚少，我们难知其详，这与当时唐玄宗佛教政策有一定关系。玄宗对佛教的政策显然没有武则天那样热忱，《资治通鉴》卷二一一记开元二年（714）正月，"中宗以来，贵戚争营佛寺，奏度人为僧，兼以伪妄；富户强丁多削发以避徭役，所在充满。姚崇上言：'佛图澄不能存赵，鸠摩罗什不能存秦，齐襄、梁武未免祸殃。但使苍生安乐，即是佛身，何用妄度奸人，使坏正法！'上从之。丙寅，命有司沙汰天下僧尼，以伪妄还俗者万二千余人"。同年七月，又发布《断书经及铸佛像敕》，禁止买卖佛像、佛经。

　　与抑佛相反，道教一度繁荣，《旧唐书·玄宗纪上》记载开元二十一年（733）"制令士庶家藏《老子》一本"。开元年间敦煌出现一批道教写经，保存最多的可能是开元六年（718）沙州敦煌县神泉观道士马处幽写的《无上秘要》，这是北周时期编纂的一部道教类书，有100卷之巨，今存部分。S.80《无上秘要》卷一〇题记："开元六年二月八日，沙州敦煌县神泉观（道）士马处幽并侄道士马抱一，奉为七代先亡及所生父母，法界众生，敬写此经供养。"另外，敦煌在开元年间还是战争的前沿，《旧唐书·玄宗纪上》记载开元十五年（727）"九月丙子，吐蕃寇瓜州，执刺史田元献及王君㚟父寿。杀掠人吏，尽取军资仓粮而去。……（十六年）秋七月，吐蕃寇瓜州，刺史张守珪击破之"。由于战争和抑佛扬道的宗教政策，敦煌一批尚未完工的洞窟似乎就此放弃，如166窟、205窟，这些洞窟壁画题材杂乱无章，似乎是社团结社开凿，至于一些家庙窟则似乎还在继续开凿。据《莫高窟记》，开元年间敦煌还修建南大像，就是现今的130窟，主尊倚坐弥勒佛高26米，为敦煌第二大佛。41窟的开元十四年（726）题记、180窟的天宝七载（748）题记等，显示莫高窟依然存在佛教造像活动。武则天及其继任者中宗对佛教采取积极的支持政策，而睿宗、玄宗则热度大减，所以敦煌开元天宝年间的洞窟反倒没有初唐时期那么多。盛唐时期的许多洞窟没有完工，一方面可能与安史之乱以后经济衰落、吐蕃对敦煌的战争有关，还有一些则与开元天宝年间国家佛教政策有关。

俄藏 Дx.02881+02882《开元廿九年（741）授戒牒》为开元廿九年二月九日长安大安国寺传菩萨戒和尚沙门道建为"众多善男子、善女人等"授菩萨戒之戒牒，并记载在沙州敦煌县大云寺"讲《御注金刚经》《法华》《梵网经》"，历时二七日（14天）。所谓《御注金刚经》就是唐玄宗开元二十三年（735）完成的《金刚经注》，次年"诏颁天下，普令宣讲"。道建是何年来敦煌传法、在敦煌待了多久，我们无法探知。这件《授戒牒》证明敦煌与首都存在密切的关系。

天宝十四年（755）冬，安史之乱爆发，宝应二年（763）史朝义自杀，历时7年又两个月的安史之乱大大消耗了唐王朝的经济实力，从此大唐帝国走向衰落。786年，吐蕃开始统治敦煌。

41窟主室平面正方形，进深2.4米。南、北壁各画千佛围绕说法图,东壁门南画地藏、门北画观音各一身。北壁千佛下露出一方题记:"开元十四年(726)五月十一日记□",南壁千佛下露出2行画工题记:"尹广见□"、"尹方合",可知该窟壁画绘制年代在726年,至少有两位尹姓画工参与了本窟的营建工程。

166窟主室进深4.6米、南北4.9米,壁画杂乱无章,显然是开凿后未完工而废弃,而后有人陆续画了一些壁画,如东壁北侧有一小方盛唐画的多宝佛、药师佛、阿弥陀佛立像,高宽均为0.5米(不含下方榜题),三佛均作说法手印,均有题名,北起"南无多宝佛""南无药师佛""南无阿弥陀佛",多宝佛下题有"行客王奉仙一心供养",其余二佛下方题名漫漶。吐鲁番文书中,有三件文书与王奉仙有关,其中提到开元廿年(731)三月与驮主徐忠送军需到安西都护府,八月到达,返回时因病后行,因没有带过所(通行证)而被官府扣留,这些文件就是审理王奉仙的档案。王奉仙的"行客"身份似乎还特指官方军输之人,《旧唐书·中宗纪》记载神龙三年(707)"五月戊戌,左屯卫大将军兼检校洛州长史张仁亶为朔方道大总管,以备突厥。丙午,突厥默啜杀我行人臧思言"。臧思言作为行人能记录在史,推想"行人"、"行客"具有一定的含义,即官方军需的运输者。166窟的供养像可能是王奉仙前往西域途中来莫高窟画的。

P.3721《瓜沙两郡大事记》记载:"辛酉,开元九年(721)。僧处该(据《莫高窟记》,应为处谚)与乡人百姓马思忠等,发心造南大像弥勒,高一百二十尺。"《莫高窟记》所记载内容相同:"开元年中,僧处谚与乡人马思忠等造南大像,高一百廿尺。"开元九年大约是南大像始建之年,因为1965年10月,敦煌文物研究所在加固130窟时,在南壁盛唐壁画下部发现一孔穴,内有丝织物,其中一件是纪年幡,馆藏

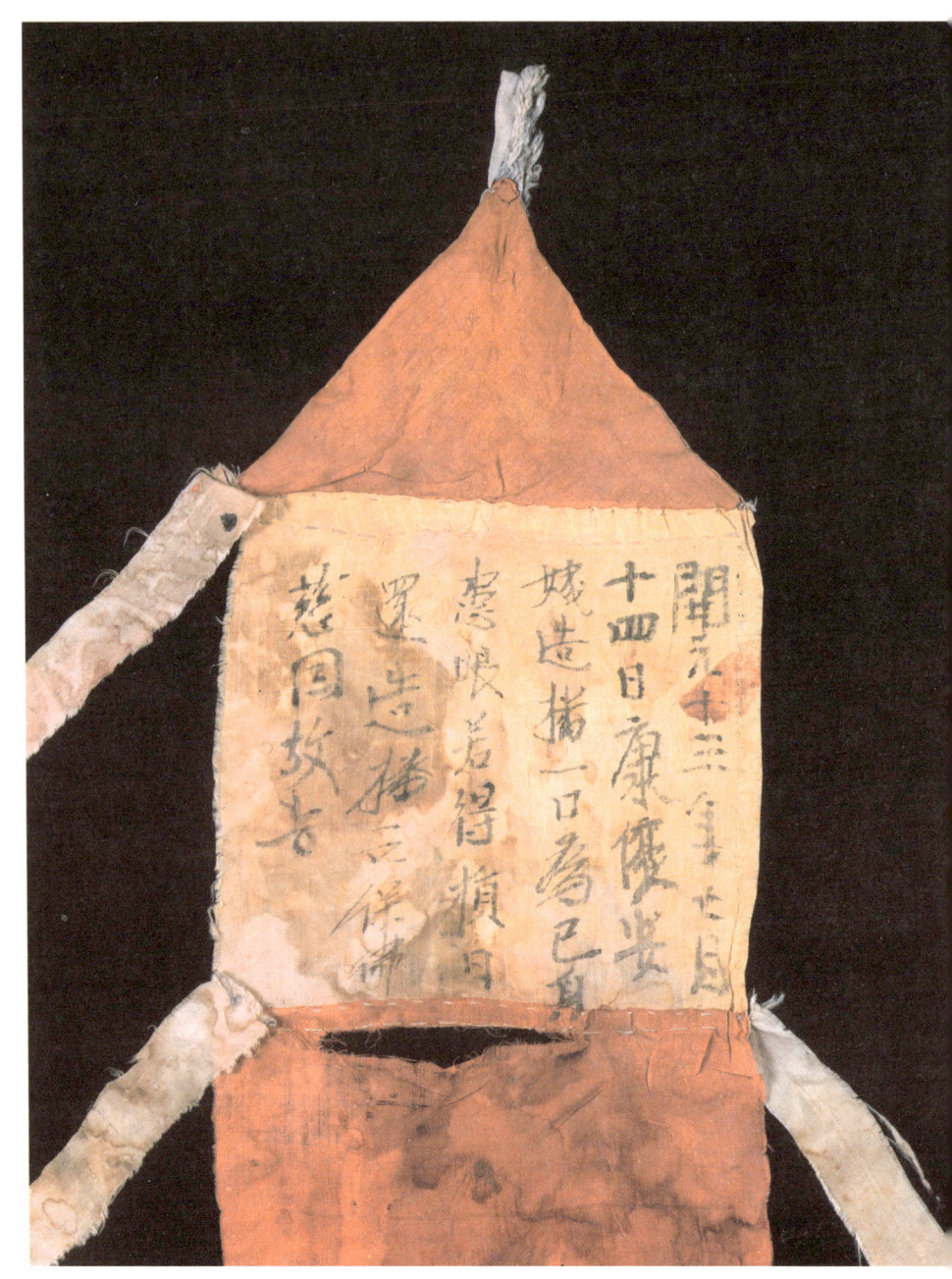

图32 开元十三年幡

号 Z0003 号，幡的上部有墨书文字："开元十三年七月十四日，康优婆姨造播（幡）一口，为己身患眼。若得损日，还造播（幡）一口，保（报）佛慈恩。故告。"（图 32）从书法较差、有错别字看，此康姓女供养人文化水平较低，或为康国人。发愿文的具体纪年也证明此孔穴外的盛唐壁画在开元十三年之后绘制，则开元九年不是南大像完工时间。

130 窟甬道北壁西起第一身男供养人题名："朝议大夫使持节都督晋昌郡诸军事守晋昌郡太守兼墨离军使赐紫金鱼袋上柱国乐庭瓌供养时"，甬道南壁绘都督夫人并侍从，题名："都督夫人太原王氏一心供养"。乐庭瓌，史书没有记载。晋昌郡的存在时间有助于对 130 窟建成年代的判定。据《新唐书》《旧唐书》，天宝元年（742）改州为郡，瓜州为晋昌郡，改刺史为太守。乾元元年（758），复郡为州，仍置刺史。乐庭瓌的供养像应该绘于晋昌郡存在期间（742—758），则南大像修建于开元、天宝年间。南大像与北大像倚山而坐，气魄雄伟，体现了唐王朝在上升时期政治稳定、经济发达、社会安定的气象。

130 窟供养人像是敦煌供养人像的代表之一。尤其是甬道南壁的都督夫人像，雍容华贵，身量超过真人，身后是 2 名女儿 9 名婢女，身量递减，体现森严的等级。都督夫人身着织花石榴红裙，云髻高耸，女儿则身披绢丝披帛，侍女穿着打扮是当时流行的女扮男装，形成一幅以人物为主题的贵族妇女礼佛图。人物优美丰腴，神态生动，是敦煌也是唐朝当时最优秀的供养人像之一。

180 窟主室进深 4.5 米，南北 5.1 米。西壁龛外南、北侧各画菩萨一身，南侧题记："清信佛弟子张承庆为身染患，发心造二菩萨，天宝七载（748）五月十三日毕功。"此项画的壁画还包括藻井、龛内壁画。至于南、北、东壁壁画均为蕃占期间补绘。

185 窟主室平面正方形，进深 4 米。窟顶、龛内、南壁的壁画为盛唐画，北壁、东壁为蕃占期间补绘。西壁龛外北侧题记："天宝八载（749）四月廿五日书人宋承嗣作已之也。"

148窟主室南北宽17.1米，主尊是涅槃大像。窟内今存大历十一年（776）立的功德碑，知为敦煌豪族李太宾所建，称"傍开虚洞，横敞危楼。将以翼大化，将以福先烈，休庇一郡，光照六亲"。开光之日，驻守敦煌的河西节度使周鼎前来瞻仰，声势浩大，"荡谷摇川而至于斯窟"。内容有"塑：涅槃像一铺，如意轮菩萨、不空罥索菩萨各一铺。画：西方净土、东方药师、弥勒上生下生、天请问、涅槃、报恩、如意轮、不空罥索、千手千眼观世音菩萨等变各一铺，贤劫千佛一千躯，文殊师利菩萨、普贤菩萨各一躯"。

密教题材在武则天时期一度流行之后再次大规模出现在148窟，这无疑与天宝十二年至十五年（753—756）不空在河西传教有关，赵迁《大唐故大德赠司空大辨正广智不空三藏行状》记载："（天宝）十二载，敕令赴河陇节度御史大夫哥舒翰所请。十三载，到武威，住开元寺。节度已下，至于一命，皆授灌顶。士庶之类，数千人众，咸登道场，与僧弟子含光，授五部法。次与今之功德使开府李元琮授五部灌顶，并授金刚界大曼荼罗。是日也，道场地大动。大师感而谓曰：'此即汝心之诚所致也。'十五载夏，奉诏还京，住大兴善寺。"

盛唐晚期有一批唯识宗人在敦煌传教，因而此窟一些题材与唯识宗有关，如天请问经变、药师经变、弥勒经变等，因为《天请问经》《药师经》《弥勒经》都是玄奘翻译和奉行的。148窟画塑分别属于密教、净土、唯识宗等，整窟所表现的佛教思想并不属于某宗某派，而是选择当时流行的题材来作为功德，宗教的意味则大大降低，称其为"功德窟"或"家庙"，最为恰当。

一音演法　四众随缘：
唐前期敦煌佛教造像题材

唐前期是中国佛教繁盛时期，形成唯识宗、禅宗等新的宗派，佛教艺术也得到空前发展。《大历碑》记载："色空皆空，性相无相，岂可以名言悟，岂可以文字知？夫然，故方丈小室，默然入不二之妙；智度大道，法尔表无念之真。以其虚谷腾声，洪钟应物，所以魔宫山圻，佛日天开，爱水朝清，昏衢夜晓，一音演法，四众随缘，直解髻珠，密传心印，凡依有相，即是所依，若住无为，还成有住。"可见远在敦煌的僧人们对佛教思想也有精深的理解。金刚经变、佛顶尊胜陀罗尼经变、十轮经变等壁画题材几乎与中原同步出现在敦煌壁画上。

唐前期敦煌壁画的特点是多通壁大画，重复者少，如220窟主室西壁开龛，东壁、南壁、北壁各绘一铺通壁大画，此窟的画稿在此后其他洞窟中也不见，有一种粉本专用的感觉。唐前期敦煌与中原关系密切，如689年开始流行的武周新字，在691年敦煌灵修寺比丘尼善信写《法华经》中就使用了（S.2157）。中原新出现的佛教壁画题材有的很快就传入敦煌，如217窟南壁的尊胜经变、西壁龛顶的金刚经变，321窟南壁的十轮经变、东壁门北的十一面观音像等。103窟为盛唐早期窟，全窟壁画线条流畅，色彩艳丽，充满轻快灵动之韵感，最能诠释鲁迅《论旧形式的采用》所说："在唐，可取佛画的灿烂，线画的空充和明快。"该窟东壁门南维摩诘像以线描为主，最为人称道（图33），代表了8世纪中国绘画的成就。唐前期敦煌石窟一些重要造像题材有：

1.323窟戒律画与佛教史迹画

323窟主室平面正方形，进深5.4米，是宣传佛教戒律与佛教史迹的洞窟。北壁西起画张骞出使西域、释迦晒衣石、佛图澄事迹（包括听铃占凶吉、灭幽州火、洗肠等3则）、阿育王拜塔、康僧会事迹（包括康僧会南渡、舍利放光、建造建初寺、皇帝孙皓礼康僧会等4则）等五组佛教史迹画。南壁西起画石佛浮江、杨都出金像、昙延事迹等三组佛教史迹画。东壁画《涅槃经》（也有可能是《梵网经》，经文内容相同）中的戒律画多幅，如画一僧在火中，旁边有三女一侍者，这是表示"宁以此身投于炽然猛火深坑，终不毁犯过去、未来、现在诸佛所制禁戒，与刹利女、婆罗门女、居士女而行不净"。显然画面上三女是表示"刹利女、婆罗门女、居士女"。画一僧双手合十站立，对面有二俗人奉献食物，这是表示"宁以此口吞热铁丸，终不敢以毁戒之口食于信心檀越饮食"。题材的选取上可能与名僧道宣（596—667）所创的律宗有关，因为道宣好神异，著有《道宣律师感通录》《集神州三宝感通录》等，323窟西壁龛内、南北壁的内容正属于感通故事，而东壁的戒律画更符合道宣律宗思想，《佛祖历代通载》记载，道宣卒后，"诏天下寺院图形奉祀"。所以有学者认为323窟反映了道宣的佛教信仰。

2.西方净土经变

佛教的极乐世界、地狱、六道轮回、剃度出家等概念在佛教传入中国之前是没有的，随着佛教的传入和流行，这些思想给中国文化带来新的血液，佛教深深地影响了中国古代社会。如死亡思想，在佛教传入之

丹青妙绘：唐前期敦煌石窟的营建

| 图33　103窟维摩诘像

前，我国古代只有人死后魂魄飘荡在空中、野外的观念，而佛教所宣传的三十三座天堂、十八层地狱，十王在地狱审判罪恶等的身后事，中国人在佛教传入之前是闻所未闻。佛教这些量化了的生死观、善恶观，比魂魄思想更生动具体，因此受到中国民众的欢迎。

西方净土信仰的主题是"往生"，这是一种临终关怀。人类常以落日喻以生命的结束，用现代的观点看，西方净土信仰是有神论者对生命归宿的一种思考，这是西方净土信仰产生与流行的文化解释，相关经典和佛教的实践活动都说明了这一点。到了隋唐时期，极乐思想非常流行，往生西方极乐世界成为许多佛教信仰者的终生追求，而往生的方法也是量化了的，即根据本人的善恶而分九等，是为九品往生：上品上生、上品中生、上品下生、中品上生、中品中生、中品下生、下品上生、下品中生、下品下生。信徒们临终和死后的法会上都要念阿弥陀佛，敦煌文献显示在送葬的队伍中还有"九品往生舆"。唐宋时期的西方净土已经遍及全国上下，宋代人形容当时全国上下是"处处弥陀佛，家家观世音"。在敦煌，关于西方净土的文献和图像很多，充分显示西方净土信仰的流行情况。

净土图像在隋以后非常流行，敦煌石窟中的净土类经变画就有400多铺，占经变画总数的三分之一，多数属于唐宋时期。敦煌早期的西方净土图像见于西魏285窟、隋代393窟等，到了初唐出现通壁大画式西方净土经变，内容丰富。

3.321、74窟的十轮经变

《十轮经》是三阶教所倚重的一部佛经。前后二译：1.失译者名（今附北凉录）《大方广十轮经》8卷15品；2.玄奘于永徽二年（651）重译的《大乘大集地藏十轮经》10卷8品。二译本内容基本相同，而玄奘译本更通顺流畅些。敦煌遗书中有一些《十轮经》写本，敦煌遗书中的初译本《十轮经》至少有24件，玄奘译本只有一件。

321窟壁画精湛，是敦煌艺术的代表洞窟之一。东壁门北的十一面观音、门上中央带臂钏的倚坐弥勒佛等都是武则天时期流行的题材，北壁通壁绘西方净土经变（观无量寿佛经变）。南壁壁画原拟为法华经变，20世纪80年代初又判定为宝雨经变，后来还有学者用《金光明经》来解释，但许多局部图像都无法用这三种佛经来进行贴切的解读。本世纪初通过对画面的重新解读并发现一方较为完整的出自《十轮经》的榜题，才知南壁画的是十轮经变。此铺十轮经变的主要内容有：释迦说法、雨宝、双手托宝珠、十方诸佛、渴仰菩萨请问、净有天神请问、三天女请问、地藏变化诸身、地藏救苦救难、十轮、象王本生、罪犯与大象等。321窟十轮经变有一条榜题尚存文字，共三行，除少数字模糊外，可将全文释读出："尔时灌顶刹利大王常与国人同其饮食而共戏乐不相疑猜心相体信共行王法是名第四轮也。"见初译本《十轮经》卷二"发问本业断结品"中。

由于《十轮经》的流行，十轮经变也就出现在画坛，《历代名画记》卷三记载当时洛阳敬爱寺的东禅院和山亭院各画有一铺十轮经变，唐末该寺毁于兵燹。十轮经变仅存于敦煌，莫高窟321、74窟各有一铺，敦煌出现十轮经变是否与三阶教有关，尚缺乏直接证据，但考虑到敦煌有三阶教资料约20余种50余件，以及十轮经变所描绘的地藏以各种变化身来救度众生苦难和许多末法景象来看，应有一定关系。

4. 金刚经变与禅宗在敦煌的流行

《金刚经》（金刚般若波罗蜜经）是佛经中相当重要的一部经典，约六千字，前后六译，译者鸠摩罗什、菩提流支、真谛、达摩笈多、玄奘、义净都是大翻译家，以408年鸠摩罗什译本最为流行。《金刚经》

从南北朝时期就开始流行，敦煌文献中有《金刚经》及相关文献约 2000 件，8 世纪初建造的 217 窟西壁龛顶绘有我国现存最早的金刚经变。而英藏敦煌绘画品 S.P.2 为咸通九年（868）雕版印刷的《金刚经》，是中国印刷史上重要的实物，题记："咸通九年四月十五日王玠为二亲敬造普施。"是日乃夏安居开始之日，或有关联。

217 窟主室西壁龛顶画金刚经变，画面南侧约缺三分之一，仅存正中说法图部分和北侧画面，北侧共计 5 个画面：1.释迦为四众说法。2.舍卫城乞食。3.还至本处。4.释迦洗足。5.释迦结跏趺坐于莲花座上说法。上述 5 个画面是表示《金刚经》开头一句话："如是我闻：一时佛在舍卫国祇树给孤独园，与大比丘众千二百五十人俱。尔时世尊食时，着衣持钵，入舍卫大城乞食。于其城中，次第乞已，还至本处。饭食讫，收衣钵，洗足已，敷座而坐。"而后说法，相当于序分内容。其中洗足图是敦煌金刚经变的特征之一。

31 窟约建造于 8 世纪中期，也就是天宝年间。南壁通壁画金刚经变，有 10 多个情节，内容比较完备，并且有一方榜题尚存文字。金刚经变在中唐（蕃占期间）112、135、154、236、240、359、361、369 窟，晚唐 18、85、138、143、144、145、147、150、156、198 窟均有绘制，而五代以后不再绘制，原因不明。

5.唐前期的密教图像

现存最早有具体年代的密教造像大约是山西省长治县贞观十二年（638）《阿弥陀佛十二臂观音四面造像碑》，说明初唐就有密教图像的流行。龙朔元年（661），道宣编集《集古今佛道论衡》4 卷，又于麟德元年（664）在卷四上加《续附》，《续附》均为龙朔元年（661）京师西华观道士郭行真舍道归佛造经像之愿文，共 16 篇，这些经像是"金铜佛五躯，十一面观音像二躯并诸大乘经"。

密教图像在武则天时期十分流行，数量颇多。武则天笃信佛教，在她执政时期，除密典翻译、密法传授、密僧修持等文献记载外，敦煌和敦煌以外地区有一批武则天时期的密教图像，主要是千手千眼观音和十一面观音，还有四臂观音、八臂观音等。

智通译本《千手千眼观音经》"序"记载了武周时期佛授记寺僧、乌伐那国的达摩战陀"于妙氎上画一千臂菩萨像。……神皇令宫女绣成，或使匠人画出，流布天下，不坠灵姿"。既然又绣又绘，并且流通全国，可知这个时期的千手千眼观音造像为数不少。1986年在河北省新城县（今高碑店市）出土了武周证圣元年（695）造白玉千手观音像，是现存最早的有纪年的千手观音像。与此同时，龙门石窟也出现了千手千眼观音像，这些造像应与武则天的"令宫女绣成，或使匠人画出，流布天下"相一致。奇怪的是，敦煌初唐洞窟中没有发现千手千眼观音像。

早在北周时期，阇那崛多就译出《十一面观音经》，及至唐代，玄奘、不空各有译本。唐代起，中国、日本的十一面观音信仰极盛，是密教造像较多的一种题材。中国普遍的十一面观音信仰开始于武则天时期，在龙门石窟、天龙山石窟均有此项的十一面观音像。甚至日本法隆寺金堂也有一幅相当于我国初唐时期的十一面观音壁画，显然与当时中日文化交流频繁有关。武则天曾于仪凤二年（677）建光宅寺，长安三年（703）又于此寺建七宝台，改寺名为七宝台寺，该寺历经沧桑，早已不存，遗址在今日的西安火车站附近。七宝台的部分造像保存在宝庆寺（今陕西省博物馆附近），后又流散到日本、美国等地，计有35件，其中有7件是十一面二臂观音立像。

莫高窟初唐的321、331、334、340、341窟有一批多头多臂的观音造像，其中十一面观音像7身，即：

| 图 34　334 窟十一面观音

321 窟，一身，东壁门北，主尊，立像，六臂，有二胁侍菩萨；

331 窟，二身，东壁门北，胁侍，立像，均为二臂，系佛说法图中佛的左右胁侍；

334 窟，一身，东壁门北，主尊，坐像，二臂，有二胁侍菩萨（图 34）；

340 窟，一身，东壁门上方，主尊，坐像，二臂，有六胁侍菩萨；

榆林窟 23 窟甬道南、北壁残存十一面观音各一身，主尊，立像，二臂。

另外，莫高窟 341 窟东壁门上绘说法图一铺：为一佛、两身八臂胁侍观音、十身供养菩萨。这样，我们在敦煌壁画上可以看到 9 身初唐时期的多首多臂密教观音像。

武则天时期密教图像的特点，是以观音为主，观音虽多首多臂，但面相仍相当亲切自然，威猛怖畏的形象大约在开元三大士之后才流行。

武则天与十一面观音的关系密切，《宋高僧传·清虚传》云，长安四年(704)，清虚在少林寺坐夏，"山顶有一佛室，甚宽敞，人无敢到者，云鬼神居宅焉。"清虚"即往彼，如常诵经，夜闻堂东有声甚厉，即念《十一面观音咒》。"僧伽（628—710）竟幻化为十一面观音。《宋高僧传·僧伽传》载："始至西凉府，次历江、淮，当龙朔（661—663）初年也。……曾卧贺跋氏家，身忽长其床榻各三尺许，莫不惊怪。次现十一面观音形，其家举族欣庆，倍加信重，遂舍宅焉。"697年，改年号神功，《旧唐书·则天皇后本纪》记载："九月，以契丹李尽灭等平，大赦天下，改元为神功。"此年号用了三个月，次年正月，改年号圣历。所谓"神功"乃指法藏建立十一面观音道场，《大唐大荐福寺故大德康藏法师之碑》记载："神功元年，契丹拒命，出师讨之，特诏藏依经教遏寇虐。乃奏曰：'若令摧伏怨敌，请约左道诸法。'诏从之。法师盥浴更衣，建立十一面道场，置光音像行道。始数日羯虏睹王师无数神王之众，或瞩观音之像浮空而至，犬羊之群相次逗挠。月捷以闻，天后优诏劳之曰：'蓟城之外兵士闻天鼓之声，良乡县中贼众睹观音之像。醴酒流甘于陈塞，仙驾引纛于军前，此神兵之扫除，盖慈力之加被。'"

日本正仓院藏的垂拱二年（688）武则天写经题记，全文如下："造菩萨愿文卷第八。垂拱二年十二月四日，大唐皇太后奉为高宗大帝敬造绣十一面观世音菩萨一千铺，愿文一首。奉为先王先妃造十一面观世音菩萨，愿文一首。奉为（下缺）。"这是一件理解初唐密教发展的重要资料，武则天一人绣造一千铺十一面观音像，必当像绣千手千眼观音像一样，流布天下，说明当时两种观音像为中国信徒所信崇。这条武则天《造菩萨愿文》，既是清虚、僧伽十一面观音信仰的注脚，又是敦煌、天龙山、宝庆寺、法隆寺等十一面观音造像的注脚。

　　盛唐晚期开凿的148窟有不空羂索观音经变、如意轮观音经变、千手千眼观音经变等密教题材，此后直到元代，密教图像是敦煌石窟的重要题材之一。

报恩君亲：蕃占时期敦煌石窟的营建

蕃占时期相当于中国历史上的中唐时期，是指786年吐蕃占领敦煌到848年张议潮赶走吐蕃、将敦煌恢复唐朝统治这一段历史时期。有时我们习惯称中唐时期，但严格说来，这不属于"唐"时期，而是蕃占时期。

吐蕃信仰佛教，所以蕃占时期敦煌佛教继续得到发展，开窟50多个，画塑精美，敦煌文献中有许多这一时期的佛教信仰资料。S.1686《沙州都教授和尚画佛功德发愿文》是辛丑年（821）一位都教授在一所寺院画一铺佛传的发愿文，内容完整，并有具体时间、地点，其中提到："厥投诚梵宇，渴仰慈门，敬舍珍财，披肝虔敬者，资益己躬之所建也。……今则荣为已就，发日逼临，虑路上之灾非，伏闻三宝能济厄,诸佛如来,有求必遂。是以来投宝地,亲诣金田,炉焚百和之香,财施七珍之服。三尊卫护,实体无危;八部加威,行呈(程)安泰。人马平善,早达上州。称遂其心,以和琴瑟。然后先亡玉叶,咸沐良缘;见在金枝,俱沾胜益。"于此可见佛教是当时人们的心灵慰藉。

投诚梵宇　渴仰慈门：
敦煌陷蕃与蕃占时期敦煌佛教

敦煌陷蕃的时间有不同的说法。《元和郡县图志》云是建中二年（781），但敦煌资料显示，陷蕃时间要晚几年。当时中原战乱，敦煌陷蕃史实已经无法准确记入正史。

755年，在今天的河北一带发生了中国历史上有名的"安史之乱"。当时唐王朝为了平定安禄山、史思明之乱，将河西等地的主要兵力集中在了河北一带，河西空虚。而从755年到796年，是吐蕃赞普赤松德赞统治时期，也是吐蕃王朝有史以来国势最强大的时期，于是吐蕃乘机在763年占领兰州，依次向西推进，764年占领凉州，766年占领甘、肃二州，776年占领沙州（敦煌）的寿昌县。而对敦煌的战争开始于大历十二年（777），据颜真卿《唐故太尉李广平文贞公神道碑侧记》，是年，吐蕃将在敦煌所俘的宋衡"赠以驼马送还，大历十二年十一月尽室护归"。此后大约建中二年（781）吐蕃对敦煌有过一次大的战争，《旧唐书·德宗纪上》记载建中三年（782）夏四月"先陷蕃僧尼将士八百人自吐蕃而还"。五月诏曰："故伊西、北庭节度使杨休明、故河西节度使周鼎、故西州刺史李琇璋、故瓜州刺史张铣等，寄崇方镇，时属殷忧，固守西陲，以抗戎虏。殁身异域，多历岁年，以迨于兹，旅榇方旋，诚深追悼，宜加宠赠，以贲幽泉。休明可赠司徒，鼎赠太保，琇璋赠户部尚书，铣赠兵部侍郎。"参考《元和郡县图志》的记载，大约建中二年有一次战争，瓜州刺史张铣当卒于此役。但此后敦煌纪年依然使用唐代年号，大约尽管兵临城下，当时敦煌本地军民和来自河西已陷吐蕃诸州的部分军民，奋力抵抗，城池尚未陷落。780年唐德宗即位，对吐蕃采取和平外交，更有783年的清水会盟，唐蕃战争暂告一段落。

贞元二年（786）八月，因唐政府失信，未按约定割地给吐蕃，于是吐蕃重开战事，发动对唐朝的进攻，率军队进攻敦煌的是吐蕃大将尚绮心儿，敦煌在吐蕃答应将居民"勿徙他境"的条件下"寻盟而降"，时在786年。从此敦煌为吐蕃统治长达60余年（786—848）。

在敦煌的大唐帝国臣民刚刚度过开天盛世，就披发右衽，藏文成为敦煌流行的官方语言，想必心情并不平静，一些人心存芥蒂，唐朝落蕃官员以"破落官"自嘲，BD08034《般若波罗蜜多心经》尾题："破落官前同河西节度副使、银青光禄大夫、试鸿胪卿、兼肃州刺史杨颙写施。"（图35）想必这位落蕃官员当时现状无法与当初前河西节度副使、肃州刺史同日而语。《般若波罗蜜多心经》在古代十分流行，P.2884《般若波罗蜜多心经》写经题记："读诵此经，灭十恶五逆，生死重罪。若欲报十方诸佛恩者，亦当读诵此经，罪障消灭。"杨颙选择这部经来抄写，也许是他内心绝望的一种表露吧。部分在敦煌落蕃的唐朝官员继续在敦煌为蕃官，如据P.3481，阎朝唐任"沙州都知兵马使、开府仪同三司"，蕃任"大蕃部落使、河西节度"。《阴处士碑》（P.4638、P.4640）记载阴伯伦唐任"游击将军、丹州长松府左果毅都尉、赐绯鱼袋、上柱国、开国男"，蕃任"沙州道门亲表部落大使"等。P.3918《佛说金刚坛广大清净陀罗尼经》为"癸酉岁（793）七月十五日，西州没落官、甘州寺户、唐伊西庭节度留后使判官、朝散大夫、试

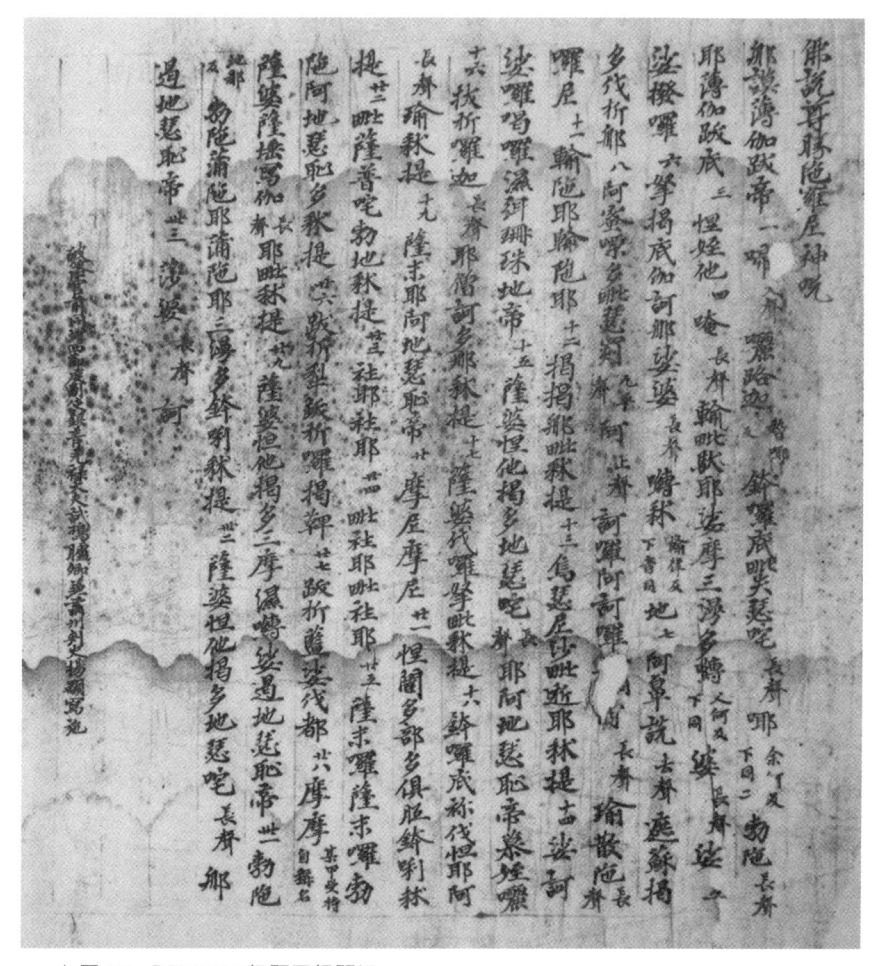

图 35　BD08034 杨颙写经题记

大仆卿赵彦宾写"。赵彦宾从朝散大夫到寺户，落差巨大，他将自己过去的官职列上显示他对自己过去无法释怀。陷蕃初期任职蕃朝的唐朝官员往往提及自己的唐朝官职，而不提蕃任官职，大约认为唐朝会很快收复河西，为自己在归唐后留下一条后路，当时谁也没有想到吐蕃会占领河西地区达 60 余年之久。

蕃占初期，民众与吐蕃统治者存在尖锐矛盾，如 S.1438 正面是南朝宋文明《道德义渊》卷上，背面残存蕃占初期的一位"守官沙塞"的敦煌地方官的文集（现在一般称《书仪》），首尾均缺，存177行，共42篇，一些内容反映了当时敦煌的政治形势。其中第8、10、11件文书是关于蕃占"未经两稔"，玉关（玉门关）驿户起义的报告、书信。驿户范国忠、刑兴、张清等6人（另一件文书S.2703说是7人）不满驿将王令诠的压迫而率众造反，"从东杀人，聚徒逃走，劫马取甲，来赴沙州，千里奔腾，三宿而至"；"杀却监使、判呲等数人"；"某等誓众前行，拟救节儿、蕃使。及至子城南门下，节儿等已纵火烧舍，伏剑自裁，投身火中，化为灰烬"。

唐代敦煌按地域分置敦煌、莫高、神沙、龙勒、平康、玉关、效谷、洪池、悬泉、慈惠、洪润、寿昌、从化等十三乡。蕃占期间则把沙州百姓按照职业编成若干部落，目前尚不清楚敦煌到底设立多少部落，各部落设立的时间也多数不清楚，见于记载的有：

丝绵部落：S.3287、S.5812、S.5824、P.3491、P.3613、P.3774；

行人部落：S.1475、S.1864、S.5842、P.2449；

僧尼部落：S.2729；

道门亲表部落：P.4638、P.4640；

中元部落：S.1292；

上部落：S.1475、P.3444；

下部落：S.1457、S.3287；

撩笼部落：S.542；

阿骨萨部落：S.1457、P.2686、P.3422、P.3730、杏雨书屋62；

悉董萨部落：S.6829、P.2502、P.4686；

通颊军部落：P.T.1113。

各部落成立时间有所不同，僧尼部落设立时间较早，见于S.2729

《辰年牌子历》（《辰年三月日僧尼部落米净辩牒》），此辰年学者一致认为就是788年。此后根据需要还设立一些部落，如根据敦煌藏文文献P.T.1113，通颊军部落建立于824年。部落的最高首领是部落使，下设将，将下设将头等，结构甚是复杂。一些汉族人也任职于吐蕃政权，如阴嘉珍（231窟窟主阴嘉政之兄）曾担任过沙州三部落仓曹。

吐蕃占领敦煌前夕，大批僧尼随着唐军节节西退而聚集沙州，现存敦煌文献中保存有一些当时来自东面甚至长安寺院的学问僧的著作或所抄写的佛经，一份现藏台北中央图书馆敦煌文献4737号《净名经关中疏》的题记是："己巳年（789）四月廿三日，京福寿寺沙门维密于沙州报恩寺为僧尼道俗敷演此《净名经》，以传来学之徒，愿秘藏不绝者矣。龙兴寺僧明真写，故记之也。"S.3475《净名经关中疏》卷上大历七年（772）题记："巨唐大历七年三月廿八日，沙门体清于虢州开元寺为僧尼道俗敷演此经，写此疏以传来学。愿秘藏常开，广布真如之理；莲宫永丽，弘分般若之源矣。"又在旁题："又至辰年（788）九月十六日，俗弟子索游岩于大蕃管沙州为普光寺比丘尼普意转写此卷讫。"估计索游岩陷蕃后留寓敦煌了。

蕃占时期敦煌使用干支纪年，少数用吐蕃纪年，如365窟西壁的藏文发愿文记该窟兴建于水鼠年，完工于木虎年。这一时期既流行藏文，也流行汉文，保存下来的汉文写经也有不少，如S.3485《金刚般若经》题记："大番岁次己巳年（789）七月十一日，王土浑为合家平善，国不扰乱敬写。"S.1864《维摩诘经》卷下题记："岁次甲戌九月卅日，沙州行人部落百姓张玄逸，奉为过往父母及七世先亡、当家夫妻、男女、亲眷及法界众生，敬写小字《维摩经》一部。普愿往西方净土，一时成佛。"蕃占时期只有一个甲戌年，就是794年。

吐蕃也信仰佛教，所以吐蕃占领敦煌时期，也是佛教得到发展时期。敦煌的僧尼籍显示，在吐蕃统治初期，敦煌有僧尼寺院13所，S.2729《辰年牌子历》记载788年有龙兴寺、大云寺、莲台寺、灵图寺、金光明寺、永安寺、乾元寺、开元寺、报恩寺、灵修寺、普光寺、大乘寺、潘原堡（此名有些怪，之前灵修寺、普光寺、大乘寺等三所寺院为尼寺，此或也是尼寺）等僧尼寺13所，"都计见上牌子僧尼三百一十人"。S.542《戌年六月十八日诸寺丁壮车牛役簿》记载的13所寺院是：龙兴、大云、莲台、灵图、金光明、永安、乾元、开元、报恩、兴善、灵修、普光、大乘。缺潘原堡、多兴善寺，潘原堡或许就是兴善寺（大约后来又改名安国寺）。S.5676《公元800年前后沙州诸寺僧尼籍》记载15所寺院是龙兴、大云、莲台、灵图、金光明、永安、开元、报恩、灵修、普光、大乘、永康、窟（莫高窟）、安国、圣光。少乾元寺、兴善寺，多出永康寺（可能就是乾元寺）、安国寺（可能就是潘原堡、兴善寺）、圣光寺、窟。后来敦煌还有三界寺，上述三件文书都没有提到，可能就是"窟"。由上分析，圣光寺可能是一所新寺院。

844年，中原发生会昌灭佛事件，由于敦煌正值吐蕃统治时期，敦煌的佛教发展没有受到影响。吐蕃统治期间，莫高窟开窟50多个，藏经洞出土有此期的大量藏文文献和汉文文献，为藏学研究、汉藏文化艺术交流与发展提供了宝贵资料。如：7世纪90年代，从印度入藏的密教僧人与从敦煌入藏的汉族禅宗僧人在拉萨桑耶寺举行辩论，对何者代表正统佛法等问题展开讨论，P.4646、S.2672《顿悟大乘正理决》记载了这一争论过程，这就是著名的"拉萨僧诤"（吐蕃僧诤，拉萨宗教会议）。敦煌藏经洞文献中有大量蕃占期间的藏文写经题记，一些敦煌写经还流传到西藏，保留至今。吐蕃国师称钵阐布，赞普墀德松赞在马年（814）敕令钵阐布娘·定埃增、钵阐布·贝吉云丹组织吐蕃僧人、印度僧人翻译佛经，敦煌藏文文献中留下了这两名吐蕃钵阐布的校经记录。

首任归义军节度使张议潮的老师法成是个学问高深的吐蕃僧人，出身于达那（今西藏的通门县）管氏家族，所以又叫管法成，有时也称他为吴和尚，精通汉、藏、梵文，在吐蕃统治时期住在沙州的永康寺（关于此寺的文献很少，可能是蕃占初期其他寺院名称的改称），译经撰述甚勤。张议潮从小在寺院长大，P.3620有《封常清谢死表闻》等文献，尾题"未年（815）三月十五日学生张议潮写"，一般认为是他做学生时所抄写的作业，从当时学校教育背景看（一般认为吐蕃占领时期没有官方主办的学校），他可能是寺学学生。张议潮也去过拉萨，恐与法成有关，P.3554《悟真谨上河西道节度公德政及祥瑞五更转兼十二时共一十七首并序》，其中提到："昔尚书曾逃逻娑。引导神人。祭水河边，龙兴紫盖。池现圣鸟，气运冲星。阵上回风，击添雷雹。嘉禾合颖，麦荞两歧。……观音独煞，助济人民。佛晃神光，呈祥表瑞。如斯盛美，人具尔瞻。此则尚书之感应也。"张议潮去拉萨的时间、目的、同行人数等，现无从查证。吐蕃统治后期法成曾在甘州修多寺弘法译经。敦煌重归唐政权后，在张议潮挽留和关照下，法成来到敦煌的开元寺、灵图寺居住，开讲《瑜伽师地论》等，卒后，他的弟子中有法镜、法海等继续在敦煌讲经。法成大约卒于咸通五年（864），因为咸通六年正月三日，都僧政法镜奉命清点吴和尚使用的图书及其撰述，事见BD14676《咸通六年灵图寺点勘藏经目录》："咸通六年正月三日，奉处分吴和尚经论，令都僧政法镜点检。所是灵图寺藏论及文疏，令却归本藏。诸杂蕃汉经论，抄录以为籍账者，谨依处分，具名目如后。"则此吴和尚卒于此前不久，即咸通五年。这份文献相当于吴和尚读书清单，反映了一位高僧的学识。

另一学问僧洪䇮童子出家，长成僧宝，有辩才，谙蕃语，传译佛书，精研唯识。"和尚以诱声闻后学，宏开五部之宗。引进前修，广谈三乘之旨。维摩唯识，洞达于始终。横宗竖宗，精研于本末"；"开七佛药师之堂（今365窟，832—834年），建法华无垢之塔"（P.4640《吴僧统碑》）。蕃占时期就任释门都教授，851年唐宣宗封他为京城内外临坛供奉大德、河西释门都僧统，约862年卒，其影堂（纪念堂）保留至今，即今17窟，内有洪䇔等身写实影塑、《告身碑》等。

蕃占期间开凿的洞窟约有50多个，158、159窟的塑像和壁画是这一时期佛教艺术的代表作之一。蕃占洞窟有许多新的特点，首先是唐前期多数洞窟一壁绘一铺经变，这时则一壁绘多铺经变，并且下方还有屏风画，内容与主体说法会相呼应，如237窟西壁龛外两侧为文殊变与普贤变，东壁为维摩诘经变，南壁自西向东为法华经变、观无量寿佛经变、弥勒经变，北壁自西向东为华严经变、药师经变、天请问经变，经变下方有许多屏风画。

吐蕃统治敦煌时期，汉语依然流行，石窟题材多数属于汉风。839年，231窟建成，此窟蕃风甚微：建窟功德记《阴处士碑》（P.4638、P.4640）是用汉文写的，壁画榜题多数清楚，也均为汉文。东壁门上有4身供养人，均着汉装，题名也是汉文题名。

一些洞窟则既有汉文化内容，也有吐蕃色彩。834年，洪䇔建成365窟，龛沿正中有藏文发愿文，龛沿下方则是汉文的《回向轮经》。158窟甬道北壁西起第二身比丘像用汉字题名，而主室北壁举哀图中赞普像的题名是藏文（今毁，见伯希和拍摄的照片）。我们至今没有发现蕃占洞窟中完全由吐蕃人建造的洞窟，这实在是个谜团。

佛晃神光　呈祥表瑞：
蕃占时期敦煌石窟的营建

由于吐蕃信仰佛教，因此敦煌在吐蕃统治时期佛教依然兴盛。会昌灭佛期间（844—847），敦煌正处在吐蕃统治时期，敦煌佛教没有受到丝毫影响。在吐蕃统治时期，莫高窟新开洞窟数量很多，有57个，分为二期。

第一期开窟约29个：81、93、111、112、132、133、150、151、154、155、181、183、184、190、191、193、197、198、200、201、222、224、447、470、471、472、473、474、475窟。

第二期开窟约28个：7、136、141、142、143、144、145、147、157、158、159、160、231、232、235、237、238、240、358、359、360、361、363、365、367、368、369、468窟等。

尽管吐蕃统治敦煌60余年，藏经洞也发现大量此时期的文献，但敦煌石窟中没有发现藏族信徒开凿的洞窟，壁画题材主要还是根据汉译佛经绘制，榜题也是用汉字书写，只有93、158、331、365窟等少数洞窟曾同时使用汉、藏文。榆林窟25窟正壁画卢舍那佛并八大菩萨，榜题为"T"字形，即上方一横写藏文（似乎没有写上藏文），下方一竖写汉字（有汉字）。另外，一些洞窟有吐蕃文、汉文双语"T"字形供养人题记，如331窟始建于初唐，蕃占时期补绘甬道，甬道南壁有"T"字形榜题，上一横藏文清楚，下一竖可能是汉字（现存后来的回鹘文）。

与前代洞窟相比，蕃占时期洞窟有更多的题材，经变画大大增多，一窟之中有数种经变画，如231窟主室南、北壁各有3铺经变、东壁有2铺。而唐前期一般都是主室南、北壁都是通壁一铺经变，至蕃占时期主室南北壁画2或3铺经变画则成为一种潮流。除铺数增多外，经变画的情节也大大增多，配以大量榜题，内容来自佛经。造像题材的另一个特点是，敦煌石窟早在初唐晚期开始出现密教图像，但数量不多，盛唐晚期的148窟画有千手千

图36　359窟吐蕃装男供养人

眼观音、如意轮观音、不空罥索观音等密教图像，此后蕃占时期洞窟的密教图像流行广泛，还传来波罗朝密教图像。另外，231、237窟的主室西壁龛顶出现大量佛教史迹画，也是值得关注的。

蕃占时期洞窟的供养人像也是令学者、游客津津乐道的，论文颇多。维摩诘经变中的赞普、一些普通男供养人都是头缠红布和身着宽大袍衣，胸口敞露，具有鲜明的吐蕃装特色，这是判定蕃占洞窟的可靠依据。在蕃占期间的维摩诘经变中，帝王听法图最前列的帝王为赞普形象，而晚唐时期又变成汉装国王，但在晚唐随侍诸国王中往往夹杂着一

身缠头、穿开领大袍的吐蕃装国王。蕃占时期洞窟的供养人像有汉装、吐蕃装，220窟甬道南壁蕃占时期开凿一小龛，壁画中的供养人着开领袍服，缠头。法藏敦煌绘画品P.T.2223为纸本托塔天王像，下方有一身类似的蕃装供养人，据此也可判定这件纸本画属于蕃占时期。出现吐蕃缠头装男供养人最多的洞窟是359窟，约有比丘、比丘尼、男女供养人约80身，其中有一些男供养人着吐蕃缠头装（图36）。在经变画中也有一些缠头吐蕃族服饰，如154窟金光明最胜王经变中有吐蕃装驱象人，可知该窟修建于蕃占期间。

有些蕃占时期的洞窟在主室东壁门上方画一组供养人，位置很高，如 144、200、231、238、359 窟等，后来归义军时期继续流行这一做法，如 9、12、138、156 窟等。一般来说，东壁门上的供养人是窟主的已亡父母，表示窟主的"报恩"。如 231 窟东壁门上的题名是"亡考君唐丹州长松府左果毅都尉改、亡慈妣唐敦煌录事孙索氏同心供养"。144 窟东壁门上牌位中央题"索氏愿修报恩之龛供养"，此题名两侧为供养人题名。牌位南侧为胡跪男供养人，左手持长柄香炉，右手不持物，有揭香炉盖之姿，胡须花白，牌位上题名"亡父前沙州……索留南供养"。身后站立两身形象较小的供养人，一持麈尾，一持拐杖。牌位北侧为胡跪女供养人，双手握长柄香炉，牌位上题名"亡母清河张氏供养"。身后站立两身形象较小的女侍从，一身怀抱一物（似是冠帽），一身怀抱布质包裹，右肩荷一长柄团扇。

蕃占时期的洞窟虽多，但只有 365、231 窟有开窟纪年。

365 窟南北前部 12.7 米，后部 13.3 米，后部佛坛上塑药师七佛，该窟现在表层壁画为宋初绘制。窟主是洪䇹（？—862）。窟内正壁龛沿正中有藏文题记，译成汉文是："圣神赞普弃宿隶赞之世……（赞普）宏德（广被），垂念众生……（洪䇹）……复此佛殿于水鼠（壬子）年之春（或夏）兴建……木虎（甲寅）年仲秋月开光承礼。塔塔、索晟恭敬祈祷。"由于弃宿隶赞（可黎可足）在 815—836 年任赞普，其间的水鼠年和木虎年只有 832 年和 834 年。

龛沿下方写《回向轮经》一卷，该经的内容与翻译流传与一般佛经不同。该经属于忏悔类佛经，据《贞元新定释教目录》卷一七记载，西域取经僧悟空因吐蕃占领河西而滞留北庭都护府，789 年，请尸罗达摩（意为戒法）翻译该经，后随北庭使团返回，于次年二月抵达中原，将尸罗达摩在北庭龙兴寺译的《回向轮经》1 卷、《十地经》9 卷，龟兹三藏勿提提犀鱼（意为莲花精进）于安西城西莲花寺译的《十力经》1卷并佛牙舍利进献皇帝，三部佛经在799年编入《大唐贞元释教录》。敦煌文献中有数件《回向经》写本，而该经是从何地传入敦煌的，尚不确定。

P.4640窦良骥撰《吴僧统碑》即是建365窟的功德记，S.779有习字"《大番沙州释门教授和尚洪䇮修功德记》，大番国子监博士窦良骥撰"，当是P.4640《吴僧统碑》的全称。碑记建窟之时的绘塑内容有："遂抽一纳之长，削五缀之余，竖四弘之心，凿七佛之窟。贴金画彩，不可记之。然则清凉万圣，摇紫气而浮空。贤劫千尊，开碧莲而化现。十二大愿，九横莫侵。百八浮图，三灾莫染。法华则会三归一，报恩乃酬起二亲。文殊助佛宣扬，普贤则悲深自化。善财童子，求法无厌。得道天仙，散花不倦。"可知此窟当时至少有药师经变（"十二大愿，九横莫侵"）、法华经变（"法华则会三归一"）、报恩经变（"报恩乃酬起二亲"）、华严经变（"善财童子，求法无厌"）、文殊变与普贤变（"文殊助佛宣扬，普贤则悲深自化"）、千佛（"贤劫千尊，开碧莲而化现"）等。

365窟与上面的366窟、下面的16窟均在一条垂直线上，显然当时是三窟同建，为一组洞窟，可见洪䇮实力雄厚。根据P.T.1261《吐蕃占领时期敦煌斋僚历》可推测洪䇮曾为灵图寺僧。P.4660《故吴和尚赞》云："一坐披削，守戒坐禅。久坐林窟，世莫能牵。"看来洪䇮是长住莫高窟的。

231窟主室平面方形，西壁开盝顶龛，主室东西进深6.2米，南北6.7米。洞窟不算太大，在莫高窟算是中型窟，但该窟是蕃占期间开凿的两个有具体年代的洞窟之一（另一个是365窟），建窟发愿文完整地保存在敦煌文献中，主室壁画也十分完整，因此是蕃占期间最重要的一个洞窟。阴嘉政建231窟的发愿文见于P.4638，标题是《大番故敦煌郡莫高窟阴处士公修功德记》（同一内容见 P.4640，标题是《阴处士碑》），内容完整。先叙家谱，次述开窟及内容："将就莫高山为当今圣主及七代凿窟一所，远垂不朽，用记将来。又有弟嘉珍及弟僧沙州释门三学法律大德离缠等，进思悌恭，将顺其美。……遂则贸良工，招锻匠，第二层中，方营洞窟。其所凿窟，额号报恩君亲也。龛内塑释迦牟尼像并声闻菩萨神等共七躯；帐门两面画文殊、普贤菩萨并侍从；南墙画西方净土、法华、天请问、报恩变各一铺；北墙画药师净土、华严、弥勒、维摩变各一铺；门外画护法善神。"南墙、北墙的经变次序均自内向外，其中南墙的报恩经变实际上是在东壁门南，北墙的维摩经变在东壁门北。尾署"岁次己未四月壬子朔十五日丙寅建"。蕃占期间的"己未年"只有一个，就是839年。

没有具体年代的洞窟营建资料还有：

P.2991《报恩吉祥之窟记》（原题）是一篇完整的营建洞窟发愿文，建窟者为俗姓氾氏、"法号镇国"的和尚，发愿文提到："父母生我劬劳，欲报之恩，唯仗景福。是以捐资身之具，罄竭库储，委命三尊，仰求济拔。遂于莫高胜境，接飞檐而凿岭，架云阁而开岩。其龛化成，粉壁斯就。富（当）阳素（塑）毗卢像一躯，并八大菩萨，以充侍卫。"当阳即正面。莫高窟没有发现塑有卢舍那佛并八大菩萨的洞窟。释镇国所建洞窟，难以确考，有学者推测361、234、153窟等，尚无统一的意见。

44窟主室进深11米，南北7.6米，为中心柱窟，中心柱正壁开龛，余壁不开龛，南北壁各开二龛，是盛唐开凿而未完工的洞窟，蕃占时期进行补绘，但也没有完工，南壁西侧一龛素壁，仅画了背光，后来竟一直没有补绘。南壁二龛之间蕃占时期画一观音立像，旁题"观世音菩萨……使康秀华一心供养"。康秀华之名还见于 P.2912《某年四月八日康秀华写经施入疏》。该件文书的正面为《大乘稻芋经随听疏》，背面包括三件寺院施舍方面的文书：《丑年入破历》《康秀华写经施入疏》《炫和尚卖胡粉历》，根据《丑年入破历》提到的人名，可判定此丑年为821年，一般认为三件文书均属于是年。《康秀华写经施入疏》全文是："写《大般若经》一部。施银盘子叁枚共卅五两，麦壹佰硕，粟伍拾硕，粉肆斤。右施上件物写经，谨请炫和尚收掌货卖，充写经直，纸墨笔自供足，谨疏。四月八日弟子康秀华疏。"可见康秀华是个家财万贯的富商。从他的姓氏、施银盘子与胡粉看，他很有可能是粟特人。他的名字已经汉化了，似乎是居住在敦煌的粟特人。

45窟为盛唐窟，主室进深4.3米，南北4.7米，西壁龛外南侧蕃占期间画观音立像一身，对应龛外北侧蕃占时期画地藏立像一身，龛外南侧力士台座北向面有索滔题记："清信佛弟子索滔为……世音菩萨一躯一心供□（养）。"龛外北侧力士台座东向面有2行小字："女弟子武氏为在都督窟修造，营撰食饮。"45窟周围没有蕃占期间新开的大窟，45窟龛外两侧和东壁门北的蕃占期间壁画风格类似44窟康秀华供养的观音菩萨，所以附近的44窟仍有可能是都督窟。

155窟主室平面正方形，进深3.6米，是一个蕃占期间新开窟，洞窟不大，画技平平，西壁龛下存有一方题记："……前沙州释门都教授乾元寺沙门金炫就此窟内一心供养。"金炫，曾任沙州释门都教授，写于788年的S.2729《辰年牌子历》记载乾元寺有"张金炫"，应为同一个人。他的主要事迹见于P.4660《敦煌名人名僧邈真赞汇集》第32篇《前任沙州释门教授炫阇梨赞并序》，P.2912《康秀华写经施入疏》《炫和尚卖胡粉历》，P.2807《释门文范》等文书。张金炫约在825—832年担任沙州释门都僧统，而后洪䶮接任都僧统。P.2807《释门文范》中的一篇斋文云其"崇成梵宇，揗理蠡宫。变乾元之小堂，状上京之大厦。

珠梁粉玉,赫日争辉。宝梵金铃,清风觉响"。看来,张金炫似乎将主要财力放到寺院建设,在莫高窟所做的功德并不显眼。

225窟主室平面正方形,进深5.1米。这个窟盛唐开凿未完成,蕃占期间局部重修,也没有完工。东壁门上方南侧画一身胡跪持长柄香炉男供养人,穿开领大袍、缠头,题记:"佛弟子王沙奴敬画千佛六百一十躯一心供养"。(图37)王沙奴应该是汉族,可见蕃占期间敦煌汉人有穿吐蕃装的,对应门上方北侧一身胡跪持长柄香炉女供养人则穿唐装,题记:"女弟子优婆夷郭氏为亡男画千佛六百一十躯一心供养。"

图37 225窟王沙奴供养像

158窟是蕃占期间开凿的最大的洞窟之一，南北宽15.7米，西壁佛坛上安置涅槃像，长约15米。甬道北壁西起画两身比丘、两身吐蕃装供养人，第二身供养比丘像的榜题是："大蕃管内三学法师持钵僧宜"。宜，可能是吐蕃姓氏。"大蕃管内"就是吐蕃统治时期，这是此窟为蕃占期间开凿的确凿证据。甬道南壁画四身供养比丘立像（残甚）。主室北壁涅槃经变各国王子举哀图中有吐蕃赞普形象，头部上方有藏文"赞普"题记（图38，见《伯希和图录》，现已毁），也是蕃占期间窟一证。

图38 158窟吐蕃赞普像

199窟主室平面正方形，进深4.4米。为盛唐开凿而未完工，多数壁画为蕃占时期补绘。东壁门南蕃占期间画地藏、观音立像一组，观音的榜题漫漶，地藏菩萨的榜题是："南无地藏菩萨。社人翟严等为亡社人李通济敬造"。

201窟主室进深4.4米、南北4.2米，此窟西壁龛下有很大一方榜题，文字基本保存，其中提到："谨就莫高山岩第三层旧窟，开凿有人，图素（塑）未就，创修檐宇，素（塑）绘复终。先用奉负先亡妣父前唐壮武将军左金吾卫大将军……"，文中称"前唐"，可知所述为吐蕃统治时期之事，该窟原先只开窟，至此时有张姓者续修窟檐、图绘壁画，完成该窟功德。

九横莫侵　三灾莫染：
蕃占时期敦煌佛教造像题材

敦煌不同时代的造像题材与艺术风格存在着许多区别，蕃占期间多数洞窟是一窟有多种经变，这与唐前期通壁为一铺经变画有所不同。多数壁画题材与唐前期一脉相承，也出现一些新的经变画、新的瑞像图等。有些图像昙花一现，如158窟十方净土图等。有的新出题材在后代依然出现，如楞伽经变、密严经变、金光明经变等。

1. 佛教史迹图

敦煌唐前期出现一批瑞像图和佛教史迹画，有凉州瑞像（203、300、332、448窟）、佛陀波利事迹（103、217窟），323窟的主要题材就是佛教史迹画。蕃占期间，出现若干新的佛教史迹画，如五台山图（159、222、237、361窟）、瑞像图（154、231、236、237窟）。

蕃占时期出现大量瑞像图，多数图像来源于同样属于吐蕃统治下的于阗。这些瑞像从蕃占时期开始，一直流传到宋代，延续时间很长，内容几乎没有太多变化，往往成组出现在正壁龛顶、甬道顶及甬道盝顶两披，如231窟龛顶四披共有40幅瑞像。这些瑞像可以按发生的地点分为印度、于阗、中土三大类。在瑞像图中还可以见到四大天王、天龙八部等传统佛教诸神。瑞像的特点是讲述佛像的种种灵异，一像一种神异（如放光佛像、双头佛像）或一种功能（如守护于阗国的诸神）。其数量之多、内容之丰富，在现存敦煌以外的佛教艺术中是没有的，构成敦煌佛教图像的一个特点。另一珍贵之处是，在敦煌文献中有若干瑞像图榜题底稿，如 P.3033V、P.3352、S.2113、S.5659 等，其中 S.2113 最为丰富。

2. 金光明最胜王经变

蕃占期间出现一些新的经变画，金光明最胜王经变为其一。《金光明经》前后 6 译，现存（北凉）昙无谶译《金光明经》4 卷、（隋）宝贵等编集《合部金光明经》8 卷，（唐）义净译《金光明最胜王经》10 卷，而以义净译本最为流行，敦煌唐宋时期共有 10 铺金光明经变，均依据义净译本绘制。佛教将《法华经》《仁王经》《金光明经》称为"护国三经"，《金光明经》中有许多关于天王、神王的护法描绘，并有许多密教陀罗尼。

金光明经变在画史上有记载，《历代名画记》卷三记载长安兴唐寺净土院有盛唐时期吴道子弟子李某（李生）画金光明经变："东南角吴弟子李生画金光明经变"，（宋）黄休复《益州名画录》卷上记载宝历年间（825—826）左全在成都大圣慈寺极乐院画金光明经变："极乐院门两金刚，西廊下金刚经验（经变）及金光明经变相。"这两铺经变早已荡然无存。敦煌现存唐宋金光明经变 10 铺：

中唐（蕃占时期），4 铺：133、154（2 铺）、158 窟。

晚唐，5 铺：85、138、143、156、196 窟（143 窟的时代有中唐、晚唐不同说法）。

宋代，1 铺：55 窟。

158 窟是蕃占期间建造的最大的洞窟之一，金光明经变位于东壁门北，主说法会中的榜题有 22 条，说明当时约有 22 组内容，目前可以判

华夏文明之源 | 敦煌文化

图39 婆罗门击鼓 158窟金光明经变局部

明或推测出的内容有全经31品中的以下诸品：序品第一、如来寿量品第二、分别三身品第三、梦见忏悔品第四、灭业障品第五、最净地陀罗尼品第六、莲花喻赞品第七、依空满愿品第十、四天王观察人天品第十一、四天王护国品第十二、如意宝珠品第十四、大辩才天女品第十五、大吉祥天女品第十六、长者子流水品第廿五、舍身品第廿六，可能还有其他品的内容，因榜题漫漶，不好判定。

位于说法会主榜题下方乐舞图北侧的梦见忏悔品是金光明经变的一个主要图像。画面是：一莲花上有一面大鼓，一外道半跪，左手抚膝，右手举鼓槌作击打状，身后有6身外道双手合十相随。这一品内容比较简单，讲述妙幢菩萨梦见一婆罗门击鼓，并讲忏悔法，次日向佛汇报，佛赞叹此忏悔法，并强调此忏悔法内容很重要。此品的画面很好判断：画一婆罗门击鼓（图39）。

当时敦煌藏族高僧法成依据义净译本将这部经翻译成藏文，敦煌藏文文献中还有若干件《金光明祈愿文》，主要内容来自卷二《梦见忏悔品》。上述资料是158窟等蕃占时期洞窟中出现金光明经变的重要背景。

3.密严经变

《大乘密严经》，简称《密严经》，依佛说法地点在密严净土而得名，汉译本译出之前或称之为《厚严经》。经中自称"《十地》《华严》等，《大树》与《神通》，《胜鬘》及余经，皆从此经出"。许多理论与《楞伽经》相同。该经阐述一切法乃心识所变，其五法、八识、三性、二无我等哲理为法相宗（唯识宗）所重，被列为该宗基本经典"六经十一论"中的一经。汉译本有两种，均为三卷，一是地婆诃罗（日照）译本，P.2261《大乘密严经》前的武则天御制《大唐后三藏圣教序》云地婆诃罗在垂拱元年（685）译出。代宗永泰元年（765），因"此经梵书并是偈颂，先之译者，多作散文。蛇化为龙，何必变于鳞介；家成于国，宁即改乎姓氏？矧论异轻重，或有异同；再而详悉，可为尽善"。诏不空重译，是为同本第二译。赵迁《不空行状》记不空译出"《仁王》《密严》二经，皇帝特制经序。敕命颁行之日，庆云大现。举朝表贺，编之国史"。两译本均分上、中、下三卷，共8品。敦煌遗书中的《密严经》写本有50多件，经过核对，发现它们均属于地婆诃罗译本，没有不空译本。密严经变不见于画史记载，莫高窟壁画中有5铺密严经变。

中唐（蕃占时期），1铺：158窟。

晚唐，2铺：85、150窟。

五代，1铺：61窟。

北宋，1铺：55窟。

除158窟外，4铺密严经变均存有部分榜题，均出于地婆诃罗译本，与敦煌遗书中所反映的情况（均为地婆诃罗译本）相一致。

158窟东壁门南侧一铺经变原定为天请问经变或思益梵天请问经变，但主说法会上有一组天神请问（为戴通天冠的帝王形象，帝释天都是这样形象，这里指经中的净居诸天）、一组梵天请问（为盔甲严身的天王装束，梵天即梵天王，这里是指经中的阿迦尼咤螺髻梵王），互相对应，这组图像均见于晚唐85窟、五代61窟、宋代55窟密严经变（150窟密严经变下部毁，情况不明），可知这是密严经变。地婆诃罗译《大乘密严经》卷中记载："时诸佛子各从所住而来此国，尔时净居诸天与阿迦尼咤螺髻梵王同会一处，咸于此土。"即画面表示净居诸天、螺髻梵王"同会一处"，这是密严经变的最主要特征。

4.楞伽经变

《楞伽经》共有三个汉译本：1.刘宋元嘉二十年（443）求那跋陀罗译本，全名为《楞伽阿跋多罗宝经》，共4卷1品，故又称"四卷楞伽"。南北朝到初唐时，楞伽师们即以此译本为研讨对象。2.北魏延昌时（512—515）菩提流支译本，名《入楞伽经》，共10卷18品，称"十卷楞伽"，内容完整，文字是前一译本的二倍，但不甚流行。3.武周长安四年（704）实叉难陀译本，名《大乘入楞伽经》，共7卷10品，是为"七卷楞伽"。检阅敦煌遗书，三种译本都有，共约80件残卷，其中七卷本占三分之二强，可见七卷本比较流行。

楞伽经变今仅存于敦煌莫高窟，共有12铺，时代从中唐到北宋。

中唐（蕃占时期），1铺：236窟。

晚唐，5铺：9、85、138、156、459窟。

五代，2铺：4、61窟。

宋代，4铺：55、231（前室）、454、456窟。

莫高窟楞伽经变历中唐（蕃占时期）、晚唐、五代和北宋四个时期，上下两百年，但由于它们都依据七卷本绘制，其内容和构图形式都变化不大，一般可分为序品、众多小说法会（大慧菩萨请问）和譬喻画三部分，每一部分包括若干画面。231窟前室南壁宋代所绘楞伽经变中，正中绘序品，下方绘譬喻画，两侧还有条幅画（东侧毁），西侧条幅画有6组小说法会。其余11铺楞伽经变是正中绘序品，两侧和下方绘众多小说法会和譬喻画。序品介绍佛从龙宫说法上岸，楞伽城主从山顶到海岸，请佛说法，"时罗婆那王即以所乘妙花宫殿奉施于佛。佛坐其上，王及诸菩萨前后导从。无量彩女歌咏赞叹，供养于佛，往诣彼城"。画面上画细腰须弥山，佛在山顶说法，这一画面是楞伽经变的最主要标志。

在画史上，早在初唐时，中原就出现了楞伽经变，比莫高窟现存最早的楞伽经变还早一百多年。据《坛经》《五灯会元》《宋高僧传》等书记载，慧能在龙朔元年（661）去黄梅东山投禅宗五祖弘忍大师门下。

数月后，弘忍用高薪聘请著名画家、宫廷内供奉卢珍来黄梅画楞伽经变："时大师（指弘忍）堂前有三间房廊，于此廊下供养，欲画楞伽变，并画五祖大师传授衣法，流行后代为记。画人卢珍看壁了，明日下手。"因当晚神秀题"身是菩提树，心如明镜台。时时勤拂拭，莫使有尘埃"一偈于南廊壁下，而使弘忍打消了画楞伽经变的念头，送卢珍回长安。按：画史记载卢珍"工人物及佛经变"，也是当时名画家，估计当时弘忍的经济条件不错。

莫高窟156、85、9、4、61、55、454、456窟等8个洞窟的楞伽经变存有部分榜题，均出于七卷本。其余4窟（236、138、231、459窟）的楞伽经变虽榜题漫漶不辨，但其时代、构图、内容等与存有榜题的楞伽经变基本相同；再参照敦煌遗书中，七卷本残卷占《楞伽经》残卷总件数的三分之二以上的情况，推测这4铺楞伽经变也是根据七卷本绘制的。

5. 华严经变

《华严经》主要有三个译本：（东晋）佛陀跋陀罗译60卷本，称《六十华严》；（唐）实叉难陀译80卷本，称《八十华严》；（唐）般若译40卷本，称《四十华严》。此外，传译该经中某一品或一部分的亦不少，据法藏《华严经传记》所载，至唐时止，这类别行译本有35部之多。在中国隋唐还出现弘扬华严思想的华严宗。主要内容是七处九会（晋译是七处八会，寂灭道场会、普光法堂会、忉利天宫会、夜摩天宫会、兜率天宫会、他化天宫会、普光重说会、逝多园林会，九会则将普光重说会分普光重说会、普光三说会），即释迦在七处说法，一共说9次（普光明殿讲3次）。

中原的华严经变出现比较早，7世纪末，东都（洛阳）皇家寺院敬爱寺的西禅院、山亭院就画有华严经变。《历代名画记》卷三记载该寺："西禅院北壁华严变（张法受描）"；"山亭院十轮经变、华严经（按：下似缺一"变"字），并武静藏画。"敬爱寺的画塑多数是武周时期。同卷记载西京（西安）"懿德寺。三门楼下两壁神，中三门东西华严变，并妙。三门西廊东，静眼画山水"。静眼即陈静眼，唐前期名画家。8世纪初，长安兴圣寺画"华严海藏变"，《金石萃编》卷七八《大唐故兴圣寺主尼法澄（640—729）塔铭》记载："今上（玄宗）在春宫，幸兴圣寺，施钱一千贯，充修理寺。以法师德望崇高，敕补兴圣寺主。法师修葺毕功，不逾旬月。又于寺内画华严海藏变，造八角浮图，马头空（地名）起舍利塔，皆法师指受规模及造。"按：该寺乃唐太宗于贞观三年（629）为亡母所建。元开《唐大和尚东征传》记鉴真东渡，于天宝十二年（753）"至广州，卢都督率诸道俗出迎城外，恭敬承事，其事无量。引入大云寺，四事供养，登坛受戒。此寺有呵梨勒树二株，子如大枣。又开元寺有胡人造白檀华严经九会，率工匠六十人，三十年造毕，用物三十万贯钱。欲将往天竺，采访使刘臣邻奏状，敕留开元寺供养。七宝庄严，不可思议"。相比于上述这些中原地区的华严经变，敦煌华严经变要晚一些，莫高窟盛唐晚期44窟出现一铺华严经变。尔后直到宋代都有绘制，都在莫高窟，有29铺（包括法藏MG.26462绢画华严经变，高1.94米，宽1.79米）。另外，敦煌文献中还有一份榜题底稿（S.2113）。

盛唐，1铺：44窟。

中唐（蕃占时期），5铺：159、231、237、471、472窟。

晚唐，9铺：9、12、85、127、138、144、156、196、232窟。

五代，7铺：6、45、53、98、108、146、261窟。

宋代，6铺：25、55、76、431、449、454窟。

44窟是个较大的中心柱窟，盛唐晚期开凿，未完工，蕃占时期补绘壁画。中心柱东向面龛顶画两列、每列4铺共8铺小说法图，其中北侧上角一铺为佛在须弥山顶说法，龛北壁上方画一铺立佛图（一立佛十弟子一菩萨一童子，佛的双手下垂，掌心向外），构成华严九会，但没有榜题。龛内三壁画无数云朵，云中有万物，一云一物，云中有鸟、蛇、狮子、人、一只手、璎珞、椅子、耙子、房子等。这是表示善财五十三参之参拜普贤，普贤现神通，展示宇宙世界，实叉难陀译《华严经》卷八〇记载："普贤一一身分、一一毛孔，悉有三千大千世界。风轮、水轮、地轮、火轮，大海、江河及诸宝山、须弥、铁围，村营、城邑、宫殿、园苑，一切地狱、饿鬼、畜生、阎罗王界，天龙八部、人与非人，欲界、色界、无色界处，日月星宿、风云雷电、昼夜月时及以年劫、诸佛出世、菩萨众会、道场庄严，如是等事，悉皆明见。如见此世界，十方所有一切世界悉如是见；如见现在十方世界，前际、后际一切世界亦如是见，各各差别，不相杂乱。如于此毗卢遮那如来所，示现如是神通之力。"即通过示现神通，使善财悟道，领会世界之神奇。

中唐（蕃占时期）开始，华严经变形成固定构图形式：主说法会是由9铺说法图构成的"七处九会"，最下面是大海中一朵大莲花，花中有无数房屋，这是表示"莲花藏世界"，画面周围或者下方屏风画绘善财童子五十三参。实叉难陀译《华严经》卷八介绍华藏世界是："此香水海有大莲花，名种种光明蕊香幢。华藏庄严世界海住在其中，四方均平，清净坚固，金刚轮山周匝围绕，地海众树，各有区别。"华藏庄严世界海的上方（类似海边位置）是由无数彩云构成的宇宙，这是善财参拜普贤时看到的大千世界。实叉难陀译《华严经》占很大篇幅的是"入法界品"，主要讲述善财遍历一百一十城，参访五十五人次善知识。善财参访请教，并依教奉行，终于获证善果（此处不称五十五参而称五十三参,因系善财曾两度听闻文殊菩萨说法,算一参,又于同一时间、地点请教德生童子、有德童女同一法门,也算一参,故称五十三参)。

6. 卢舍那佛并八大菩萨

佛教造像中的八大菩萨主要有两种:一是指《药师经》所说如果信仰该经,临终有文殊师利、观世音、得大势、无尽意、宝檀花、药王、药上、弥勒等八大菩萨来迎接至西方极乐世界(而不是东方药师琉璃世界),敦煌隋代药师经变中就画有八大菩萨。另一种是密教的八大菩萨,一般所说的八大菩萨是指后者。不同的密教经典有不同的八大菩萨名称,但一般指不空译《八大菩萨曼荼罗经》记载的八大菩萨,名称与持物是:

观音:左莲花、右与愿,化佛冠;

弥勒:左水瓶、右施无畏,宝塔冠;

虚空藏:左宝珠、右与愿;

普贤:左与愿、右剑,五佛冠;

金刚手:左手按胯、右金刚杵;

文殊:左青莲花上金刚杵、右与愿;

除盖障:左如意幢、右与愿;

地藏:左钵、右安慰印。

不空译《八大菩萨曼荼罗经》云八大菩萨的作用是:"若有有情依法建立此八曼荼罗一遍者,所有十恶五逆、谤方等经皆悉消灭,一切所求义利胜愿悉得成就。"即除灭过去诸恶、满足现在诸愿。八大菩萨曼荼罗在印度有多例,汉传密教、藏传密教中也很流行。

密教八大菩萨图像一般是中央画菩萨形禅定手印的卢舍那佛(少数是其他佛像),八大菩萨分列两侧,少数主尊是阿弥陀佛、释迦牟尼佛,甚至千手千眼观音等其他密教观音。现存最早的密教八大菩萨可能是 8 世纪后期何敬仙造"阿弥陀佛八菩萨"青铜印模，圆盘状，直径 18.6 厘米，正面中央为禅定印阿弥陀佛，四方各一佛，构成五方佛。最外圈八方各一菩萨构成八大菩萨，诸尊之间为千佛。背面题刻"兴元元年（784）从太中大夫内给事赐绯鱼袋何敬仙敬铸五方佛阿弥陀佛八菩萨水印一铺。贞元十三年（797）十一月廿五日造"。1960 年入藏碑林博物馆。汉传密教中，唐后期到宋辽时代颇为流行，敦煌石窟、四川大足石窟等均可见到。敦煌石窟有 9 铺，见于英藏绢画 S.P.50，莫高窟晚唐 14、宋代 170、宋代 234 窟，榆林窟中唐 25、晚唐 20、五代 35、五代 38 窟，东千佛洞西夏 7 窟。除东千佛洞 7 窟是依据不空译《八大菩萨曼荼罗经》绘制外，其余八大菩萨并不是严格按经典制作。

森罗万象：归义军时期敦煌石窟的营建

一般把848年张议潮起义到1036年西夏占领敦煌这近200年间称为归义军时期，期间跨越了晚唐、五代、宋等王朝。虽然敦煌只是中央政府的一个军镇，但独立性很强，特别是五代宋时期，实际上已经是一个独立的地方王国。根据敦煌文献资料和正史记载，历代归义军节度使是：

张议潮：851—867年

张淮深：867—890年

张淮鼎：890—892年

索勋：892—894年

张承奉：894—910年（910—914年为张承奉建立的金山国时期）

曹议金（曹仁贵）：914—935年

曹元德：935—939年

曹元深：939—944年

曹元忠：944—974年

曹延恭：974—976年

曹延禄：976—1002年

曹宗寿：1002—1014年

曹贤顺：1014—1036年

各节度使都有自己的功德窟，一人一窟，成为惯例，已知的有：张议潮的156窟，张淮深的94窟，曹议金的98窟，曹元德的454窟（一说曹延恭），曹元深的256窟，曹元忠的61窟等，都是当时最大的洞窟。有的节度使与夫人各开一窟，互相毗邻，如曹议金的回鹘夫人天公主窟（100窟）与曹议金的大王窟（98窟）紧邻，组成双窟，窟前有高大殿堂相连，可以想见当时是何等气派。

归义军时期的洞窟没有进行分期，由于内容的程式化，一些洞窟的时代较难区分，未精确统计，这一时期的洞窟大致有：

晚唐，共62窟：8、9、10、12、13、14、16、17、18、19、20、24、54、82、85、94、102、104、105、106、107、111、114、127、128、132、138、139、141、143、144、145、147、150、156、160、161、163、167、168、173、177、181、183、184、190、192、193、195、196、198、221、227、232、241、336、337、343、459、470、473窟。但有学者认为其中的111、132、141、143、144、145、147、150、160、181、183、184、190、193、198、232窟属于中唐窟。

五代，新建21窟：4、5、6、22、36、40、53、61、72、86、90、100、108、137、146、187、261、362、385（实为386窟前室一小龛）、391、476窟。重修洞窟9个：78（初唐，西夏重修，非五代窟）、226（中唐）、300（此为唐前期窟，五代重修）、342（初唐）、346（实际上是345窟前室）、440（北周）、441（北周）、468（晚唐）、469（中唐）窟。

宋代，新建窟16个：25、55、73、76、152、174、230、235（实际上是234窟）、256、355、364、377、443、449、452、454窟。重修前代窟16个：15（晚唐）、34（盛唐，五代、宋重修）、58（初唐）、65（盛唐）、67（初唐）、89（盛唐）、118（盛唐）、130（盛唐）、136（晚唐）、170（盛唐）、178（晚唐）、189（五代）、243（隋）、264（盛唐）、289（隋）、368（中唐）、376（隋）、427（隋）、431（西魏，初唐、宋重修）、444（盛唐）、456（隋）、457（隋）、467（中唐，五代、宋重修）、478（中唐）等窟。

归义军时期的敦煌艺术也没有延续唐前期的豪放气魄和灿烂风采，而是延续蕃占期间画风，并越来越程式化。同样是五台山的山水，盛唐217窟南壁佛顶尊胜陀罗尼经变西侧画的佛陀波利巡游五台山图中，山水清丽，画风奔放，如拂面春风，而五代61窟西壁五台山图，色彩单调，笔锋呆板，如萧瑟秋风。

题材方面，唐前期的敦煌石窟艺术的题材较少重复，如220窟、321窟、323窟等洞窟的粉本就没有在其他洞窟中出现，显然窟主或画家注意到粉本的专用问题。而蕃占以后的洞窟只是作为功德窟，艺术成分大大减弱。如85窟是都僧统翟法荣的功德窟，所画经变的细部内容错乱较多，与其身份很不相符。当时归义军设有画院，因而形成统一的风格，人物形象往往空得形似。有时榜题书写手与画家各司其职，文不对画者有之，无故省略者有之。画家偶或会在壁画上描绘一些社会现实，为画面增添一些色彩，如85窟弥勒经变中为了表示女人五百岁出嫁，画出火把迎亲的场面，这显然是将现实生活场景搬到佛教壁画。

归义军时期，敦煌与中原关系密切，一些佛教文献与佛教艺术题材来自中原，为敦煌艺术增加了新鲜血液。归义军时期出现了一批为世俗所好、甚至是世俗的题材，值得关注，如劳度叉斗圣变、目连变、五台山图、出行图等，供养人像也出现新的特点。

云楼架回　势侵云汉：
张氏归义军时期敦煌石窟的营建

归义军时期开凿的洞窟中，保留较多的供养人题记与发愿文，敦煌藏经洞出土的文献中也有较多的洞窟营建资料，因此一些洞窟的营建情况可知一二。

156窟是第一任归义军节度使张议潮的功德窟，平面方形，进深6.2米，西壁设帐形龛。甬道南壁西起第一身男供养人题名："窟主□（河）西节度使金紫光禄大夫……尚书……"，即为张议潮的题名。甬道南壁张议潮身后供养人为张议潮之侄张淮深，题名："侄男银青光禄大夫检校太子宾客上柱国……大将军使持节诸军……赐紫金鱼袋淮深一心供养"。主室东壁门上北侧画一女供养人并一女侍从，南侧画三男供养人，男供养人题名漫漶，女供养人题名："亡母赠宋国太夫人陈氏一心供养"，即张议潮的母亲，三身男供养人当是张议潮的父亲张谦逸、兄长张议谭和张议潮。主室南壁下层画张议潮统军出行图，题名："河西节度使检校司空兼御史大夫张议潮统军扫除吐蕃收复河西一道行图"。对应的北壁下层画张议潮夫人出行图，其中有一方题名："司空夫人宋氏行李车马"。张议潮收复凉州在咸通二年（861），则此出行图绘于咸通二年之后。前室壁面有咸通六年写的《莫高窟记》，则此窟在咸通六年（865）已经完工。学术界稍存疑惑的是甬道北壁西起第一身张议潮夫人供养像题名："敕宋国河内郡君太夫人广平宋氏一心供养"，太夫人是晚辈对长辈的称呼，似乎不是张议潮的口吻，有学者据此认为是张淮深参与了洞窟营建。

94窟为中心佛坛窟，背屏连接窟顶，主室东西进深16.5米，南北宽13.7米，是晚唐最大的一个洞窟，现存外表壁画为宋初重绘，底层壁画有待揭开。甬道剥出几身供养人像，其中甬道北壁有"叔前河西十一州节度管内观察处置等使金紫光禄大夫检校吏部尚书兼御史大夫河西万户侯赐紫金鱼袋右神武将军南阳郡开国公食邑二千户实封二百户司徒讳议潮"之题名，主室南壁有"母武威郡太夫人巨鹿索氏一心□□（供养）"之题名。《张淮深碑》（S.3329＋S.11564＋P.2762＋S.6161＋S.6973）记载其母为"巨鹿郡君索氏，晋司徒靖十七代孙"，因此可比定该窟即张淮深功德窟。

张议潮归阙后，归义军政权由张淮深执掌，任沙州刺史，《张淮深碑》记："太保咸通八年归阙之日，河西军务，封章陈款，总委侄男淮深，令守藩垣。"敦煌文献中的张淮深资料较多。《张淮深碑》记当时洞窟内容有："龛内素（塑）释迦牟尼像并事（侍）从一铺，四壁图诸经变相一十六铺。参（森）罗万象，表化迹之多门。摄相归真，总三身而无异。方丈室内，化尽十方。一窟之中，宛然三界。檐飞五彩，动户迎风。碧涧清流，森林道树。榆杨庆设，斋会无遮。剃度僧尼，传灯鹿苑。七珍布施，果获三坚。十善聿修，圆成五福。"并记："宏开虚洞，三载功毕。"但未言明具体在哪三年间开凿的。P.3720、S.5630《张淮深建窟功德记》也未具云建窟时间。一般认为P.3126上的一份杂记可能是《张淮深碑》的立碑纪事："中和二年（882）四月八日下手镌碑，五月十二日毕手。索中丞以下三女夫作设于西牙（衙）碑毕之会。尚书其日大悦，兼赏设，僧统以下四人，皆沾鞍马缣细，故记于纸。"设即设供（设宴），由于碑中有功德窟内容，可知94窟此时已经完工。94窟现存外表壁画被宋代千佛壁画所覆盖，底层有晚唐画的经变画、出行图等壁画。

192窟东西进深2.2米（不含龛深），南北宽2.6米，属于一个小窟，南北壁各绘两铺经变（南壁西起阿弥陀经变、弥勒经变，北壁西起药师经变、天请问经变），东壁门南如意轮观音经变、门北不空羂索观音经变。经变的内容也比较简略，如北壁东侧的天请问经变只有一条榜题。东壁门上有一篇《发愿功德赞文》，知该窟建成于咸通八年（867）。该发愿文一些文字漫漶，但参照P.3262等一些发愿文的格式，可将这篇发愿文基本复原。

85窟为中心佛坛窟，无背屏，主室东西进深11米，南北宽10米，为著名的都僧统翟法荣功德窟。建窟发愿文见P.4640，题："翟家碑，唐僧统述。"唐僧统即悟真。碑文内容完整，先叙述家族历史与人员，再叙开窟缘由与内容，提到壁画内容有："若乃释迦轮足，化缘而已周；弥勒垂踪，显当来之次补；十地菩萨，妙觉功圆；八辈声闻，□□□测；多闻护世，奋赫奕之威光；力士呀哆，破邪山之魔鬼；莲花藏界，观行澄澄；十首楞伽，亲承教教；净名方便，汲引多门；萨埵投崖，舍身济虎；十二上愿，化尽东方；十六观门，应居西土；金刚了义，赞善现而解空；天请报恩，降魔□而成道；焜煌火宅，诱驾三车。"碑记建窟的时间是："遂磬舍房资，贸工兴役。于是釜锤竞奋，块圠磅轰，硗确耻山，宏开虚洞。兴功自敦牂之岁，□□□（毕功于）大渊之年。"即862—867年。按：85窟甬道南北壁及主室东壁门北的供养人为五代初期重绘，但甬道北壁仍重绘晚唐原来的供养人。

12窟主室东西进深6.7米，南北宽6.9米，覆斗形顶，西壁开龛。S.530《沙州释门索法律修窟功德记》（《沙州释门索法律窟铭》，又见P.4640、P.2021）记载索义辩（794—869）开凿一洞窟，其中提到："更凿仙岩，镌龛一所，召良工而朴斫，凭郢匠以崇成，竭房资而赏劳，罄三衣而务就。内龛素（塑）某佛某佛某佛，并小龛等，塑画周遍。于是无上慈尊，拟兜率而下降；多闻欢喜，对金色以湛怡；大士凌虚，排彩云而务集；神通护世，威振熠于邪魔；千佛分身，莲花捧足；恩报则报四恩之至德；法华赞一乘之正真；十二观行，对十二之上愿；净天启问，调御答以除疑；无垢巧便，现白衣而助扬真化。云楼架回，耸阙峥嵘；蹬道连绵，势侵云汉；朱阁赫奕，环栱雕楹，绀窗映焜煌之宝扉，绣柱镂盘龙而霞错；溪芳忍草，林秀觉花，贞松垂万岁之藤萝，桂树吐千春之媚色。多功既就，庆赞未容，示疾数句，医明无术，春秋七十有六，咸通十年（869）岁次年月日坐终于金光明寺本居禅院。"

12窟前室南壁西起第一身供养比丘题名："沙州释门都法律和尚义聱一心供养"。主室东壁门上画男女供养人各一身并侍从各二身，男供养人题名："皇祖左金吾卫会州黄□（石）府折□□□□（冲都尉讳）奉……"女供养人题名："□□□□□（皇祖妣太原）阎氏一心供养。"《沙州释门索法律修窟功德记》记载有男供养人名字："皇祖左金吾卫会州黄石府折冲都尉讳奉珍"。后来不知何时有人在此榜题上题写"窟主沙州释门都法律和尚金光明寺僧索义聱……"写的时间比较早，伯希和笔记就记录了这条题记。

107窟平面方形，正壁（西壁）开龛，进深2.6米。西壁龛下中央发愿文8行，存部分文字，最后一行是："于时大唐咸通拾贰年岁次□□癸酉朔贰拾日壬辰□记。"咸通十二年即871年。但没有窟主姓氏。东壁门北两身女供养人，手捧供物，属于侍从，题名："□释迦牟尼佛六躯，愿舍贱从良，及女喜和一心供养。"古代贵族在红喜白丧等事之际常常释放奴婢，敦煌文献有一些《放良书》。这条题名没有喜和的父亲、母亲的姓名，似乎喜和母女是家奴，以微薄资产画佛（此窟四壁无6佛组合，应该就是窟顶小千佛像）6躯，希冀获得人身自由。有人从

"舍贱从良"一词判定喜和母女为妓女，非是。

54 窟为覆斗形顶，西壁开龛，东西进深 2.2 米，南北宽 2.7 米。主要题材属于密教，南壁画千手千眼观音经变、北壁画千手千钵文殊经变、东壁门南画如意轮观音经变，东壁门北残（可能是不空罥索观音经变）。西壁龛下南侧第二身供养人题名："康通信供养。"此人当即 P.4660《康通信邈真赞》中的康通信，云其卒于中和元年（881），身份是"大唐前河西节度押衙银青光禄大夫检校太子宾客甘州删丹镇遏充凉州西界游奕防采营田都知兵马使兼殿中侍御史"，供养人题名前没有加"亡""故"等字，说明 54 窟建造在 881 年之前。

盛唐晚期李太宾修建 148 窟，百余年后，重孙李明振进行重修，记事碑《唐宗子陇西李氏再修功德记》刻在大历十一年（776）《李太宾建窟功德记》碑的背面，碑云："三边无警，四人有暇于东皋；命驾倾城，谒先人之宝刹。回顾粉壁，念畴昔之遗踪；瞻礼玉豪，叹红楼之半侧。岂使林风透囵，埃尘宝座之前；危岭阳乌，曝露荼毗之所？蹬道之南，复有当家三窟，今亦重修。泥金华石，篆籀存焉。于是乃募良工，访其杞梓，贸材运斧，百堵俄成。鲁国班输，亲临胜境，云霞大豁，宝砌崇埔。未及星环，斯构耸立。"148 窟主室涅槃佛坛下有重修者李明振的题名："弟子银青光禄大夫检校国子祭酒守凉州左司马兼御史大夫上柱国陇西李明振"。李明振是张议潮十四女婿，据 P.4615《李端公墓志》，李明振卒于龙纪二年（890），则 148 窟重修工程在 890 年之前，但立碑时间则是乾宁元年甲寅岁（894）。

30 窟主室平面方形，西壁开龛，进深 3.6 米，始建于晚唐，甬道顶晚唐画凉州瑞像一身，主室现存表面壁画为宋或西夏重绘，前室北壁暴露底层晚唐一方题记："大顺三年岁次壬子四月一日曹□□于……"，大顺三年即景福元年（892）。

9窟是个中心柱窟,主室进深8.5米,南北5.6米,窟形较大。9窟的窟主不明,依据供养人题名,可将洞窟的年代判定在索勋任归义军节度使时代(892—894)。甬道南壁画两身供养人,西起第一身题名:"敕归义军节度管内观察处置押蕃落等使银青光禄大夫□□□□检校右散骑常侍兼御史大夫索勋供养"。第二身题名:"朝散大夫沙州军使银青光禄大夫检校左散骑常侍兼御史大夫上柱国陇西郡李弘谏一心供养"。甬道北壁画2身供养人,西起第一身题名:"……光禄大夫检校司徒同中书门下平章事食……实……万户侯赐紫金鱼袋南阳郡开国公张承奉一心供养"。第二身题名:"……瓜州刺史……光禄大夫检校右散骑常侍兼御史大夫上柱国陇西郡李弘定一心供养"。因为不提"窟主",所以这些人都不是窟主,而是某窟主将当时统治者画在这里,这是当时的惯例。真正的窟主供养像在主室东壁门上、门两侧和前室西壁门两侧,现存供养人题名已难判定窟主身份。甬道4身供养人的关系是:甬道南壁第一身是归义军节度使索勋,甬道北壁第一身是相当于归义军节度副使的张承奉,他们身后的供养人分别是张议潮十四女婿李明振的第三子李弘谏、第二子李弘定。大顺元年(890)二月廿二日张议潮女婿索勋发动政变,杀死归义军节度使张淮深夫妇及其六子,拥立张议潮子张淮鼎任归义军节度使,景福元年(892)唐王朝授索勋为归义军节度使,乾宁元年(894)李明振妻杀索勋,张淮鼎子张承奉任归义军节度使,则第9窟的年代当是索勋任归义军节度使之时。主室东壁门上的供养人也比较奇特,中晚唐洞窟中的"报恩"窟是将亡父母像画在东壁门上,如231、144、156、138窟等,而9窟主室东壁门上的供养人却是4身男供养人两两相对胡跪,后立侍从各两身。

P.4640(8)《住三窟禅师伯沙门法心赞》叙述法心早年随张议潮征战,而后出家,归于宕谷(即莫高窟),"同镌此窟,雕碑刻铭"。119窟有法心题名,伯希和记作:"广(?)沙门法心供养"。今已不存。通常来说,"沙门法心供养"前面应该是所属寺院名称,所以其中"广(?)"字可能是"寺"字。

196窟为中心佛坛窟,背屏连接窟顶,东西进深10.4米,南北宽9.8米,为晚唐一大窟,大小与约三十年前河西都僧统法荣窟(85窟)接近。甬道北壁西起第一身男供养人双手持长柄香炉,腰带上插着笏板,题名保存完整:"敕归义军节度瓜沙伊西等州管内观察处置押蕃落营田等使守定远将军检校吏部尚书兼御史大夫巨鹿郡开国公食邑二千户实封二百户赐紫金鱼袋上柱国索勋一心供养"。与9窟题名相比,索勋从"右散骑常侍"升为"检校吏部尚书",可推知196窟要略晚于9窟,但索勋在位时间很短,196窟始建时间可比定在索勋时期(892—894)。紧随索勋的供养人是他的儿子索承勋,双手持手香炉,腰带上也插笏板,题名完整:"男故太保孙朝议郎守沙州长史兼御史中丞承勋一心供养"。索勋父子身后有5名侍从,持供盘、弓箭、团扇等,没有题名。甬道南壁西起第一身男供养人双手持长柄香炉,脚下有精致花毯,题名:"……二千户实封二百户兼……"第二身供养人双手捧方形供盘,上有花盘、香宝子。第二身供养人虽然形象较大,却没有题名。第一身可能是张承奉。将当时最高统治者画在窟内显著位置是当时的惯例,196窟甬道南北壁的供养人都不是真正的窟主。主室东壁门南下方画11身供养比丘,题名基本都保留下来,可知此窟为何姓家族开凿的,即"何家窟"。

138窟是莫高窟最南端的一个大窟,为中心佛坛窟,背屏连接窟顶,东西进深14.7米,南北宽12.7米。主室内画男女僧俗供养人60余身,并有侍从与儿童,颇复杂,东壁门上画一组供养人,中央有榜题,文字漫漶。南侧画一男供养人四男侍从,北侧画一比丘尼一俗女供养人二侍女,比丘尼题名保存完好:"女尼安国寺法律智惠性供养",其余榜题漫漶,但可推测男女供养人即此尼的父母。北壁、东壁门北侧为一

图40 S.P.27 张和荣造药师佛像

列女供养人，面向窟内，北壁最西 7 身为比丘尼，后面为世俗女供养人并侍从 20 身（含东壁门北），西起女供养人第六身题名："河西节度使张公夫人后敕授武威郡太夫人阴氏一心供养"。东壁门南画比丘尼 3 身、女供养人并侍从 12 身，面向北面。南壁有 10 身男供养人，面向西面，存部分题名，其中西起第三身题名："应管内□都……银青光禄大夫……上柱国阴……"根据"阴氏一心供养""上柱国阴"等题名，学者一致认为 138 窟即《腊八燃灯分配窟龛名数》中提到的"阴家窟"。

P.2991《敦煌社人平诎子一十人于宕泉建窟一所功德记》，由于署名"西汉金山国头厅大宰相清河张公撰"，可知该社团窟开凿于西汉金山国时期（910—914），撰稿人张公即张文彻。平诎子等 11 人所建洞窟无法判定。平诎子之名又见隋代 303 窟中心柱东向面，在隋代榜题上写"僧是大喜故书壹字画师平诎子"，字迹拙劣，乃金山国时期平诎子来此涂鸦。

英藏敦煌绘画品 S.P.27 为晚唐绘药师佛说法图，高 72 厘米，宽 55 厘米，药师佛结跏趺坐说法，左手托钵，右手作说法印，左侧架子上插一锡杖。右上角题"南无药师琉璃光佛"，右下角站立一持香炉的男供养人，上方题记："佛弟子节度押衙银青光禄大夫守左迁牛卫终（中）郎将检校国子祭酒兼殿中侍御史张和荣一心供养。愿早达家乡，无诸哉（灾）难。"左下角站立一女供养人，题记："佛弟子彭氏供养。"（图 40）张和荣之名又见于 P.3750 一封书信中，其中提到"张和荣要图画障子，兼素（塑）匠二人，星夜兼程，速须发遣，张善善亦须同来"。从书信和绘画风格可推定张和荣为晚唐时人。

第 358 窟为中唐（蕃占时期）建造的一个洞窟，西壁龛外北侧文殊变中有"和荣"二字，共两处。建窟之时是不可能在壁画上乱题字的，很有可能此"和荣"就是张和荣，大约和荣在附近某窟绘壁之暇，来此窟随手题名。

福同萌芽　罪弃涓流：
曹氏归义军时期敦煌石窟的营建

曹氏归义军时期敦煌石窟继续在营建。归义军诸节度使中，曹元忠任期最长，期间敦煌政治稳定，佛教发达，保留下来的佛教文献和佛教遗迹甚多。但他之后的归义军后期历史不是很清楚，节度使曹宗寿、曹贤顺的功德窟也无法考证。

1. 曹议金时期

98窟（大王窟）为中心佛坛窟，佛坛后部设背屏，连接窟顶。主室东西进深14.8米，南北宽12.6米，甬道长7米，主室面积近200平方米，为当时之最。这是曹议金的功德窟，因曹议金曾称"托西大王"，所以《腊八燃灯分配窟龛名数》等资料常称"大王窟"。曹议金在914—935年间担任归义军节度使，期间敦煌佛事兴盛。98窟建成年代可以考定在924年，据S.5448《浑子盈貌真赞》记载，浑子盈参加了曹议金同光二年（924）秋征甘州回鹘的军事行动，并战死在肃州城下，而98窟的浑子盈供养像题名无"亡"或"故"字样，说明建窟时他还活着。98窟甬道南壁西起第一身供养人题名："河西陇右伊西庭楼兰金满等州□□□观察□（处）……授太保食邑□□（一千）户……万户侯赐紫金……"，这是曹议金的结衔，曹议金由司空而进称太保的时间是在同光二年（924）三月至同光三年六月间，P.2850《除患礼忏文》记载出发时间是"霜秋弃迹，黄叶离枝"。同光二年末至同光三年初的"霜秋弃迹，黄叶离枝"时间只能是同光二年秋，则98窟建成的时间在同光二年。至于98窟开始建造时间则无法考证。P.3262开窟发愿文中提到开窟者是"河西节度使尚书"，又提到"大梁帝主，永治乾坤"，可知是后梁时期，此时的节度使是曹议金，则发愿文适合98窟。

84窟为盛唐窟，主室进深2.1米，五代、宋代（或西夏）重修，主室现存壁画为宋代或西夏所绘。前室西壁门上方有一方发愿文，今漫漶。20世纪40年代，向达、谢稚柳、史岩等记录有"于时大梁贞明五年（919）□□岁十月十五日题记"，则此窟在919年重修过。

220窟（翟家窟）在初唐贞观年间建成后，经过多次重修，甚至在蕃占期间在甬道南壁留下为赞普祈福的说法图并发愿文，说法图下的翟家供养像也穿着吐蕃服饰。同光三年（925）翟奉达在甬道北壁画一铺"新样文殊"并留有长达14行题记：

清士弟子节度押衙守随军□（参）谋银青光禄大夫检校国子祭酒兼御史中丞上柱国浔阳翟奉达抽减□贫之财，敬画新样大圣文殊师利菩萨一躯并侍从兼供养菩萨一躯及□□（救苦）观世音菩萨一躯，标斯福者，先奉为造窟亡灵神生净土，不坠三途之灾，次□（为）我过往慈父、长兄勿溺幽间苦难，长遇善因，兼为见在老母、合家子孙，无诸灾障，报愿平安，福同萌芽，罪弃涓流。绝笔之间，聊为颂曰：大圣文殊，瑞相巍巍，光照世界，感现千威。

于时大唐同光三年岁次乙酉三月丁巳朔廿五日辛巳题记之耳。

36窟实际上是35窟前室，误编为一号。35窟前室和甬道顶壁画为五代梁幸德重修。《册府元龟》卷九七六记载："闵帝应顺元年（934）正月，赐回鹘入朝摩尼八人物有差。闰正月，瓜州入贡牙将唐进、沙州入贡梁行通、回鹘朝贡安摩诃等辞，各赐锦袍、银带物有差。"此梁行通无疑就是敦煌文献记载的梁幸德。据 P.3718《唐故河西归义军左马步都虞候银青光禄大夫检校左散骑常侍上柱国梁府君邈真赞并序》，他们返回途中在张掖遇害，尾署"于时清泰二年（935）乙未岁四月九日题记"，遇害时间在 934—935 年间，由于应顺元年闰正月就离开后梁都城，所以遇害时间在 934 年的可能性更大些。P.3564《莫高窟功德记》记载这次重修未完工时梁行德就出使中原，《功德记》所记载的壁画内容与 35 窟前室相一致，我们暂定在 933 年重修 35 窟前室。

387 窟是盛唐窟，主室西壁龛下五代发愿文 13 行，现存若干，其中最后一行是"于时大唐清泰元年……甲午十……日题斯记"，则重修时间在 934 年。此窟供养人像题名甚多，知为康姓家族集体重修。西壁龛下发愿文南侧第一身供养比丘题名："……释门都僧统兼□□□□京城□□（内外）临□（坛）供奉大德阐扬三教大法师赐紫沙门□□□（香号维宥）供养，俗姓康氏"，此题名可以参考 S.4654 背面杂写的另外一名僧人结衔"敕授河西应管内外都僧统充佛法主京城内外临坛供奉大德兼阐扬三教大法师赐紫沙门法嵩一心供养"进行校对、补充，则其中"兼□□□□"，可能是"兼充佛法主"。另外，据 P.3556《陈和尚邈真赞》："封赐内外都僧统之班，兼加河西佛法主之号"，也有可能是"兼河西佛法主"。据 P.2638《长兴四年至清泰三年（933—936）福集等状》，都僧统阴海晏卒于 933 年，王僧统卒于 935 年，如果重修 387 窟时这位康僧统还在的话（考虑前缺的字中可能有"故"字），他在都僧统位置上也就清泰元年前后的几个月时间，他是归义军时期第二位康姓都僧统，此前有康贤照担任都僧统（895—902）。

329窟为初唐窟，五代重修前室，甬道北壁西起第一身男供养人题名："施主大唐河西归义军节度管内左马……青□（光）禄大夫……骑常侍……史大夫上柱国清河……"甬道南壁西起第二身供养比丘题名："故兄……僧政知三窟……阐扬三教大法师赐紫沙门善才供养"。P.3541《张善才和尚邈真赞并序》提到张善才在莫高窟广修功德，据P.3100《徒众供莫等状》，张善才于景福二年（893）任灵图寺主。三窟是指东窟（榆林窟）、西窟（西千佛洞）、窟上（莫高窟）。善才卒于后唐（923—936），329窟重修于曹议金时期，应该在后唐早期，即10世纪20年代。

2. 曹元德时期

曹议金的继任者曹元德在任时间不长（935—939），我们目前知道有两个洞窟在此期间修建，一是他回鹘母亲天公主修建"天公主窟"（100窟），二是部下张淮庆新建的"张都衙窟"（108窟）。至于曹元德本人的功德窟，目前无线索可寻。

曹议金死后，天公主在紧邻曹议金功德窟的地方建造了一个功德窟，即98窟南侧的100窟，此窟就是《腊八燃灯分配窟龛名数》中提到的"天公主窟"。该窟主室东西进深9.1米，南北宽9.4米，平面方形，西壁设龛。甬道南壁画男供养人并侍从14人，西起第一身男供养人持长柄香炉，题名："故敕授河西陇右伊西庭楼兰金满等州节度使检校中书令……大……讳议金。"可知建窟时曹议金已卒。P.2638《长兴四年至清泰三年（933—936）福集等状》提到三年间支出数中有"生绢壹疋，天公主上梁人事用"。此处上梁当是功德窟窟檐建筑之上梁，也是100窟建造时间大致在曹元德时期的旁证。100窟是天公主独立建造的功德窟，所以称"天公主窟"。

108窟（张都衙窟）也是一个大窟，主室东西进深11.1米，南北宽10.2米，设中心佛坛，无龛无背屏。以地面位置看，此窟的窟前建筑向北与翟家窟（220窟）、天公主窟（100窟）、大王窟（98窟）、北大像（96窟）几乎连在一起，构成一组高官豪族开窟区域。甬道南壁存供养人7身，西起第一身男供养人手持香炉，其余均双手持笏，第一身题名："敕河西陇右伊西庭楼兰金满等州节度使□□□□□□西大王讳议金供养"，古代一般对亡者用"讳"，可知此时曹议金已经去世。第二身男供养人题名："敕河西归义等军节度押蕃落等使检校司空谯郡开国公曹元德一心供养"，可知该窟开凿于曹元德任归义军节度使之际（935—939），因没有"窟主"一词，可知他还不是窟主，因没有"亡""故"等字，可知开窟时间在曹元德时期。该窟供养人题名虽多，但直接的窟主信息欠明朗，或可比定是张都衙窟。《腊八燃灯分配窟龛名数》提到"张都衙窟"，并和大王窟、天公主窟在同一区域："田阇梨：南大像以北至司徒窟，六十一盏。张都衙窟两盏，大王、天公主窟各两盏，大像下层四盏，司徒窟两盏，大像天王四盏。"P.2482《晋故归义军应管内衙前都押衙银青光禄大夫检校左散骑常侍兼御史大夫上柱国南阳张府君邈真赞并序》为张怀庆的邈真赞，他生前为后晋（936—947）时期归义军"衙前都押衙"。P.3550《都衙建窟发愿文》提到"司空""国母天公主"，则建窟时间可定在曹元德时期，108窟窟形较大，或为张怀庆的功德窟，P.3550《都衙建窟发愿文》应该就是108窟的建窟发愿文，此发愿文保存完整。

166窟东壁门北上部五代画一佛二菩萨，发愿文为"时唐□亥年七月十三日释门法律临坛大德胜明奉为国界清平郡主尚书曹公□□□先亡考妣神生□□法界同沾斯福□画夜□□□"。胜明之名又见于第98窟，后唐存在于923—936年间，当中只有一个亥年，即丁亥年（927）。但发愿文中的纪年所缺一字有"已"或"乙"字的部分笔画（弯钩右半），当非丁亥年，所以这里的"□亥年"为"已亥年"，即939年，时值后晋。敦煌在此顷还是称中原王朝为"大唐"，如P.3054正面为《开蒙要训》，尾题"维大唐天福五年岁次已亥九月五日张富邦书记"，此称"大唐"，若以干支纪年为准，则此前二个月，胜明写于第166窟的发愿文用"唐"，就好理解了。

244窟为隋窟，甬道五代、宋（或西夏）重修，甬道南壁西起第一身男供养人题名："……伊西……节度使检校中书令……曹□□"，甬道北壁西起第一身男供养人题名："男敕河西归义军节度押……国……曹元德一心供养"，可知前一身为曹议金，后一身为曹元德，此时曹元德已经是归义军节度使，又称"男"（就是现在的"子"），由于这时曹议金已卒，能称曹元德为"男"的，只能是曹议金索姓、李姓、宋姓三位夫人中的一位，重修时间在曹元德任上。

3. 曹元深时期

曹元德卒后，曹元深担任归义军节度使（939—944）。曹元德、曹元深时期，曾与辽朝有过接触，《辽史》卷三记载："天显十二年（937）冬十月庚辰朔，皇太后永宁节，晋及回鹘、敦煌诸国皆遣使来贺。"同书卷四记载会同三年（941）"五月庚午，以端午宴群臣及诸国使，命回鹘、敦煌二使作本俗舞，俾诸使观之"。使者献舞，似乎是一种侮辱行为。

曹元深在位时间不长，第22窟、256窟，榆林窟12窟可能建于他在位期间。

22窟是晚期较少见的中心柱窟，甬道毁，主室东西进深9.3米，南北宽5.8米。虽然洞窟比较大，但壁画题材比较简略，似乎窟主财力有限。主室东壁门两侧下方画供养人，门北侧毁坏殆尽，门南侧残存局部。门南北起第一身女供养人模糊,榜题漫漶,20 世纪 40 年代史岩录作"敕授秦国太夫人天公主是北方大回鹘国圣天……",第二身今尚可认出"□(敕)受广平郡……",其中"受"当为"授",但当时有写成"受"者。她们都是曹议金的夫人。从第一身题记看,这位回鹘夫人当时还活着,而她在 61 窟的题名是"故母北方大回鹘国圣天的子敕受秦国天公主陇西李氏……",说明 22 窟开凿在 61 窟之前,而 61 窟开窟时间大约在 947—951 年间。约在 941 年重新画在 98 窟的回鹘夫人题名是:"敕受妍国公主是北方大回鹘国圣天可汗……",而在 22、61 窟则称"秦国公主",所以 22 窟可能在 941 年之后,大致比定在曹元深之际(939—944)。"太夫人"是晚辈对长辈的尊称,称回鹘夫人为太夫人,则窟主有可能是曹元深。

256 窟是一个大窟,全窟不开龛,设中心佛坛,无背屏,主室东西进深 12.3 米,南北宽 10.9 米。现存外表壁画为宋代曹宗寿时期(1002—1014 年任归义军节度使)重修。主室东壁门南被人揭出底层部分供养人题名,北起第一身题名:"故郡君太夫人巨鹿索氏一□□(心供养)",第二身题名:"郡君太夫人广平宋氏□□□□(一心供养)",第三身题名:"故太□□(保弟)十一小娘子一心□□(供养)"。十一小娘子即曹议金长女,此女在 924 年完工的曹议金功德窟 98 窟(大王窟)中有形象,该窟东壁门北南起第五身女供养人题名:"故女第十一小娘子一心供养,出适翟氏",85 窟重修于 914—924 年间,东壁门北南起第五身女供养人是曹议金长女,题名:"新妇小娘子即□(今)河西节度使谯郡曹尚书长女一心供养"。从 85 窟"新妇小娘子"、98 窟"故女"句看,曹议金长女卒时 20 岁左右而已,属于英年早卒。256 窟第一、第二身女供养人均有"太夫人"之称,说明窟主为曹议金的晚辈。从索夫人已卒,而宋夫人尚存看,256 窟开窟时间不会太晚，可能是曹元德或曹元深的功德窟。按：在约941年补绘98窟主室东壁门北供养人像中，索夫人已卒，李夫人、宋夫人仍存，而256窟题名显示此时索夫人已卒、宋夫人健在，256窟当开凿在941年前后，看来，256窟有可能是曹元深的功德窟。

榆林窟12窟坐东向西，东西进深6.3米，南北宽5.9米，覆斗形顶，马蹄形佛坛，不开龛。主室甬道南壁东起第一身男供养人题名："皇祖检校司空慕容归盈……"，第二身："皇祖沙□（州）长史……"，第三身："施主紫亭镇遏使银青光禄大夫检校散骑常侍保实"，第四身："施主紫亭镇遏使……"。对应的甬道北壁东起第一身女供养人题名："曾皇妣曹氏一心供养"，第二身："妻□娘一心供养"，第三身："娘子张氏一心供养"。主室南壁下方、西壁门南下方画慕容氏出行图，北壁下方、西壁门北下方画慕容夫人出行图。此出行图的主人即卒于940年的慕容归盈，慕容归盈夫人即曹议金之女，可能就是莫高窟98窟北壁东起第三身女供养人："女第十六小娘子一心供养。出适慕容氏。"由于主室甬道慕容归盈的题名没有"故"字，因此该窟建造时间在940年之前。

曹元深时期还将于阗国王像补绘在98窟东壁门南。像高2.8米，头戴冕旒，上饰北斗七星；身穿衮服，左肩绣日，内有金乌，右肩绣月，内有桂树；左袖绣龙，龙下方绣一斧，是为黼，右袖绣虎，下方衣摆绣对龙，左手持香炉，右手执花，腰别宝剑，神态恭敬，旁题："大朝大宝于阗国大圣大明天子"，榜题的下角还有一行小字"即是窟主"。文献记载于阗国王衣冠如中国，这身供养像正可以作证。《新五代史·四夷附录》记载，938年，于阗国王李圣天遣使来朝贡，于是后晋则派出供奉官张匡邺、判官高居诲前往于阗，册封李圣天为大宝于阗国王，此榜题说明这身供养像绘于938年之后，而敦煌文献记载此窟早在924

| 233 |

年就已经完工，可见于阗国王像是补绘的。《新五代史·于阗传》记载后晋使团天福三年（938）自灵州出发，行二岁至于阗，至天福七年（942）冬回到中原。敦煌介于半途，如果是一年到敦煌的话，就是939年，P.2213《三教至理相通论》（拟名，确名待考）背面题："二月五日金紫光禄大夫检校司空兼御史大夫上柱国张匡邺"等字，此为天福五年（940）二月，此时曹元德已卒，曹元深已经当节度使，高居诲《使于阗记》记载："西至瓜州、沙州。二州多中国人，闻晋使者来，其刺史曹元深等郊迎，问使者天子起居。"《新五代史·晋出帝本纪》记载天福七年后晋使团返回时，"于阗使都督刘再升来，沙州曹元深、瓜州曹元忠皆遣使附再升以来"。98窟于阗国王像绘制时间约在于阗使者从于阗前往中原时途经敦煌之际，约941年，同时还补绘了身后3身女供养人、东壁门北南起前4身女供养人。

412窟是一个较大的隋窟，西壁龛下发愿文10行，不堪卒读，伯希和1908年有录文，尾署"时天福五年庚子（伯希和录为辰，当误）四月廿六日题记"，正是曹元深执政之时。

4.曹元忠时期

曹元忠执政时间很长，这一时期佛教兴盛，石窟营建资料也比较多。新建和重修多个洞窟，其中61、55窟最著名。

61窟（文殊堂）的窟形很大，主室东西进深14.3米，南北壁前部宽13.1米，后部宽13.6米，设中心佛坛，有背屏连接窟顶。主室南壁供养人题名有"施主敕授浔阳郡夫人翟氏"，施主就是窟主，翟氏是曹元忠夫人，《五代会要》卷一四记载天福十二年（947）规定节度使夫人可封"郡夫人"，则61窟郡夫人翟氏题记的上限在是年。另外一条有关该窟年代的资料是西壁五台山图中的"永昌之县"题名，永昌县即行唐县，存在于天福七年（942）至乾祐元年（948），见《太平寰宇记》

卷六一和《行唐县志》。也就是说，这幅五台山图的原创时间是永昌县存在期间，61窟也就开凿在此期或稍后。《腊八燃灯分配窟龛名数》中有"文殊堂"，61窟佛坛雕塑主尊为骑狮文殊像，该窟为"文殊堂"无疑，说明此时61窟已经完成，则61窟建成时间在947年之后、951年之前。

55窟的窟形较大，主室东西进深12.2米，南北宽11.1米，设中心佛坛，有背屏连接窟顶，佛坛塑弥勒三会。此窟为曹元忠功德窟，因为南壁供养人题名有"窟主敕推诚奉国保塞功臣归义军（下残）"，就是曹元忠的称号。55窟与61窟的关系可能类似98窟与100窟，属于夫妇开凿的"双窟"，即55窟为曹元忠开，61窟为夫人开。55窟的时间要晚于61窟：一、曹元忠的"推诚奉国保塞功臣"称号是宋初建隆三年（962）新封，《宋会要辑稿》卷五七七〇记载是年："推诚奉义（国）保塞功臣归义军节度瓜沙等州观察处置管勾（内）营田押蕃落等使特进检校太傅同中书门下平章事沙州刺史上柱国谯郡公食邑一千五百户曹元忠，可依前检校太傅兼中书令使持节沙州诸军事行沙州刺史充归义军节度使瓜沙等州观察处置管勾（内）营田押蕃落等使加食五百户实封二百户，散官勋如故。"二、61窟北壁东起第八身女供养人题名是："敕受太原郡夫人阎氏一心供养"，而此女供养人又见于55窟东壁门北南起第四身，题名是："敕受宋国夫人太原阎氏一心供养"，此阎氏可能是曹元忠的另一个夫人。后周在显德二年（955）封曹元忠为"平章事"，平章事的夫人可以称"国夫人"。《旧五代史·世宗纪》记载显德二年（955）五月："以沙州留后曹元忠为沙州节度使检校太尉同平章事。"从郡夫人和国夫人的区别，可证55窟要晚于61窟。

25窟是个中等大小的洞窟，覆斗形顶、西壁开龛，主室东西进深5.5米，南北宽6.1米。主室东壁门南北起第一身男供养人题名："窟主归义军节度使……"，参考甬道北壁西起第一身女供养人题名："故北方……"，可做如下判断：此女供养人为曹议金的回鹘夫人，她卒于曹元忠时期，所以上述这位"归义军节度使"应该就是曹元忠，既然是"窟主"，此窟就可能是曹元忠功德窟。61窟主室东壁门南北起第一身女供养人题名是："故母北方大回鹘国圣天的子敕授秦国天公主陇西李……"，55窟甬道北壁西起第一身女供养人题名："故北方大回鹘国圣天的子敕授秦国天公主陇西李氏一心……"，笔者尚不清楚"故北方"和"故母北方"是否有特别含义。从供养人题名看，曹元忠似乎有三个功德窟（25、61、55窟），这在敦煌石窟营建史上是个孤例。

5窟的窟形是覆斗形顶，西壁开龛，主室进深6.4米，南北宽6.7米。西壁龛下中央供养香炉。南侧北起第四身男供养人题名："故兄节度押衙知洪沙将务银青光禄大夫检校国子祭酒兼御史大夫上柱国杜彦思一心供养"，杜彦思的名字还见于98窟西壁："节度押衙银青光禄大夫御史中丞上柱国杜彦思一心供养"。5窟真正的窟主是第六身男供养人杜彦弘，题名："窟主都头知版筑使银青光禄大夫检校国子祭酒兼御史大夫上柱国□（济）北郡杜彦弘一心供养"。甬道北壁西起第一身女供养人题名："敕受凉国夫人浔阳翟氏……"，浔阳翟氏是曹元忠夫人，后周显德四年（955）从郡夫人升为国夫人，则此窟修建时间在955年以后。

244窟原建隋代，五代重修过甬道，宋初在甬道南、北壁各补绘一身于阗太子像。甬道南壁画一男供养人二随从，下方画一儿童，男供养人题记："……伊西……节度使检校中书令……曹□□"。儿童题记："戊辰□（年）五月十五日从□太子"。甬道北壁画一男供养人二随从，下方画一儿童，男供养人题记："男敕河西归义军节度押……国……曹元德一心供养"。儿童题记："德从子□（从）德太子"。《宋史》卷二记载："(乾德四年，966年) 二月丙辰，于阗国王遣其子德从来献。"此德从就是244窟甬道北壁提到的德从，则南壁的戊辰年就是乾德六年(968)。曹议金曾嫁女给于阗国王，此德从太子或为曹议金之女所生，他于乾德六年前往中原，将幼小的儿子从德留在敦煌。乾德年间曹议金、曹元德已卒，从供养人题名看，供养人及其侍从是在曹议金时期画的，而从德的像是968年补画的。

S.3540《庚午年比丘福惠等十六人造窟凭约》的内容是："庚午年(970) 正月廿五日立凭：比丘福惠，社长王安午，将头罗乾祐，乡官李延会、李富进、安永长，押衙张富弘、阎愿成、陈千宝、张佛奴、崔田奴、马文斌、孔产长，都头罗佑员、罗佑清、贾永存等壹拾陆人，发心于宕泉修窟一所，并乃各从心愿，不是科牵。所要色目材梁，随力而出。或若天地倾动，此愿不移。祈二帝以同盟，请四王而作证。众乃请乡官李延会为录事，放行帖文，以为纲首。押衙阎愿成为虞候，祇奉录事。条式比至，修窟罢日，斯凭为验。又比丘愿成，充为祇食纳力，又胡住儿亦随气力，所办应遂。"由于文中的马文斌之名又见于S.2973《开宝三年 (970) 节度押衙知司书手马文斌牒》，所以这件文书上的庚午年可以确定为970年。有学者认为福惠等人所建窟就是现在的449窟，因为东壁门北南起第三身供养比丘题记："……惠一心供养"，东壁门南北起第六身男供养人题记："社子顿悟大乘贤者马……"可与比丘福惠、马文斌对应。但449窟西壁龛下南侧为女供养人4身、北侧比丘尼6身（均手持香炉，第一身持长柄香炉，后5身持手香炉），东壁门南男供养人4身、门北比丘6身，总人数有20人。而S.3540文书中，除福惠是比丘外，其余15人都是俗人，人数、性别、身份都不符合，所以没有更多证据说明449窟就是福惠等人造的窟。但甬道南壁西起第一身供养人题记是"敕推诚奉国……"这是建隆三年（962）宋王朝敕封给曹元忠的，所以将此窟时间定在宋初是合适的。

124窟建于武周时期，前室经五代重修，前室西壁门上方的发愿文现在已经漫漶，20世纪40年代，向达《西征小记》、史岩《敦煌石室画像题识》、谢稚柳《敦煌艺术叙录》记录有后周"广顺"纪年（951—953），则此窟重修时间在曹元忠时期。

五代末宋初，对崖面和窟檐进行了大规模的重修，可能之前有一次大强度的地震，洞窟和崖面遭受重创，如275窟至449窟之间是凹陷的断崖，洞窟都是宋代所建，而275窟向南、449窟向北都是早期洞窟，可见这一区段的崖面有过崩坍。现存5座窟檐有4座修建于宋初，并且有具体时间，在此一并叙述。

427窟前室窟檐横梁上题写"维大宋乾德八年岁次庚午正月癸卯朔二十六日戊辰，敕推诚奉国保塞功臣归义军节度使特进检校太师兼中书令西平王曹元忠之世创建此窟檐纪"，敦煌不知中原改元，乾德八年即开宝三年（970），窟内供养人题名多数姓王，知是王氏家族所修，所署时间与S.3540《庚午年比丘福惠等十六人造窟凭约》的立约时间仅差一天。

437窟为西魏开凿的洞窟，宋初张定兴修建该窟窟檐，并将归义军节度使西平王曹元忠夫妇像画在甬道两壁，主室北壁供养人东起第二身题记："施主张定兴一心供养"，则此窟为张定兴修建。甬道北壁女供养人题记："敕受凉国夫人浔□（阳）翟□（氏）一心□□（供养）"，前面已经提到，浔阳翟氏从郡夫人升为国夫人是在955年，这是重修的上限。甬道南壁供养人题记："……归义军节……西平王曹元忠供养"，曹元忠称西平王的最早资料在970年，所以此窟檐修建在10世纪70年代。

976年，有人修建了今444窟前室的窟檐，窟檐横梁上题记："维大宋开宝九年岁次丙子正月戊辰朔七日甲戌，敕归义军节度瓜沙等州观察处置管内营田押蕃落等使特进检校太傅兼中书令谯郡开国公食邑一千五百户食实封三百户曹延恭之世创建纪。"

980年，阎圆清修建北魏431窟窟檐，横梁上的建造时间、窟主等文字至今仍完整："维大宋太平兴国五年岁次庚辰二月甲辰朔廿二日乙丑，敕归义军节度瓜沙等州观察处置管内营田押蕃落等使特进检校太傅同中书门下平章事谯郡开国公食邑一仟伍百户实封七百户曹延禄之世创建此窟檐纪""窟主节度内亲从知紫亭县令兼衙前都押衙银青光禄大夫检校刑部尚书兼御史大夫上柱国阎圆清"。

196窟窟檐没有题记，此窟原建晚唐，宋初续修，窟檐或许也是宋初修建。

S.518是949年建窟檐的题记底稿，全文是："维大汉天福拾肆年

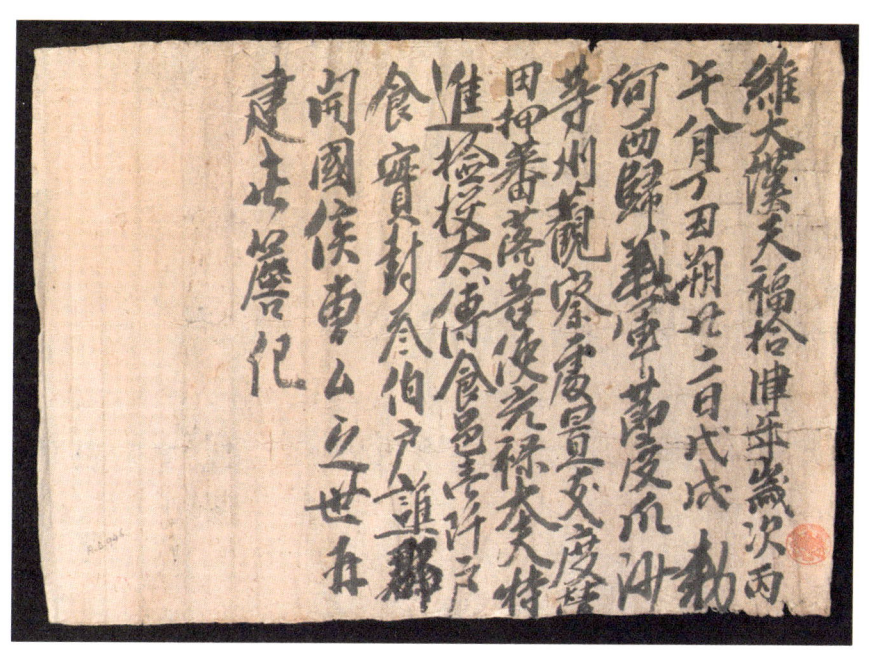

| 图41　S.518天福十四年（949年）建窟檐题记底稿

| 239 |

岁次丙午八月丁丑朔廿二日戊戌，敕河西归义军节度瓜沙等州观察处置支度营田押蕃落等使光禄大夫特进检校太傅食邑壹仟户食实封叁百户谯郡开国侯曹厶之世再建此檐纪。"（图41）按：丙午年在天福十一年（946），天福十四年是己酉年（949），不知何故题记上有三年之差。既然是"再建此檐"，想必是对旧有窟的维修，目前不知该题记适合何窟。

5.曹延恭时期

曹延恭任归义军节度使的时间很短，不到两年（974—976）。

454窟为覆斗形顶，设中心佛坛，这是个大型洞窟，甬道长达6米，主室东西进深11.2米，南北宽10.6米。454窟甬道南北壁现存供养人均属于曹延恭之时，甬道南壁西起第五身题名有"窟主敕归义军节度瓜沙等州观察处置……（所缺文字当是"管内营田押蕃落等使特进检校太傅兼"）中书令谯郡开国公食邑……（所缺文字当是"一千五百户食实封五百户"）延恭一心供养"，主室南壁东起第四身女供养人题名是"窟主敕授清河郡夫人慕容氏一心供养"，所以学者们一般都认为此窟为曹延恭夫妇的功德窟。

6.曹延禄时期

976年，延恭卒，弟延禄继任。曹延禄执政时间比较长（976—1002），榆林窟6窟是他的功德窟，但他在莫高窟的功德窟尚不清楚。保留下来的曹延禄时期的敦煌资料比较丰富，中原史书也有较多的记载，如《宋会要辑稿》卷五〇四记载了天息灾979年在敦煌被曹延禄挽留数月，又记载天息灾等人在中原翻译大量佛经，曹延禄也及时向中原请经："至道元年（995），沙州曹延禄乞赐新译经，给之。"

榆林窟6窟是榆林窟最大的一个洞窟，坐东向西，窟内有高24米的倚坐弥勒像。甬道有底层、上层之分，上层甬道南壁画男供养人二身，东起第一身题名："皇考敕推诚奉国保塞功臣归义军……王曹元忠"，第二身题名："施主敕归义军节度瓜沙州……延禄"。此窟工程浩大，因此曹延禄没有在莫高窟再建功德窟。

342窟为初唐窟，宋代重修。甬道南壁西起第一身男供养人题名："……西平王曹延□一心供养"，曹氏延字辈中称王的只有曹延禄，故此窟在曹延禄时期重修，重修者不明。

新建崖顶土塔。莫高窟南区洞窟的最北端崖面上方平地上有一土塔，有学者称是敦煌文献中的"天王堂"，没有提出任何依据。"天王堂"之名，早在951年《腊八燃灯分配窟龛名数》中就有提到："安押衙、杜押衙：吴和尚窟至天王堂，卅六窟。吴和尚窟三盏，七佛七盏，天王堂两盏。"吴和尚窟即今16窟，七佛指正上方的七佛堂，即今365窟。洪䛒的功德窟实际上是由下层的16窟、中层的365窟、顶层的366窟三个垂直统一的洞窟组成，构成几乎直通崖顶的塔式建筑。安押衙、杜押衙负责的区域是包括这一组洞窟在内的向北区域，有14、12、9窟等较大的洞窟，而天王堂可能是上层的366窟，更有可能是崖顶平面上一座佛堂，类似曹延禄土塔，现在我们还可以在曹延禄土塔附近看到一座殿堂遗址，有可能是天王堂。而现存这座曹延禄土塔为曹延禄时期新修，不是所谓"天王堂"。塔内东壁《修塔功德记》的标题是《敦煌王曹□□圣天公主□□□□□□建□□寺功德记》，正文第七行是："粤有归义军节度使特进检校太师兼中书令敦煌□（王）曹延……"，曹延禄娶于阗国王第三女为夫人，事见61窟东壁门北南起第7身宋代补绘女供养人题名："大朝大于阗国天册皇帝弟（第）三女天公主李氏为新受太傅曹延禄姬供养"。即圣天公主就是曹延禄之妻，此土塔为曹延禄与于阗夫人合建，曹延禄976年担任归义军节度使，此土塔建于是年之后。

榆林窟20窟前室西壁有宋雍熙五年（988）沙州押衙令狐住延画副

监使窟的题记，时间从三月十五日至五月卅日，历时两个半月。

榆林窟36窟坐西向东，平面正方形，进深6.4米，此为晚唐覆斗形窟，五代、宋重修。主室后部甬道南壁西起第一身男供养人为曹元忠，第二身为曹延禄，甬道北壁两身女供养人则是凉国夫人翟氏、女延鼐，曹延禄题名："敕竭诚奉化功臣归义军节度瓜沙等州观察处置管内营田押蕃落等使特进检校太师兼中书令敦煌王谯郡开国公食邑一千七百户曹延禄一心供养"。

7. 曹宗寿时期

曹宗寿（1002—1014年任归义军节度使）的资料不多，《宋会要辑稿》卷四九三记载景德四年（1007）五月："沙州僧正会请诣阙，以延禄表乞赐金字经一藏，诏益州写金银字经一藏赐之。"按：曹延禄担任归义军节度使的时间是976—1002年，此时的归义军节度使是曹宗寿（1002—1014年任归义军节度使）。于此可见，曹宗寿也信仰佛教，但他的功德窟尚未发现。他在位时期重修的洞窟有130、256窟。

重修130窟（南大像）。130窟主室原有一方供养人题名："故叔敕竭诚奉化功臣河西一十……"其中"竭诚奉化功臣"为曹宗寿的结衔，大约曹宗寿杀害曹延禄之后，为了笼络人心，就在自己重修的功德窟里画曹延禄供养像并题名，又故作姿态，虚伪地称呼曹延禄为"故叔"。根据曹宗寿对曹延禄的这种称呼，我们即可断定第130窟表层壁画乃曹宗寿当权时期重绘的。

重修256窟。前文谈及256窟建于五代，可能是曹元深的功德窟。大约到曹宗寿时期进行重修，主室东壁门南北起第一身男供养人题名："皇祖墨厘军诸军事……银青光禄大夫检校……中书令……□□（慕容）中（归？）盈……"第二身男供养人题名："窟主玉门诸军事守玉门使君银青光禄大夫检校尚书左仆射兼御史大夫上柱国慕容言长……"，慕容中盈可能是慕容归盈之误录，即使无误，中盈、归盈也当是同辈人。据《册府元龟》卷九七二记载清泰二年（935）慕容归盈任瓜州刺史，慕容言长则是他隔代后人，而曹宗寿也是曹氏"元"字辈的隔代后人，由此推测慕容言长重修256窟的时间大致在曹宗寿时期，主室现存千佛壁画均为这次重修所绘。

8. 曹贤顺时期

曹贤顺是归义军最后一任节度使（1014—1035年任归义军节度使），1035年归降西夏。但曹贤顺的功德窟不详，这一时期的洞窟似乎不再画供养人像，四壁也不再画经变画，而是遍窟画千佛。唯一有具体纪年的佛教资料是天禧三年（1019）敦煌9寺25僧结社在莫高窟对面戈壁滩上造塔一座。

赖此胜缘　咸登觉道：
归义军时期敦煌佛教造像题材

归义军时期（848—1035年）敦煌石窟多数画塑题材延续前代，也出现一些新的题材，如梵网经变、炽盛光佛经变、水月观音图、地藏十王图、目连变、龙王礼佛图、毗沙门天王赴哪吒会等，一些旧有题材也以新的面貌出现，如新样文殊、五台山图、牢度叉斗圣变等。

1.梵网经变

敦煌石窟有梵网经变3铺：五代榆林窟32窟、宋代莫高窟454、456窟。另外敦煌遗书BD02379中有梵网经变榜题底稿一份。

传说梵文本《梵网经》有61品120卷，汉译《梵网经》是其中一品（卢舍那佛说菩萨心地戒品第十），译者不详（一说鸠摩罗什译，但早期经录并未提到鸠摩罗什译有此经），分上、下二卷，主要讲述戒律，本经除了提到十重戒、四十八轻戒外，也论及受戒的方法、大乘布萨的集会作法等，为一完整的戒经，僧肇《梵网经序》云："夫《梵网经》者，盖是万法之玄宗，众经之要旨。大圣开物之真模，行者阶道之正路。"在中国古代颇为流行。经名的意思见于卷下："时佛观诸大梵天王网罗幢，因为说无量世界犹如网孔，一一世界各各不同，别异无量，佛教门亦复如是。"梵网经变主要表现说法会和根据卷下绘制说戒、守戒等场面，454窟梵网经变有榜题61条，则有61个情节，内容丰富。一般经变的主尊是释迦牟尼佛，而此经变主尊是卢舍那佛，头上化现七组彩云，云中各有一佛，表示卢舍那佛"我化为千释迦，据千世界"。卢舍那佛两侧和下方为听戒的人、神、动物，"若受佛戒者，国王、王子、百官、宰相、比丘、比丘尼、十八梵天、六欲天、庶民、黄门、淫男、淫女、奴婢、八部鬼神、金刚神、畜生，乃至变化人，但解法师语，尽受得戒，皆名第一清净者"。其余画面是十重戒、四十八轻戒，其中四十八轻戒中的第三十六轻戒有十二誓愿，画在下方两角，这部分内容在《涅槃经》中也有相同的记载，初唐323窟东壁、中唐361窟龛内有绘制，由于两经相关内容甚至文字都是相同的，因此323、361窟的戒律画的佛经依据尚不清楚。

2. 炽盛光佛经变

敦煌有6铺炽盛光佛经变，晚唐3铺：榆林窟35窟、英藏绢画S.P.31（897年）、P.3995；西夏3铺：61窟甬道南北壁各一铺、五个庙1窟。

唐代不空（705—774）译《佛说炽盛光大威德消灾吉祥陀罗尼经》云："尔时释迦牟尼佛在净居天宫，告诸宿曜、游空天众、九执大天、及二十八宿、十二宫神、一切圣众：我今说过去娑罗王如来所说炽盛光大威德陀罗尼除灾难法。若有国王及诸大臣所居之处及诸国界，或被五星陵逼，罗睺彗孛妖星照临所属本命宫宿及诸星位，或临帝座于国于家及分野处。陵逼之时，或退或进，作诸障难者，但于清净处，置立道场，念此陀罗尼一百八遍或一千遍，若一日二日三日乃至七日，依法修饰坛场，至心受持读诵，一切灾难皆悉消灭，不能为害。"即此陀罗尼作用于星宿异常，至于这些星宿的形象，该经没有提到，一行（683—727）著《梵天火罗九曜》则有具体描绘。《宋高僧传·无迹传》记载，灵州白草院密教僧无迹（842—925）曾游学长安："(唐）恒夫白两街功德使，请隶西明寺。旋属懿宗皇帝于凤翔法门寺迎真身。右军副使张思广奏迹充乎赞导，悦怿上心，宣赉稠厚。光启（885—888）中，传授佛顶炽盛光降诸星宿吉祥道场法归本府。府帅韩公闻其堪消分野之灾，乃于鞠场结坛修饰，而多感应。"

英藏敦煌绢画 S.P.31 为炽盛光佛经变，画炽盛光佛坐在牛车上，周围是五星官，左上角题记："炽盛光佛并五星神。乾宁四年（897）正月八日，弟子张淮兴表庆讫。"（图42）

水星：文官男性，头冠中有一猪头，双手捧花盘，《梵天火罗九曜》记载："其神形如卿相，着青衣，戴亥冠，手执花果。"

木星：俗装女性，头冠中有一猴，左手持纸，右手握笔，《梵天火罗九曜》记载："其神状妇人，头首戴猿冠，手持纸、笔。"

金星：俗装女性，头冠中有一鸡，弹琵琶，《梵天火罗九曜》记载："形如女人，头戴西首冠，白练衣，弹弦。"

火星：力士形象，头冠中有一驴头，四臂，左上手持弓，右上手持箭，左下手持三叉戟，右下手持剑，《梵天火罗九曜》记载："神形如外道，首戴驴头冠，四手，兵器刀刃。"

土星：老人形象，头冠中有一牛头，左手持缰绳，做牵牛状，右手持锡杖，《梵天火罗九曜》记载："其形如婆罗门，牛冠首（牛首冠），手持锡杖。"

P.3995 与英藏敦煌绢画 S.P.31 基本相同，可能是后者的粉本。而五代新绘的 332 窟甬道顶壁画中的五星神则形象有较大的不同。

61 窟建于五代晚期，甬道经西夏重修，南北壁各画炽盛光佛经变一铺，东侧均残。主要内容有：1. 九曜。水星、木星、金星、火星、土星为五星，加日、月为七曜，加罗睺、计都为九曜。如 61 窟南壁的火

森罗万象:归义军时期敦煌石窟的营建

| 图42　S.P.31绢画炽盛光佛经变(897年)

| 图43　61窟十二宫（线描图）

星神为天王形象，戴驴头冠，四臂，下二手握一长戟，左上手握弓、箭，右上手握索。2.黄道十二宫。即狮子宫、女宫、秤宫、蝎宫、弓宫、摩羯宫、宝瓶宫、鱼宫、白羊宫、金牛宫、男女宫、蟹宫，十二宫各有分掌之事物以判吉凶。61窟的十二宫是画12个圆圈，内画代表此宫的形象，如圆圈内画双鱼表示鱼宫，画一螃蟹表示蟹宫。（图43）3.二十八宿。画在经变的上层，4人一组，共8组，双手持笏，文官形象，行走在云间。

3.地狱与地藏图像

为了衬托净土的美好，佛教艺术也对地狱进行描绘，现存最早有纪年的阎罗王在地狱审判的图像见于陕西富平县北魏太昌元年（532）樊奴子造像碑，麦积山西魏127窟中有较早的独立表现的地狱经变，更多的早期地狱图像见于在北朝相当流行的卢舍那佛造像中。卢舍那之意为日光遍照、遍一切处等，有宇宙佛之称，所以在造像上的一个重要特点是袈裟上有六道图像，其中就有六道中的地狱图像。敦煌的最早的地狱图像出现在北周428窟南壁卢舍那佛袈裟中。敦煌唐前期的西方净土经变中有下辈本应往生地狱，因念佛而往生西方净土之类的图像，因而有一些地狱图像，如下油锅，拉着一辆着火的车子奔跑的鬼卒等，见于初唐431窟（西魏窟，初唐改建）、盛唐171窟等。初唐321窟南壁十轮经变中，表现了地藏菩萨为了解救地狱之苦而化现为地狱，最为清晰完整：画阎罗王在审判，旁立二吏，前方一牛头鬼卒持刀看守一俗人，下方是由刀山、蒺藜、饿狗、狱卒组成的地狱。该窟前室西壁门南侧原有地狱变，多数内容已经毁失，现残存狱卒等少量壁画。

唐末开始出现《十王经》（《阎罗经》），标志着中国人对地狱的认识进入一个新阶段。《十王经》是晚唐在中国编造的疑伪经，大约首先出现在四川成都，因为有的《十王经》题有"成都府大圣慈寺沙门藏川述"。《十王经》讲人死后从一七到七七、百日、一年、三周年分别在阴间接受十王审判，初七日过秦广王，二七日过初江王，三七日过宋帝王，四七日过五官王，五七日过阎罗王，六七日过变成王，七七日过太山王，百日过平等王，一周年过都市王，三周年过五道转轮王，是为十斋，也称七七斋。经过十王依次审判，而后决定往生到六道中的某个道，地藏则巡查于十王间，纠正误判，拯救亡灵，如同现代的法院与检察院的关系。《十王经》一度风靡全国，远传朝鲜、日本。

敦煌文献中有汉文插图本《十王经》4件：S.P.78+S.P.212+S.3961、P.2003、P.2870、久保总美术馆藏 1 件，均为纸本。另外 P.4523+S.P.80 有图无文，天理图书馆藏一件为插图本回鹘文《十王经》。没有插图的《十王经》写本有 30 多件。

敦煌石窟壁画上有地藏十王图像 17 铺（8、176、202、217、301、305、314、375、379、380、384、390、392、456 窟，榆林窟 15、35、38 窟），纸绢画中也有 13 铺（S.P.9、S.P.23、S.P.29、S.P.361、S.P.362、S.P.473、MG.17662、MG.17793、MG.17794、MG.17795、EO.1173、EO.3644、EO.3580）。一般是中间画披帽地藏，两侧是十王，多数是帝王形象，端坐在案前审案，善童子、恶童子各捧善簿、恶簿侍立，若干判官捧笏站立，协助冥王审理亡者，俨然是人间公堂。这些判官、善童子、恶童子是人类对法律公平、公正一种愿望。人死后的三年间，家人要举办10次佛事活动，即十王斋会。《十王经》还宣扬人们在生前也可以为自己"预修"十王斋（生七斋，先修十王会），自己拯救自己："若有善男子、善女子，比丘、比丘尼，优婆塞、优婆夷，愿修生七斋者，每月二时供养三宝，所设十王，修名纳状，奏上六曹，善、恶童子奏上天曹地府官等，记在名案，身到之日，便得配生快乐之处。"敦煌最早的一铺十王图像位于晚唐末期的8窟南壁门上（此窟坐北向南）。榆林窟38窟前室北壁的十王经变是最大的一幅，主尊已毁，两侧画十王审判场面，下方左金毛狮子、右比丘（道明），存部分十王的榜题，文字属于《十王经》中的4句赞，如变成王的榜题存后半部分："日日只看功德力，天堂地狱在须臾。"这是敦煌石窟唯一有赞文的十王经变。

十王和地藏信仰的流行是苦难中无助者"仰望茫茫的苍天，希望在那里找到救星"的一种行为。十王的名字多数查无出处，是中国民间信仰与佛教思想相结合的产物，是佛教中国化的绝好例证，所以《十王经》不仅引起研究佛学、哲学、文学的学者兴趣，而且也是研究法制史的重要参考资料。

4. 目连变

目连是释迦的十大弟子之一，号称"神通第一"，在诸弟子中以孝道著称，突出表现在他和母亲的关系上，流传广泛的是目连去地狱救度母亲。

敦煌文献中有数件《目连救母变文》（S.2614、S.3704、P.2319、P.3107、P.3485、P.4988等），壁画中的目连变仅见于榆林窟五代第19窟。故事讲目连在父母死后出家为僧，成为释迦十大弟子之一，一日思念母亲青提夫人，就运神通力到天上寻找，却意外见到父亲，父亲告诉说，因为他修十善五戒，得生天上，而目连母亲生前贪婪和说谎，死后进地狱了。目连遂到地狱寻找,见到八九个人在幽冥城外闲逛,目连一打听,原来是因为同名同姓而被地狱鬼神误捉到地狱而后放回阳间的人,他们因阳间尸体已入坟墓或被动物吃掉而求生不得、求死不能,只能在幽冥途中闲逛。目连从这些新鬼身上没有探听到母亲的消息,在新鬼的指引下,找到地狱的阎罗王。阎罗王与部下经过一番查询,指示他找五道将军。目连经过奈河桥,遇见刚下地狱的人,"牛头把棒河南岸,狱卒擎叉水北边","万众千群驱向前",目连与他们一番对话后,继续前行找到五道将军,五道将军告诉说他母亲确实在地狱。接着目连历经只关男人的地狱、刀山剑树地狱、铜柱铁床地狱等,终于得知母亲关押在阿鼻地狱,但受阻不能继续前行,遂返回佛祖处求救,佛祖给予锡杖。目连重返地狱,用锡杖将狱卒打败,经过一番搜索,终于在阿鼻地狱的第七隔间见到母亲。目连再返人间取来食物孝敬母亲,不料入口变成火焰而不得食;又取水来孝敬,也变成猛火。目连无奈,求佛帮助,佛介绍说只有七月十五设斋方能解脱目连母亲的苦难。经过目连的努力,青提夫人终于从地狱中解脱出来,转生为一条黑狗。佛告诉目连,如果在行乞时遇见一条黑狗来捉他的袈裟,就是他母亲。目连后来果然见到一条黑狗,就带着黑狗到佛塔前念了七天七夜佛经,黑狗变成女人,天女前来迎接到西方净土世界(S.2614《大目犍连变文》一说西方世界,一说忉利天宫)。

故事取材于竺法护译《盂兰盆经》(盂兰是梵文"倒悬"之意,即盆盛食物解除幽灵倒悬之苦难的意思),经文才数百字,也无对地狱的描绘,而变文却长达1万多字,情节曲折生动,把地狱世界描绘得阴森恐怖。佛教讲经分僧讲和俗讲,僧讲的对象是僧人,内容是对佛经的阐释,如《阿弥陀经讲经文》《维摩诘经讲经文》等;而俗讲的对象是俗人,多数情节脱离了佛经内容,如《降魔变文》(《牢度叉斗圣变》）等。本篇通过幽冥故事来宣传因果报应思想，而其中调侃地狱的误判、目连对五道将军不识其母的诘难诸事，完全是佛家小说，应属于俗讲范围。

榆林窟 19 窟坐东向西，前室北壁目连变有 11 个情节：1.父母双亡；2.守孝写经；3.天宫寻父；4.母下地狱；5.地狱寻母；6.驱渡奈河；7.驱向地狱；8.五道将军；9.地狱酷刑；10.变成净土；11.画面模糊，内容待考。

P.3304 正面为《本际经》，背面为若干壁画榜题底稿，第一篇是十王经图赞榜题，但结尾却有"大目乾连于此铁床地狱劝化狱卒救母时"一句，敦煌文献中的十王经图赞中最后一图中有一比丘形象，从此榜题底稿看，此比丘不是地藏，而是目连。榆林窟 38 窟坐西向东，前室北壁画十王图像（主尊可能是地藏，清塑时涂毁），部分文字有保存。东壁门北侧画有地狱图像，其中有一比丘，也是目连地狱救母故事。由此看来，或有可能当时是将十王经图赞与目连变结合起来进行俗讲的。

5.龙王礼佛图

敦煌五代宋时期的壁画上有 20 多组龙王礼佛图（五代：35、121、129、188、204、244、328、329、332、360、375、402 窟，榆林窟 19、33 窟；宋代：118、130、166、176、302 窟，榆林窟 20、38 窟），一般为八龙王，四四相对，分列窟门两侧，龙王类似药叉，孔武狰狞，上半身裸露，仅着天衣（类似菩萨），下半身在海水中，不见下肢，手中有各式供器。35 窟八大龙王最有代表性。

35 窟前室西壁门两侧各画四龙王，各龙王前面有一龙女，部分榜题尚存。门北侧南起第一身龙王虬髯，双手捧花瓶，榜题"……花龙王"；第二身双手捧供盘，上有数枚如意宝珠，榜题"……叶龙王"；第三身双手捧花盆，盛花朵，榜题："大力龙王"，前面龙女右手持长柄香炉，左手屈肘下垂，不持物，榜题"持香龙王"；第四身左手横置腰间，似未持物，右手屈肘握一供器（香炉?），榜题"大吼龙王"。门南侧龙王的榜题已经漫漶，第一身残存部分（参考粉本相同的榆林窟33窟龙王礼佛图，此龙王应为双手捧花瓶）；第二身右手握笔，左手持卷子；第三身双手托一盘，盘上有花瓶；第四身双手捧供盘，上有如意宝珠数枚（据后文，应是如意龙王）。经查对，"大力龙王""大吼龙王"等榜题出于义净译《金光明最胜王经》序品："有二万八千龙王：莲花龙王，翳罗叶龙王，大力龙王，大吼龙王，小波龙王，持驶水龙王，金面龙王，如意龙王，如是等龙王而为上首，于大乘法，常乐受持，发深信心，称扬拥护。各于晡时，往诣佛所，顶礼佛足，右绕三匝，退坐一面。"鸠摩罗什译《妙法莲华经》卷一序品中也提到八大龙王："有八龙王：难陀龙王、跋难陀龙王、娑伽罗龙王、和修吉龙王、德叉迦龙王、阿那婆达多龙王、摩那斯龙王、优钵罗龙王等，各与若干百千眷属俱。"此八大龙王名与莫高窟35窟榜题不符。P.3564《莫高窟功德记》记载933年顷重修35窟前室事，其中提到："门之两颊，绘八大龙王及毗沙门神赴哪吒会，南北彩画普贤、师利并余侍从功毕。其画乃龙王在海，每视津源，洒甘露而应时，行风雨而顺节。毗沙赴会，于时不来，哪吒案剑而侍诛，闻请弥陀心欢喜。"根据《金光明最胜王经》，35窟八大龙王都是持供器，也可说明它们是来听法的，而不是来护法的。在干旱的敦煌地区，八大龙王图像的流行或许还有人们企盼雨水的因素吧。

6.张议潮出行图与曹议金出行图

佛教石窟本来是宗教活动场所，但依然与世俗社会存在千丝万缕的联系，盛唐130窟甬道南北壁的都督夫妇供养像衣着华丽、形象高大，与其说是在礼佛，还不如说是佛在礼他们。归义军时期156、100窟的两组出行图，将当地最高统治者的身份、地位的炫耀发挥到极致。

张议潮出行图位于156窟主室南壁下部，宋国河内郡夫人宋氏出行图位于北壁下部，两幅出行图均为横卷式，每幅长8米，高1米，左右相对。场面宏大，人物众多。

张议潮统军出行图分前部仪卫、中部张议潮、后部射骑猎队三部分，细分13组：

1.横吹队八人。最前部是八骑横吹队伍，分作两行，着团花锦衣、毡帽毡靴，振臂擂鼓，举号长鸣。

2.武骑十人，分列两侧，前两身执五方旗、队旗，后三身执槊仪仗。均甲胄戎装，腰挎箭囊。

3.导引官二人。二骑导引，手执板状物。

4.文官十人。由文骑五对组成，穿红色大袍。

5.乐舞二十人。舞伎八人，乐师十二人。乐队丝竹管乐齐备，有拍板、笛、箫、琵琶、箜篌、笙、铙、腰鼓等。

6.都押衙十人，骑马分列两侧，戴幞头穿红袍，持六纛三对、门旌、信幡各一对。

7.持旌节者三人。大道中央三骑相随，前二骑执伞状物（旌节袋囊），后一骑穿红袍，当为朝廷使者（旌节使）。

8.武官三人。三骑分列，紧随保护旌节使，为节度使幕府武职衙将，即衙前兵马使。

9.银刀官八人。八人手持仪刀步行，戴花毡帽，白毡靴，腰束革带，旁题"银刀官"。

10.引驾押衙二人。桥的桥头两侧各立一骑，护卫保驾。

11.归义军节度使张议潮一行三人。张议潮头戴幞头，穿红袍，骑白马，一手牵缰，一手执鞭，二人执氅护行。前有榜题"河西节度使检校司空兼御史大夫张议潮统军扫除吐蕃收复河西一道（按：似下漏一"出"字）行图"。

12.子弟兵十七人。二骑紧随张议潮，服饰与前马步都押衙同，当为左右厢子弟虞候。接着三排骑者，每排五人，每人各执一物，有弓囊、箭袋、剑、楯、麾枪、团扇、大旗等，大旗上有一"信"字。他们都是花衣革带，戴幞头，穿白靴，榜题"子弟军"，是张议潮的侍卫亲军，子弟虞候是节度府子弟军的首领。

13.射猎、驮队、马球队二十余人。位于东壁南侧，反映了张议潮在收复河西、领受旄节、驻守敦煌后，勤练兵、重武备的情形。

对应的宋国夫人出行图可分为前部杂技乐舞、中部宋氏、后部饮食供应三部分，细分10组：

1.顶杆杂耍十人。以惊险热闹引人注目的场面作为前导。顶杆的壮汉穿宽袖大开襟的红色短衣，绿色短裙，腰束带，头顶长杆，顶端上有三小孩悬空表演各种惊险动作，中端还有一小儿两手十字撒开，双腿夹紧，做一亮相动作。旁有一人保护。乐师四人，用笛、拍板、大鼓伴奏。

2.舞乐队十一人。近旁一组舞伎，舞者四人，乐师七人。舞伎着交领长袖衫，齐胸拖地长裙，巾带束胸，肩披长飘带，挺胸曲腰，扭腕交足，扬袖起舞。乐师分两排，前四人、后三人，跟随伴奏。乐器有笙、琵琶、箜篌、拍板、手鼓、腰鼓等。

3.银刀官六人。三人一队，左右跟随警卫。

4.行李马车十二人。大道中央是辎车一辆，白马驾辕，二驭者左右夹马扶辕而行，前有榜书"司空夫人行李马车"。车前侍女二人，车后侍女八人，其中四人着男装，或架鹦鹉或持团扇或捧包袱等。

5.驲骑三人。行李车下方有二骑、银刀官下方有一骑，扬鞭疾驰，当即驲骑在传递信息。

6.张议潮女儿轿子二十八人。八人抬大轿两座，后各随侍者六人。轿为尖顶六角，轿夫着红色长衫，弓腰喘行，表现出负重之感。轿旁榜题"小娘子檐舆"，可知是张议潮女儿坐轿。

7.辎车四辆四十人，每辆驭手各二人，车前侍女各二人，车后侍女各六人。旁题"坐车"。

8.骑马女官一人，着男装，大约是侍卫官。

9.伎乐四人。

10.银刀官八人。分二列，起护卫作用。

11.主人宋氏三人。宋氏骑长鬃白马，头戴花冠，穿大袖交领衣，胸部束裙。右侧马童，左侧女侍，拱手相随。前有题字"宋国河内郡夫人宋氏出行图"。

12.女僚九骑，八人男装、一人女装，或捧包袱，或执团伞，簇拥紧随。

13.后勤与护卫十三人。位于东壁北侧，六人骑马缓行，四人骑马相随，二鞍马随行备用，二骆驼驮着酒瓮和行囊。上方二人骑马疾驰，马前猎犬奔跑。最后有一人骑马，表示殿后护卫。

张议潮统军出行图和宋国夫人宋氏出行图集历代鞍马人物绘画之大成，洋洋洒洒，画人物近240身，马110余匹，两出行图各以8米的长卷展示了宏大的具有历史意义的场景，开创了在石窟画长卷历史人物画之先河，尔后94窟张淮深夫妇出行图、100窟曹议金夫妇出行图遂仿效其法。

100窟（天公主窟）建于五代曹元德任归义军节度使之际，窟主天公主就是曹议金的甘州回鹘夫人。四壁下方画曹议金夫妇出行图，其中曹议金出行图绘于该窟主室西、南、东三壁，整幅画面长13米。从西壁开始，前有仪仗导引、护卫簇拥，以分列左右的四对鼓角乘骑为先导，随后是两面大旗及持稍的四对武骑仪仗。紧接着有五对文骑，文骑之间八名军营舞伎分为两列，四人着汉装，戴幞头，四人着吐蕃装，束双髻。后有十四人组成的乐队，舞伎在笙、箫、笛、竽篥、箜篌、琵琶的吹弹声中踏着大鼓、细腰鼓、拍板的鼓点节奏，扬袖起舞，徐徐前进。舞伎前有两人骑马持牌横于道，指挥舞乐的行止缓急。主体部分以节度使曹议金为中心，头戴展脚幞头，身著红袍，骑一白马，正欲过桥。前后侍卫护送，旌节引导。桥前方接伎乐之后有六骑持旌分列左右，其后有持牙旗小幡两人。旌节后有三骑和分列于左右的八名持棒步行卫士。曹议金之后，拥簇骑卫多人。其后为帅军大纛旗及出行将士队伍。后部是辎重后勤部队。这部分画猎骑驰射黄羊、奔鹿和运送军需的驮队等。其中出现了许多少数民族形象，诸如有头戴暖耳帽、着长靴，穿圆领衫，高鼻深目髯须的少数民族骑士。

曹议金的回鹘夫人出行图位于该窟主室西、北、东壁。从西壁开始，西壁画一组马上乐队为前导，高头大马，乐人着各色丽服。北壁为乐队舞蹈，车舆仪仗，其中乐工七人吹奏管弦，击鼓打点，舞伎四人，着长袖长袍，围成方阵，踏点迎拍，翩翩起舞。舞乐之后有车三辆，一辆为行李马车，两辆为坐车，车后有两乘六角亭式用肩抬的"肩舆"。车前后有武士护卫，婢女多人，捧盒持扇，或架鹦鹉相随。天公主着回鹘装，骑高头大马，由二马夫牵引，前后又有使女捧物随行。另有一些贵妇人骑马扬鞭行进。第三部分是饮食供给队伍，其中有狩猎场面，黄羊奋蹄奔逃，猎骑疾驰追逐，非常生动。整幅画面充满一种逍遥闲适的出游情趣。

其他出行图还有两组：

94窟是张淮深功德窟，该窟原始壁画为宋代重修壁画所覆盖，底层露出部分晚唐壁画，北壁残存晚唐张淮深出行图局部。

榆林窟五代12窟是慕容保实为祖父慕容归盈建造的功德窟，甬道南壁东起第一身男供养人题名："皇祖检校司空慕容归盈……"，第三身男供养人题名："施主紫亭镇遏使银青光禄大夫检校散常侍保实"，从供养人题记无"亡""故"诸字看，此时慕容归盈似乎尚在人世。根据P.4783《癸卯岁（943）慕容刺史三周斋施出唱历》，慕容归盈为瓜州刺史，卒于癸卯岁的前三年即940年，则榆林窟12窟当建造在此稍前。慕容归盈夫妇出行图位于主室南北壁下部、东壁门两侧下部。

日照流沙别一天：回鹘、西夏、元时期敦煌石窟的营建

由于藏经洞在 11 世纪初封闭，此后的敦煌历史资料少之又少，发展脉络不是很清楚。一般认为西夏在 1036 年占领敦煌，敦煌归于西夏版图。有一些学者则认为 1036 年之后的 30 多年间，敦煌由沙州回鹘统治，1067 年西夏才统治敦煌地区。1227 年归于蒙元统治，1372 年归于明朝版图。

依佛昔时大愿力 济度今朝供养心：
沙州回鹘时期敦煌石窟的营建

　　9世纪中叶以后，一部分回鹘人自漠北迁入瓜、沙一带，归属归义军政权，但同时保有自己旧有的部落组织——族帐。1036年，西夏攻取归义军控制下的肃、瓜、沙三州时未遇归义军政权的抵抗，却与回鹘军队发生了激战，（清）戴锡章《西夏纪》记载："元昊取河西地，回鹘种落窜居山谷间，悉为役属。曹琮在秦州，欲诱之共图元昊。得西州旧贾，使谕意。于是沙州镇国王子遣使入贡，奉书曰：'我本唐甥，天子实我舅也。自李氏取西凉，遂与汉隔，今愿率首领讨夏。'已而（西夏）以兵攻沙州，不克。"即敦煌一带有回鹘人活动，首领是沙州镇国王子，西夏攻沙州不克，说明当时统治肃、瓜、沙的归义军势力已相当衰弱，而回鹘势力却很强大，也许在此前后敦煌存在回鹘政权，如《宋会要辑稿·蕃夷（七）》记载："景佑四年（1037）正月九日，沙州遣副使杨骨盖靡是贡玉、牛黄、棋子……"，"杨骨盖靡是"显然是少数民族姓名。《宋会要辑稿·蕃夷（五）》记载："庆历二年（1042）二月，沙州北亭可汗王遣大使密、副使张进零和延进、大使曹都都、大使翟入贡。"可汗称号的出现，证明了沙州回鹘政权的存在。莫高窟444窟窟檐外北壁有一条游人题记："庆历六年（1046）丙戌岁十二月座上□□

□□□□□记也。"这里使用北宋年号，而不是西夏年号，可能此顷敦煌尚未归属西夏。《辽史·夏国传》记载："（咸雍三年，1067年）冬十一月壬辰，夏国遣使进回鹘僧、金佛、《梵觉经》。"有学者认为这是西夏攻打沙州回鹘后，将瓜沙回鹘僧、佛像、佛经等战利品送给辽国，据此将西夏占领敦煌的时间推定在是年。

敦煌莫高窟、西千佛洞和安西榆林窟有不少沙州回鹘洞窟，而且在237、409窟等洞窟中画有回鹘可汗像，亦应为沙州回鹘政权存在之一旁证。沙州回鹘洞窟多数是改造前代洞窟，几乎没有新开洞窟。97、245、409窟等20多个洞窟有沙州回鹘壁画，内容与风格与吐鲁番一带的回鹘壁画一致。如409窟东壁门两侧的回鹘国王、王妃供养像中的人物体态健硕，具有少数民族的体格特征。又如245窟壁画中的编织纹样追求规整，富于装饰性，类似编织纹在吐鲁番高昌回鹘壁画中常见。

儒童本生（锭光佛授记、燃灯佛授记）内容比较简单：儒童迎接燃灯佛，见路有泥水，俯首布发，燃灯佛踩儒童的头发而过。以此故，燃灯佛宣布儒童未来会成为释迦牟尼。故事本身是为了说明释迦牟尼因由此前因而后成佛，但这样的布发供佛践踏故事实在有违佛教的"众生平等"思想。儒童本生是南北朝时期流行的一种佛教造像题材，但敦煌石窟在唐代以前没有出现，直到五代时期才出现在莫高窟61窟佛传故事中。独立的儒童本生仅见于榆林窟39窟，此窟坐西向东，中心柱窟，主室东西进深11.7米，南北宽9米，东壁门两侧各画一铺儒童本生，画面比较简单：儒童长发铺地，燃灯佛踏发站立，左手下垂，右手置胸前，左侧一菩萨、一持麈尾天神，右侧一菩萨。

敦煌壁画中的十六罗汉图不多，共存3铺：莫高窟沙州回鹘97窟、元代95窟（残存13身），榆林窟沙州回鹘39窟（残存5身）。另外，西千佛洞19窟还有十六罗汉塑像，该窟开凿于五代，主室北壁龛内绘塑结合表示佛说法；龛外两侧及东、西壁绘罗汉像四层，现存164身，东、西壁下方泥台上塑十六罗汉像，残存13身。壁画中的众多罗汉布局规整划一，表示塑像中的罗汉眷属，此窟堪称罗汉堂。

莫高窟97窟主室平面正方形，覆斗形顶，西壁开龛，进深3.1米。该窟原为唐窟，我们还可以从南壁第十四罗汉图及其他壁面看到薄层下的唐画痕迹，但现存表层壁画均为沙州回鹘作品，十六罗汉绘满北壁（1~6罗汉）、东壁门北（7、8罗汉）、南壁（9~14罗汉）、东壁门南（15、16罗汉）。S.1589V、P.3504V、BD07650背、BD08227背等4件十六罗汉相关文字属于榜题底稿，与97窟现存榜题比较，有相同的分段标志符号，甚至连错别字都一样，可知这4件榜题底稿适用于97窟。4件榜题底稿均写在其他佛经的背面，可知是利用废旧纸张进行再利用。

S.1589的正面是《法华经》，背面是十六罗汉之第1~6、第8罗汉榜题。P.3504的正面是《金光明最胜王经》，背面是十六罗汉之第1~5罗汉榜题。此5罗汉榜题与前件重复，可能是书写手练笔所为。BD07650正面是《十方千五百佛名经》，背面是第十四罗汉榜题。BD08227正面是《十方千五百佛名经》，背面是第8、11罗汉榜题。诸罗汉榜题格式基本相同，由介绍、偈颂两部分组成，第一罗汉榜题是："西瞿陀尼洲第一尊者宾度罗跋罗堕阇大阿罗汉与自眷属一千阿罗汉等，敬奉佛敕，不入涅槃，久住世间，作大利益。颂曰：唯愿不忘如来敕，愍赴群生劝请心。暂与哀念出诸禅。远降慈悲来此会。依佛昔时大愿力，济度今朝供养心。提携九品至涅槃，早证菩提清净果。"

敦煌壁画和纸绢画中，有一种尚未被人们认识的佛教史迹画。画面大同小异，一般为：一僧背负经囊（法国吉美博物馆藏EO.1138号的经囊上有"大藏"二字），手持麈尾和锡杖，风尘仆仆地疾行，旁有一虎相随，上方有一化佛，通常称之为行脚僧图。与常见的玄奘取经图（主要是东京国立博物馆藏名品镰仓时代《玄奘三藏像》）比较，均为背负经囊、努力前行的僧人，所以许多人认为这就是玄奘取经图或常与玄奘取经图进行比较，但玄奘取经图是没有化佛和老虎的。敦煌画中的行脚僧图现存至少有20幅，即：1.莫高窟壁画上有8幅，对称分布。45窟前室门上残存2幅，绘于五代。306、308、363窟甬道两壁各有一幅，约绘于11世纪上半叶。2.

| 图44 行脚僧图 韩国中央博物馆藏

法国伯希和劫去7幅。其中3幅在吉美博物馆，馆藏号为EO.1138、EO.1141、MG.17683号，另外4幅保存在P.3075、P.4029、P.4074、P.4518号中。3.英国斯坦因劫去2幅，今藏英国博物馆，馆藏号为S.P.168（Ch.0380）、S.P.221（Ch.0037）号。4.日本大谷探险队劫去2幅，分藏于韩国中央博物馆，馆藏号4018号（图44）；日本中山正善氏私人手中，后入藏天理图书馆，馆藏号722-イ13。5.俄罗斯鄂登堡劫去1幅（上海古籍出版社1998年出版《俄藏敦煌艺术品》第2册第219图）。

由于形象特别，国外一些学者很早就注意到这些图像，但他们的统计是极不完整的,加上他们汉文资料运用上的缺陷,均未考证出此图的来源。从背荷经卷、与虎同行等特征看,这位行脚僧应该就是中国佛教史上著名的李通玄。李通玄事迹较早、较详细的记载当属咸通(860—874)时人马支撰集的《释大方广佛新华严经论主李长者事迹》,其中提到:"长者身长七尺二寸,广眉朗目,丹唇紫肌,长髯美茂,修臂圆直,发彩绀色,毛端右旋,质状无伦,风姿特异。殊妙之相,靡不具足。首冠桦皮之冠,身披麻衣,长裙博袖,散腰而行,亦无韦带。居常跣足,不务将迎,放旷人天,无所拘制。……长者行止元微,固难遽究,虚空不可等度,况拟求边际耶?……又于寿阳南界解愁村遇李士源者,乃传论僧之犹子,示《长者真容图》,瞻礼而回。"据此可知,唐代就有《长者真容图》的存在。

到五代、宋时,中原仍流传李通玄像和他的事迹画。《续贞元释教录》云:"升元二年(938),僧勉昌进请编(《新华严经论》)入藏。大唐光文肃武孝高皇帝令书十本,写《李长者真仪》十轴,散下诸州,编于藏末。"按:"大唐光文肃武孝高皇帝"即南唐开国皇帝李昪(888—943)。他于937年建齐国,改年号为升元,次年,他"自言唐宪宗(第十)子、建王恪"的后代,所以"改国号曰唐"。建国不久即写10部《华严经论》、10轴《李长者真仪》,颁行境内。庐山是南唐佛教的一个中心,宋代陈舜俞《庐山记》卷一云:"太平兴国寺……晋武帝太元九年(384)置,旧名东林。唐会昌三年(843)废,大中三年(849)复,皇朝兴国二年(977)赐今名。……又有明皇铜像、《李通玄长者写真》,皆前世故物。"这幅前世留下来的《李通玄长者写真》当是李昪颁下的10幅《李长者真仪》之一。宋代画家李公麟(字伯时,号龙眠居士,1049—1106)曾画过《李通玄随虎图》,事见葛胜仲《丹阳集》卷二二有"跋李伯时画《李元通(按:李元通系李通玄之误)随虎图》三首"。

面奉慈尊　足下受记：
西夏时期敦煌石窟的营建

1036年（一说1067年）西夏占领敦煌，西夏政权也信仰佛教，立于1094年的汉文、西夏文对照的《凉州重修护国寺感应塔碑铭》（今存武威市文庙）记载西夏佛教是："释氏尤所崇奉，近自畿甸，远及荒要，山村溪谷，村落坊聚，佛宇遗址，只橡片瓦，但仿佛有存者，无不必葺，况名迹显敞古今不泯者乎。"西夏境内流行藏传佛教，藏文史书载，西夏国王特胡曾派遣使者到西藏楚布寺，迎请噶玛噶举派的创始人都松钦巴到西夏传法，都松钦巴未赴，派遣其弟子格西藏波瓦代替他前往，格西藏波瓦被西夏王尊为上师。藏传佛教盛行西夏境内，榆林窟和东千佛洞两处石窟有较多的西夏时期的藏传佛教壁画。

1036年元昊创立西夏文，共5863字，一直流行到明代，现存最晚的西夏文大约是河北保定明代弘治十五年（1502）西夏文经幢（胜相幢）。内蒙古黑水城遗址、1917年宁夏灵武城墙内发现大量西夏文文献。在莫高窟、榆林窟共有38个洞窟存有西夏文字，共计100多处，有235行1300多字。敦煌地区西夏时期的文献主要有两组：

1.黑水城发现的天赐礼盛国庆元年至二年（1069—1070）瓜州监军使审案记录（《瓜州审案记录》），共存12纸，其中7纸有年款，今存国家图书馆、中国国家博物馆、北京大学图书馆、日本龙谷大学，另一面是西夏文《坛经》（疑是正面）。

2.敦煌研究院藏西夏文文献174件。其中最著名的是1959年3月敦煌文物研究所工作人员窦占彪在维修莫高窟宕泉东岸南侧一佛塔时发现的3件西夏文佛经，其中2件是插图本《观音经》，完整一件馆藏号为第D0670号，共54页，每页5行，每行10字，共256行2332字，上图下文，共55幅，首页为水月观音（图45）。另一件编为D0752-1+D0696+D0815号，也是上图下文，为另一版式插图本《观音经》，每页5行，每行10字，共31页。还有一件是《金刚经》（馆藏号D0669号），扉页版画说法会，经文107页，每页5行，每行12字，开头有西夏仁宗校经的西夏文题记："奉天显道耀武宣文神谋睿智制义去邪淳睦懿恭皇帝御校"。

目前学术界对敦煌西夏洞窟存在较大的分歧，最新的观点认为以前所谓的西夏窟可能有一些是宋代洞窟，而所谓元代的洞窟中则有一部分是西夏洞窟。

一般将敦煌石窟西夏洞窟分为前、后两期：

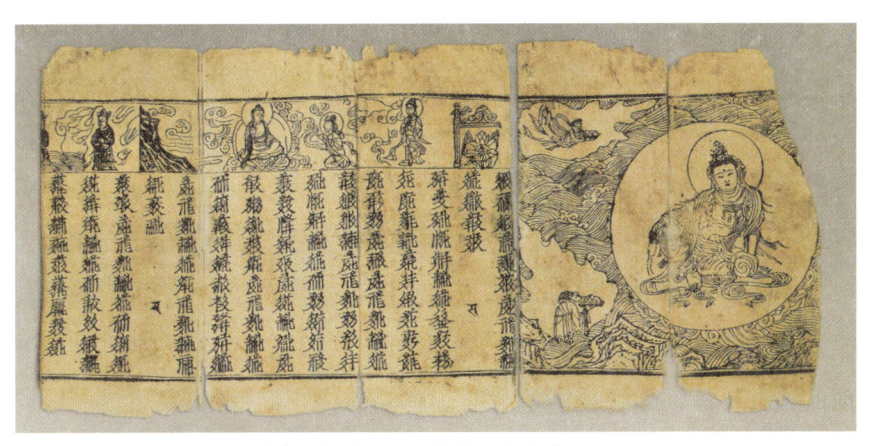

| 图45　西夏文插图本《观音经》首页　敦煌研究院藏

西夏前期，65个窟：6、16、27、29、30、34、35、38、65、70、78、81、83、84、87、88、140、142、151、164、165、169、223、224、233、234、252、263、265、281、291、326、327、328、344、345、347、348、350、351、352、353、354、355、365、366、367、368、376、378、382、400、408、420、430、432、450、460窟，榆林窟13、14、15、17、21、22、26窟。

西夏后期，共12个窟（含一佛塔）：莫高窟206、395、491窟和4号泥塔；榆林窟2、3、29窟；东千佛洞2、5窟；五个庙1、3、4窟。

榆林窟、东千佛洞的西夏壁画题材极为丰富，主要是密教壁画题材，榆林窟2、3、29窟，东千佛洞2、5窟最有代表性。而西夏供养人像也具有少数民族服饰特征。

榆林窟2窟东西进深6.5米，南北宽5.7米，坐东向西，覆斗形顶，设中心佛坛，佛坛塑像毁，今存清塑7尊。正壁（东壁）中央画文殊变（上层涅槃图、两侧观音救济苦难）、两侧说法图各一铺。南、北壁说法图各3铺。西壁门南、门北各画水月观音一铺，其中北侧一铺有唐僧取经图。

榆林窟3窟东西进深8.8米，南北宽7.6米，穹隆顶，窟中央设八角佛坛，原塑像毁，存清塑9尊。正壁（东壁）中央画佛传（八塔变），南侧五十一面千手千眼观音变、北侧十一面千手千眼观音变。南壁东起尊胜佛母曼陀罗、观无量寿佛经变、恶趣曼陀罗。北壁东起8臂摩利支天曼陀罗、观无量寿佛经变、金刚界曼陀罗。西壁门上画维摩诘经变，门南侧普贤变、门北侧文殊变，其中普贤变中有唐僧取经图。此窟的五十一面千手千眼观音经变最著名，这是敦煌地区现存唯一一铺有五十一面的密教观音，51面呈塔状叠垒，共9层。而千手所持器物约83种、166件，有生活用品、生产工具、佛教法器等，其中乐器有16种32件

（对称分布）。

榆林窟29窟坐北向南，平面方形，进深5.8米。正壁（北壁）中央画说法图一铺，两侧水月观音各一铺。东壁北起画药师经变、文殊变、密教金刚各一铺。西壁北起画西方净土变、普贤变、密教金刚各一铺。南壁门东侧上部画国师像一铺，下部男供养人8身，有西夏文题记；门西侧上部画僧人像一铺，下部供养比丘尼1身、女供养人6身。全窟有46身供养人，部分保留西夏文题名，其中南壁门东侧下方西起第二身供养人西夏文题名，译为汉文是："施主瓜州监军司……执赵麻玉一心归依"。榆林窟19窟为五代窟，主室甬道北壁东起第一身女供养人右袖上有一方游人题刻："乾祐二十四年□□□日画师甘州住户高崇德小名那征到此画秘密堂记之。"乾祐二十四年就是1193年，有学者认为高崇德所画的秘密堂就是今日的29窟。

东千佛洞2窟坐西向东，主室进深9.3米，南北宽6.9米，前部覆斗形顶，后部中心柱，中心柱正面开龛，其余三面不开龛，窟形类似莫高窟西夏95窟。窟顶藻井画曼荼罗，四披画说法图各一铺。中心柱东向面龛内存清塑3尊，南向面画菩提树观音立像（图46），

| 图46 菩提树观音 东千佛洞2窟

北向面画菩提树观音立像，西向面画涅槃图。西壁中央画说法图，两侧各画药师说法图一铺。东壁门上画坐佛一列 14 尊，门南画文殊五尊曼荼罗、门北画尊胜佛母曼荼罗。南壁西起画水月观音、释迦净土变、观音救济八难曼荼罗。北壁西起画水月观音、释迦净土变、多罗菩萨救济八难曼荼罗。

该窟壁画题材丰富，内容完整。如中心柱南向面的菩提树观音左手上举握菩提树枝，右手下垂施七宝，可见铜钱等物品从手心流出，下方一贫儿骑在另一贫儿脖子上，手势模糊，另一贫儿跪地乞讨。北向面菩提树观音右手上举握菩提树枝，左手下垂，倾斜手中净瓶，有净水流出，下方一饿鬼骑在另一饿鬼脖子上，双手合十，甘露流进饿鬼口中，另一饿鬼跪在地上求甘露状。这两铺菩提树观音是西夏艺术的代表之作。

东千佛洞 5 窟坐西向东，主室进深 9.3 米，南北宽 6.8 米，穹窿顶，后部中心柱。窟顶画十八罗汉与上师像（毁大部）。中心柱东向面开龛，龛前设佛坛，龛内原塑凉州瑞像（从龛内上部深、下部浅推定），两侧残存佛教故事画。中心柱南向面画毗沙门天王与八大夜叉曼荼罗，西向面画涅槃图，北向面画金刚界曼荼罗。西壁中央画释迦曼荼罗（残），南侧立佛一身（残甚）、北侧双头瑞像。东壁门北画不空羂索观音五尊曼荼罗，门南画一塔、下方宝藏神与二明王。南壁西起文殊曼荼罗、金刚萨埵曼荼罗、名等诵文殊曼荼罗、摩利支天曼荼罗、文殊变（毁）。北壁西起水月观音、观音曼荼罗、八塔变、多罗菩萨曼荼罗、普贤变。

其中毗沙门天王与八大夜叉曼荼罗最有特色，主尊毗沙门天王穿盔甲，骑青狮，左手握宝鼠，右手持宝幢，四周环绕 8 身夜叉，坐在马上，左手持握宝鼠，以示为毗沙门天王的变化身，右手持不同物，以标身份。毗沙门天王与八大夜叉曼荼罗不见汉文佛教文献记载，而与藏文佛教文献《大海传记》接近，如东方夜叉裸上身，着裙，坐马上，左手握宝鼠，右手托举三个宝珠，《大海传记》记载："夜叉王宝藏神，以金色右手持宝珠，可除贫困之苦，礼敬住东方者。"

莫高窟65窟本为隋窟，窟顶东披尚存隋画千佛4身。现存壁画时代，有宋代、西夏前期两种不同说法。此窟西壁龛外南侧有一方完整的西夏文题记，翻译成汉文是："乙丑年五月一日，福全凉州中搜料，到沙州地城。我城圣宫沙满，为得福利，故弃二座众宫沙。我法界有情，一切皆共聚，当西方净国之深。"一般认为此乙丑年即元昊创立西夏文后的第一个乙丑年（1085）。福全来自凉州，他清理了两个洞窟的积沙，可见莫高窟当时香火不是很盛。有学者认为1085年西夏文题记与其重修壁画大体是同时的，也有学者认为是清代重绘龛内佛像时滴落的。

西魏285窟北壁西起第一个禅室内白描一座佛塔、4个礼塔人，塔下有西夏文题记，内容是雍宁乙未年（1115）九月二十三日嵬名乐等8人来寺庙中烧香。嵬名是西夏人的姓。

443窟原为宋代窟，东壁有一方西夏时汉文游客题记，文字残损较多，有"□□（光定）己卯九年"纪年，光定九年己卯岁就是1219年。

61窟原为五代晚期曹元忠功德窟。西夏重修甬道。甬道北壁有用西夏文和汉文写的双语对照题记，其中汉文名字有："助缘僧嵬名智海"。此助缘僧之名又见340窟甬道北壁西夏文题记："亥年六月二十四日修盖寺舍者嵬名智海以此善根……"，由于元代也流行西夏文，窟前发现元代《重修皇庆寺碑》等，以前多数学者认为61窟甬道为元代所绘，最近也有学者认为是西夏所绘。

榆林窟15窟为唐代窟，宋、西夏、元重修。前室东壁窟门上方有西夏时期汉文发愿文 15 行，标题是"阿育王寺释门赐紫僧惠聪俗姓张住持榆林窟记"，云带僧徒 7 人到榆林窟修持 40 日，看读经疏，尾署国庆五年（1073），据内容，知文字出于同行的王温顺之手，文中有个别错字，可见执笔者王温顺的文化程度并不高。

阿育王寺释门赐紫僧惠聪俗姓张住持榆林窟记

盖闻五顶须弥高峻，劫尽犹平；四大海之滔深，历数潜息。轮王相福，无逾于八万四千；释迦装（庄）严，难过于七十九岁，咸归化迹，况惠聪是三十六勿（物）有漏之身！将戴（带）弟子僧朱什子、张兴遂、□□（惠子）、弟子佛兴、安住及白衣行者王温顺共七人，往于榆林窟山谷，住持四十日，看读经疏文字，稍薰习善根种子。洗身三□（次），四（誓）结当来菩提之因。初见此山谷是圣境之地，古人是菩萨之身。石墙镌就寺堂瑞容，弥勒大像一尊，高一百余尺，三十二相、八十种好端严。山谷霄水常留，树木稠林。白日圣香烟起，夜后明灯出现。本是修行之界，昼无恍惚之心，夜无恶境之梦。所将上来圣境，原是皇帝圣德圣感。伏愿皇帝万岁，太后千秋，宰官常居禄位，万民乐业，□（四）海长清，永绝狼烟，五谷熟成，法轮常转。又愿九有四生，蠢动含灵，过去现在未来父母师长等，普皆早离幽冥，生于兜率天宫，面奉慈尊，足下受记。然愿惠聪等七人及供衣粮行婆真顺小名安和尚，婢行婆真善小名张你，婢行婆张□（聪）小名朱善子，并四方施主，普皆命终于（以）后，心不颠倒，免离地狱，速转生于中国，值遇明师善友，耳闻妙法，悟解大乘，聪明智慧者。况温顺集习之记，□□□□之理，韵智不迭，后人勿令怪责。千万遐迩缘人，莫□之心佛。

国庆五年岁次癸丑十二月十七日题记。

西夏洞窟中有唐僧取经图 4 幅。榆林窟 2 窟西壁门北侧水月观音图中 1 幅，榆林窟 3 窟西壁门南普贤变中 1 幅，东千佛洞 2 窟水月观音像中 2 幅。这 4 幅唐僧取经图均只有唐僧和猴行者，唐僧合十礼拜，猴行者牵马随行，沙和尚、猪八戒都没有出现。榆林窟 3 窟唐僧取经图画在普贤变中，白马驮经，表示唐僧取经归来。榆林窟 3 窟正壁（东壁）北侧十一面千手千眼观音变下方画一猴行者立像，举左手，似作眺望状，右手握长棒，棒头系一箱子，也是表示取经归来，但没有唐僧等其他人物。这些唐僧取经图可能受到约在五代出现的《大唐三藏取经诗话》的影响。

为今生之福果　作后世之津梁：
蒙元时期敦煌石窟的营建

13世纪初铁木真统一漠北蒙古各部落，并占领广袤的漠北地区。1226年，西夏军队兵临沙州城下，守将昔里钤部（"小李赞普"之谐音）率部降蒙古大军。1227年，昔里钤部和蒙古大将速不台率军队攻破沙州。蒙古（1206—1271）、元（1271—1368）统治敦煌长达100多年，但这一时期，敦煌佛教十分衰微，保存下来的资料不多。

1244年，蒙古的西凉王阔端致函西藏的萨迦派四祖萨班贡噶坚赞（1182—1251），聘请他来汉地弘扬佛教，于是萨班带着其弟福幢的儿子八思巴（1235—1280）等人来西凉。1247年阔端在凉州（今武威）会见了萨班，从此萨班派取得了在西藏的政治、宗教统治权。1251年70岁的萨班示寂于西凉，1253年八思巴应元世祖之请而到首都——大都，并于1256年封为国师。莫高窟465窟的藏密壁画应与萨班等人到河西地区活动有关。

元代依然流行西夏文，北区159窟发现有管主八印的西夏文佛经《龙树菩萨为禅陀迦王说法要偈》2件，分别藏在敦煌研究院（馆藏号B159：26）和天理图书馆，其中有汉文写经题记："僧录广福大师管主八施大藏经于沙州文殊舍利塔寺，永远流通供养。"日本善福寺藏元代平江路碛砂延圣寺刊印的《大宗地玄文本论》卷三记载："于江南浙西道杭州路大万寿寺雕刊河西大藏经板三千六百二十余卷，华严诸经忏板，至大德六年（1302）完备。管主八钦此胜缘，印造三十余藏，及《华严大经》《梁皇宝忏》《华严道场忏仪》各百余部，《焰口施食仪轨》千有余部，施于宁夏、永昌等寺院，永远流通。"所谓"河西大藏经"当即西夏文大藏经，敦煌发现的管主八施印的佛经可能就是其中之一。

至正八年（1348）速来蛮一家（速来蛮、妃屈术，太子养阿沙、速丹沙、阿速歹、结来歹，脱花赤大王）与随行汉人、西夏人、吐蕃人、回鹘人等僧俗共80多人在莫高窟刻《六字真言碑》，碑今存敦煌研究院，馆藏号Z0074号。碑上部刻"莫高窟"三字，下部则是供养人名字，碑中央是四臂观音坐像，像左右和上方刻汉、梵、蒙、藏、西夏、八思巴等六种文字的六字真言"唵嘛呢叭咪吽"。至正十一年（1351），他还重修火焚后的皇庆寺（今61窟），《重修皇庆寺记》石碑原存61窟，现存敦煌研究院，馆藏号Z1115号。碑记："沙州皇庆寺历唐宋迄今，岁月既久，兵火劫灰，沙石埋没矣。速来蛮西宁王崇尚释教，施金帛、采（彩）色、米粮、木植，命工匠重修之。俾僧守朗董其事，而守朗又能持疏抄题以助其成，佛像、壁画、栋宇焕然一新。为今生之福果，作后世之津梁，其乐施之德可谓至矣。"按：一些学者认为61窟甬道属于西夏，见前述。《元史》卷四二、四三记载速来蛮曾于至正十二年（1352）初一度出镇四川，次年底"还沙州，赐钞一千锭"。卒后，其子牙罕沙（养阿沙、牙安沙）袭封西宁王，仍镇守敦煌。

蒙古、元的洞窟大约有10个：1、2、3、95、149、462、463、464、465、477窟，其中的462、463、464、465窟位于北区。有学者认为其中一些可能是西夏洞窟。

3窟位于南区的北端，东西进深2.5米，南北宽2.9米，覆斗形顶，西壁开帐形龛。全窟壁画主题是千手千眼观音，西壁龛外北侧上层观音像前面有一条"甘州史小玉笔"文字。史小玉之名又见于444窟西壁龛内木柱上的题记："至正十七年（1357）正月六日来此记耳，史小玉到此"；"至正十七年正月十四日甘州桥楼上史小玉烧香到此。"此前学界认为3窟画塑就是史小玉的作品，他画窟之余到444窟题字。但现在有学者提出史小玉只是一个前来烧香的游人，3窟是西夏洞窟。

465窟是北区最大的一个洞窟，前室东西进深7.1米，南北宽6.7米，主室东西进深9.9米，南北宽8.8米，覆斗形顶，窟中央设四层圆坛。一般认为465窟为元代洞窟，最近几年则有学者认为是西夏洞窟。

465窟甬道南壁西侧上的一条古藏文题记是学者争论比较多的，这条题记可以转写为："bod lo nyi shu lnga dur khrod cha tshang bzhens"，有学者翻译成汉文是"蕃二十五年全窟建成"，由于可黎可足在位27年，因此有学者推定此25年即可黎可足在位的彝泰二十五年（839），并据此认为465窟是蕃占时期洞窟，这一说法忽略藏族纪年方法中并无"蕃二十五年"这样的纪年法，所以不可靠。另有学者认为这条题记中的"bodlo"除了具有"蕃"的意思外，在藏语中也指"十二月"，翻译成汉文应该是："腊月二十五日全部尸林完工"，据此题记无法推定465窟建窟年代，这一日期或与腊月二十五日是金刚亥母的生日有关，正壁（西壁）正是金刚亥母题材。465窟最早的一条游人题记则是泰定二年（1325）题记，此后有大量至正年间游人题记，说明465窟在泰定年间就已经无人管理，成为"无主窟"，则建成时间应该更早。

蒙古、元时期的壁画题材特点是汉密、藏密同时流行。唐宋时期流行的文殊变与普贤变在元代的莫高窟149窟、463窟、榆林窟4窟、西千佛洞20窟中均有绘制。莫高窟3、95、464、465窟的壁画题材最为丰富，画技精湛，尽管这些洞窟的时代问题需要继续探讨，仍属晚期敦煌艺术范围。蒙古、元时期洞窟虽少，但壁画都十分精美，如第3窟的壁画属于湿壁画，就是不等壁画泥层干透就作画，颜色溶进墙壁，艺术家需要极高的技巧和胆略。

3窟四壁内容上属于一铺千手千眼观音经变：南壁画千手千眼观音立像，东侧帝释天、下梵天女，西侧梵天女、下婆罗门。北壁画千手千眼观音立像，东侧婆薮仙、下三头六臂金刚、猪头毗那夜迦，西侧吉祥天、下三头八臂金刚、象头毗那夜迦（图47）。东壁门北画观音立像一身，左手置于胸前，右手下垂，掌心流泻出珊瑚、象牙等珠宝，下方有一贫儿持一大盆相接；东壁门南画观音立像一身右手置于胸前，不持物，左手垂下，倾倒净瓶，下方有一饿鬼（残）。我们注意到，东壁"甘露施饿鬼、七宝施贫儿"是千手千眼观音经变中的一组图像，两身观音应理解为千手千眼观音的变化身。南壁、北壁的千手千眼观音的眷属各不相同，这些眷属都是千手千眼观音眷属，只是分开来绘出，显然是画工创造性地将一铺千手千眼观音分开绘制，全窟应该属于一铺千手千眼观音经变。其中"甘露施饿鬼、七宝施贫儿"题材常见于四川、敦煌等地的密教观音造像中，一般位于主尊下方两侧，对称分布：一仅穿犊鼻裤的半

图47 毗那夜迦（线图） 3窟

| 图48　长眉罗汉　95窟

裸饿鬼持钵接受主尊赐予的甘露，一着有补丁短衣短裤的穷人双手持口袋接受主尊赐予的各种财宝。敦煌莫高窟藏经洞出土的绘画品中，有的题作"甘露施饿鬼""七宝施贫儿"，有的题作"饿鬼乞甘露时""贫人乞钱时"等，另外，P.3352是一份古代画工留下的用文字表示的千手千眼观音像并眷属位置示意图，包括主尊在内共30身，其中有"甘露施饿鬼""七宝施贫儿"句，因此我们可以判定上述画面是"甘露施饿鬼、七宝施贫儿"内容。这一题材最早可以追溯到隋末或唐初建造的390窟，该窟南壁主尊是化佛冠菩萨，左手的手心流出甘露，下方有一饿鬼用双手捧接。中原地区最著名的是四川安岳卧佛院45窟，该窟刻有一铺千手千眼观音立像，时代定为盛唐。壁上刻无数小手，有6大臂：二手胸前合十；二手上举，左手持轮、右手持铎；二大手下伸，左下大手掌心中流出铜钱，下方站立一着短衣短裤的世俗人，双手持口袋接钱币；右下大手略残，持物不明，下方站立一裸露细瘦的饿鬼，长发竖立向后飘，展掌伸指，仰面上望。这可能是敦煌以外现存最早的"甘露施饿鬼、七宝施贫儿"图像。莫高窟35窟甬道顶五代画十一面八臂观音立像，胸前二手各持一莲，上左手托举日、右手托举月，左侧一手持棒、右侧一手持三叉戟。观音左下手扬掌，不持物，下方站立一饿鬼，只穿犊鼻裤，皮包骨头，浑身冒火，双手合十礼拜观音状；观音右下手扬掌，大拇指与食指相捻，下方站立一穷人，戴襆头，穿补丁衣服，举双手接上方散落下的二枚铜钱。除石窟壁画中有多铺外，藏经洞发现的纸绢画中有5铺千手千眼观音经变绘有"甘露施饿鬼、七宝施贫儿"图像。

95窟为中心柱窟，东壁毁，南北宽5.5米，正壁开龛，主室中心柱甬道中绘十六罗汉：南壁西起第一身是宾头卢，长眉僧形象，侧身坐在竹椅上，双脚下垂，双手握持一长木棒，前方一侍从捧盘接长眉。（图48）南壁西起第二身罗汉为正面像，笼袖而坐。第三身残。西壁南侧一身侧面对供桌，桌上摆着数件供物，西壁北端一身为树下禅定罗汉，西壁其余壁面无画。北壁西起第一身双手举一供器，第二身是禅定比丘。中心柱南向面西起第一身双手挂杖，第二身笼袖而坐。中心柱北向面 2 身罗汉模糊。上述共 11 身罗汉，其余 5 身罗汉可能当时没有画出或画在南、北壁东侧，中心柱南向面、北向面东侧，现今模糊。南壁西起第一身宾头卢最吸引人。宾头卢是释迦的一位弟子，虽不在十大弟子之列，但神通广大，被列为十六罗汉之首，俗称长眉僧，白眉如雪，长达数尺，需要有童子跟随捧持。中国历代《十六罗汉图》中，宾头卢形象大都为长眉、白眉，（五代）欧阳炯《禅月大师应梦罗汉歌》即是对禅月大师贯休所画十六罗汉图的描写，其中有"雪色眉毛一寸长"句，即指贯休画的《十六罗汉图》中的宾头卢形象。

464 窟位于北区，前室东西进深 7.1 米，南北宽 4.1 米，主室进深 2.8 米，南北宽 3.2 米。主室窟顶画五方佛，南壁、北壁分上下层，每层各 3 画面；西壁分上下层，每层各 4 画面，各画面一般画一形象较大者，下方有若干形象较小者礼拜之。上述 20 个画面表示观音三十三变化身，《法华经·观世音菩萨普门品》云，观音为方便救度可以示现三十三种变化身，即佛身、辟支佛身、声闻身、梵王身、帝释身、自在天身、大自在天身、天大将军身、毗沙门身、小王身、长者身、居士身、宰官身、婆罗门身、比丘身、比丘尼身、优婆塞身、优婆夷身、长者妇女身、居士妇女身、宰官妇女身、婆罗门妇女身、童男身、童女身、天身、龙身、夜叉身、乾闼婆身、阿修罗身、迦楼罗身、紧那罗身、摩睺罗伽身、执金刚神身。前室南、北壁中央各一铺大画面，共 5 层，每层 4 小画面，合计 39 幅（南壁最上层为 3 个画面），内容属于善财童子五十三参，画面周围有大量回鹘文，可能属于回鹘文《华严经·入法界品》内容。

465窟是一个纯藏密题材的洞窟，窟顶画五方佛，四壁画11铺藏密曼陀罗，四壁下方画八十四大成就者。东壁门南上为独髻母，下为持梃护法与吉祥天女，下绘6身大成就者。东壁门北上为四臂大黑天神并毗那夜迦等眷属（图49），下绘6身大成就者。南壁绘曼荼罗三铺，中

图49 毗那夜迦 465窟

央时轮金刚双身曼荼罗（一说密集金刚双身曼荼罗），东侧大幻金刚双身曼荼罗，西侧大力金刚双身曼荼罗，每铺曼荼罗下方各有8身大成就者。西壁绘曼荼罗三铺，中央上乐金刚与金刚亥母双身曼荼罗，南侧上乐金刚曼荼罗，北侧金刚亥母曼荼罗。每铺曼荼罗下方各有8身大成就者。北壁绘曼荼罗三铺，中央喜金刚双身曼荼罗，西侧一铺大部残损，东侧上乐金刚曼荼罗。每铺曼荼罗下方各有8身大成就者。

传说八十四大成就者是在印度各地出现的84位通过修行而获得证悟的圣人（成就者）。这84位大成就者有着不同的出身，来自不同的行业，每个人都有离奇玄幻的传奇故事，通过这些成道故事来阐释佛理，在藏传佛教中非常流行，但在古代汉文佛经、佛教文献中没有记载。465窟八十四大成就者旁边都贴有藏汉对照的名字纸条，伯希和曾有记录，此后脱离较多。根据伯希和记录、现存纸条、藏传佛教文献与图像中的八十四大成就者等资料，现存可以确定约50身的名字。如南壁中央曼荼罗下方有一小画面，上画一人双手扶舂米具的把手，右脚支地，左脚踏碓，前方有一侍者，正双膝着地俯身作簸米状。榜题纸条："乎宜巴此云踏碓师"，他原是一位大臣，又叫丹吉巴，上师卢伊巴为了打破他心中的执著与傲慢，将他卖给酒店女主人，让他卖酒舂米，于是他在舂米声中修行并得到觉悟，成为圣人。还有一些大成就者虽然有名字，但不见于现在流行的大成就者名字中，如东壁门南北起第一身大成就者坐于毯上，前有三足供器。左腿前伸，盘右腿，左手执镜自照，右手置于胸侧。无头光，戴尖顶僧帽，耳珰裸身，仅着短裙，项、臂、腿均有璎珞腕钏等装饰。伯希和记为"□□□□巴此云执镜师"，榜题现不存，现在流行的八十四大成就者中没有执镜师。

敦煌莫高窟、西千佛洞和安西榆林窟保存有不少回鹘文题记，计有300余条，其中尤以安西榆林窟为数最多，也最为集中，榆林窟42个洞窟中，有 25 个窟有回鹘文题记留存，计有 190 余条，590 余行。这些题记多为草书，时代多在元代至明初。莫高窟回鹘文资料最集中的是 464 窟，壁画上回鹘文文字很多，伯希和、张大千等人从该窟收集 100 多件文献资料，其中瑞典民族学博物馆藏有 41 件回鹘文献也出自该窟（贝格曼 1931 年或稍前所获，流出情况不明），张大千收集品主要藏在日本的天理图书馆。20 世纪 90 年代敦煌研究院进行考古发掘时，还从此窟收集到一件《至正二十八年（1368）具注历日》。具注历日具有时效性，464 窟距离地面 6 米，可能当时明朝灭亡元朝（1368 年）的消息传来，元代敦煌的回鹘人将一些文书、回鹘公主遗体（此窟出土一条腿的干尸，今藏敦煌研究院，传说是回鹘公主腿，但笔者不知有何根据，大约张大千见有许多回鹘文书而拟定）藏于此窟，有学者称此窟为敦煌第二藏经洞，该窟相关文物的研究尚有待深入。

1368 年明朝灭元，洪武五年（1372），明代大将冯胜（？—1395）占领敦煌，《明史》卷二〇八记载："（洪武）五年，副征西将军冯胜征沙漠，败失剌罕于西凉，至永昌，败太尉朵儿只巴，获马牛羊十余万。略甘肃，射杀平章不花，降太尉锁纳儿等。至瓜、沙州，获金银印及杂畜二万而还。"《太宗实录》卷四七记载永乐三年（1405）十月设沙州卫："癸酉。设沙州卫，以归附头目困即来买住一人为指挥使，给赐印、诰、冠带、袭衣。沙州与赤斤接境云。"正德十一年（1516），将敦煌居民迁移到嘉峪关以东，《明史》卷一五五记载："（正德）十一年，沙州卫都督喃哥兄弟争，部众离贰，（任）礼欲乘其饥窘，迁之内地。会喃哥亦请居肃州境内，礼因遣都指挥毛哈剌往抚其众，而亲帅兵继其后。"《明史》卷三二九记载："陈九畴为甘肃巡抚。时满速儿比岁来贡，朝廷待之若故，亦不复问忠顺王事。嘉靖三年（1524）秋，拥二万骑围肃州，分兵犯甘州。九畴及总兵官姜奭等力战败之，斩他只丁，贼乃却去。事闻，命兵部尚书金献民西讨，抵兰州，贼已久退，乃引还。九畴因力言贼不可抚，乞闭关绝贡，专固边防，可之。"一般以是年为关闭嘉峪关之时间，于是敦煌孤悬关外。

1644年清朝入关，雍正元年（1723）设沙州所，雍正三年升为沙州卫，乾隆二十五年（1760）升敦煌县，敦煌渐有生气，但明清没有开凿新石窟，而多游人题记。汪漋（1669—1742），安徽休宁（今芜湖）人，清代康熙三十三年（1694）进士，雍正四年（1726）与马尔泰督修瓜州、沙州等城，著有《敦煌杂抄》《敦煌随笔》等，其中《敦煌怀古》一诗最有名，抄录如下，作为本书结尾：

明代西疆止酒泉，整师嘉峪欲穷边。
风摇柽柳空千里，日照流沙别一天。
回鹘几能通天命，羌戎还几呈戈铤。
清时代宇重开辟，感旧犹怜蔓草烟。